植松明石◉著

# 沖縄新城島民俗誌

「パナリ」その光と影

岩田書院

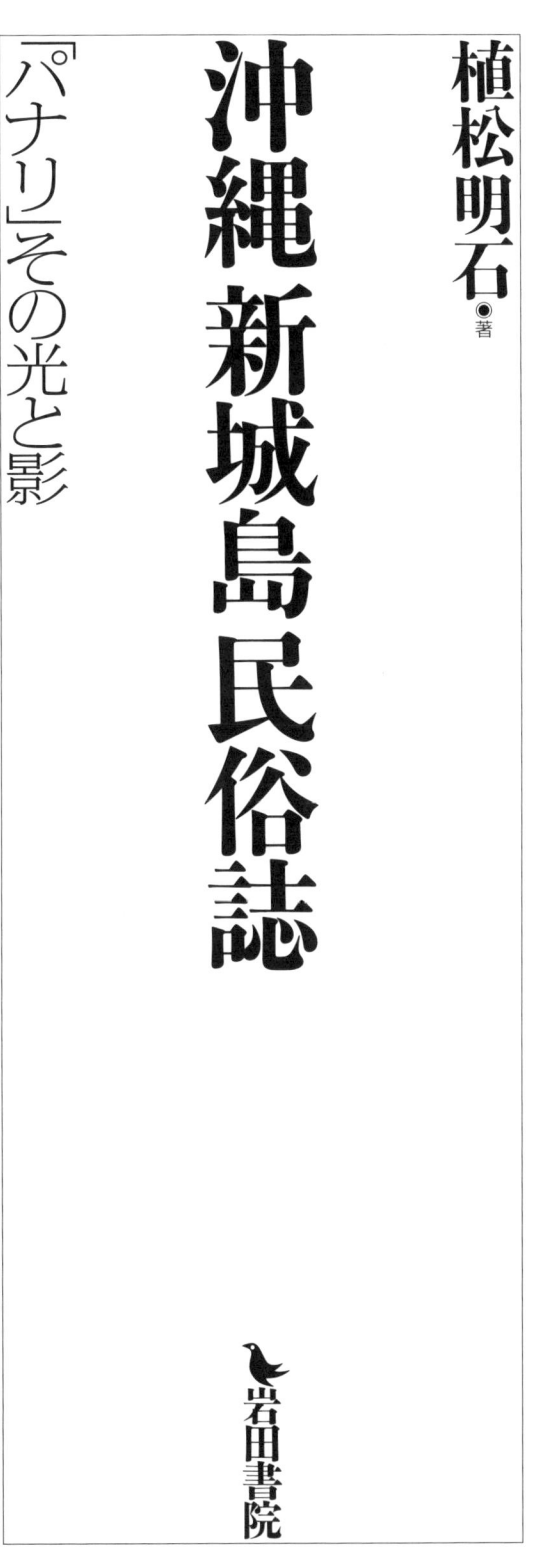

# 目次

## 第一部　新城島（パナリ）　その光と影

## 第二部　上地民俗誌

## 第四部 来訪神信仰とその儀礼

第二章　来訪神儀礼の成立をめぐる考察――245

# 第一部　新城島（パナリ）　その光と影

# 第一章　パナリ　その光と影(一)

## 一　南海のパナリ

新城《アラグスク》島は八重山方言でパナリという。パナリは離島を意味する言葉とも、またこの島が二つに離れているからともいわれている。どちらにせよ、現実の新城島は、南海にちらばる島々で構成されている交通不便な竹富町の中でも渡りにくい離れ小島であり、そして上地(カンジ)・下地(シムジ)の小島に分かれ、干潮時にはリーフでつながる八〇〇メートルを徒渉できるが、いつもは白波がたつ海で隔てられている(表1-1、図1-1、写真1-1)。私がよく泊まった石垣島の宿のおばさんは、六〇余年の間まだ一度も新城に渡ったことがなく、これは石垣島四箇《シカ》のたいていの人にあてはまることだ。石垣港からわずか二四キロメートルしか離れていないのに、定期の運搬船が通わない。私が最初この島に渡ったのは昭和三七(一九六二)

**表1-1　竹富町各島面積表**

(『竹富町町勢要覧』による)

| | 周囲(km) | 面積(km²) |
|---|---|---|
| 西表島 | 75.48 | 290.25 |
| 波照間島 | 14.80 | 14.92 |
| 黒島 | 12.13 | 13.73 |
| 小浜島 | 13.49 | 10.49 |
| 竹富島 | 8.33 | 6.32 |
| 新城島(上地) | 4.48 | 2.00 |
| 新城島(下地) | 4.20 | 1.89 |
| 鳩間島 | 4.26 | 1.08 |
| 由布島 | 2.15 | 0.97 |
| 内離島(無人) | 5.14 | 2.47 |
| 外離島(無人) | 4.28 | 1.39 |
| 中之御神島(無人) | 1.26 | 0.15 |
| 嘉弥真島(無人) | 1.14 | 0.46 |

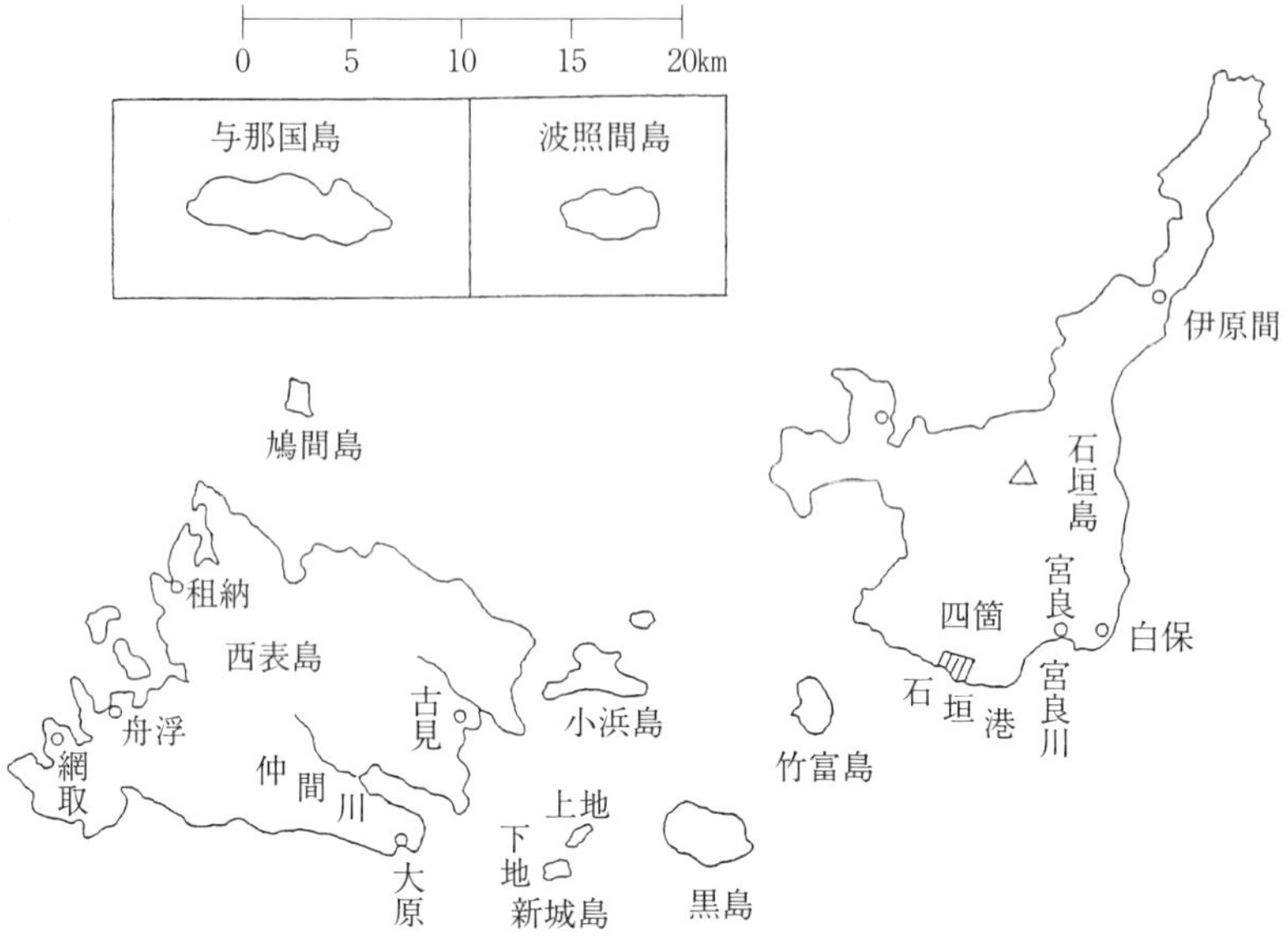


**図 1-1　八重山群島**

年のことだが、その時は西表島大原行の運搬船広志丸(九・五トン)に乗った。当時はこの船が、新城に行く者がある時だけ、島の沖に止まってくれたからである。島には桟橋がなかったので、沖で汽笛を鳴らすとクリ舟が迎えにきてくれる。はげしく上下する波間でこのクリ舟に乗り移り、上地の前泊(マエドマ・マエドマル)の浜に向かう。舟はザザザと白砂の浜に乗り入れ、人は渚の水の中におりたつ。浜辺には島中の大人や子どもが集まるというふうであった。

その後、島の人口が減るにつれ、次第に運搬船は寄ってくれなくなり、その後の何回もの渡島は、すべて西表島大原にいったん渡ってそこに泊まり、それからクリ舟を頼んで上地に渡った。

こんなふうだから、新城の人の出入りはあっても、他所の人はよほどの用事がない限り渡るはずがない。少し海が荒れればその舟さえ止まる。台風の時など、その前後を通して何日もとじこめられるから、食糧にも困ってあちらこちら米を借り歩くこともある。

**写真 1-1　西表島大原桟橋から見た新城島上地、下地**（1963 年 8 月）
平たいかぼそい島だ。干潮の時、2 つの島の間にリーフがあらわれ、歩いて渡れる。

暴風雨がふきあれる間中、しめきった真暗い家の中に横たわってただひたすら通過するのを待つという毎年の繰り返し——離島苦（シマチャビ）——という言葉は八重山のどの島にも多かれ少なかれあてはまるが、わけても新城島はそういう島であり、それだから、四箇の人々からこの島の人がとりわけ信心深く、かたくまじめだといわれるように、心ばえが研ぎすまされたのだと思う。

上地・下地はともに周囲四キロメートル余、低平な隆起珊瑚礁の小島で、それぞれにかつては数十戸をかぞえる集落が一つずつあったのだが、西表島への移住がすすみ、現在、下地は肉牛の放牧場となり、上地も数戸のみの淋しい島となった。

こんな小さな淋しい島に関する記事が、文献らしい文献にたった一度かかれたことがある。それも外国の記録にである。

それは一五世紀末の『成宗大王実録（成宗康靖大王実録）』中にある、朝鮮人の南海漂流に関する記事である。八重山の歴史は新しく、一五世紀までは神話的世界の扉の中にあるとされるのだから、日本本土でいえばちょうど都で応仁の乱が終わった頃のこの記録であるが、八重山にとっては非常に古い。

一四七七年(尚真王即位の年)、朝鮮済州島を出帆した船が難船し、漂流一四日の末、琉球列島の最南端 与那国島の島民に救助された。親切な島民の世話をうけ、風を待って次々に島に転送され、那覇に到着。それから商船に托されてようやく三年目に帰国した漂流者が、この時の見聞を記録に残した。その記録の中に、漂流民を介抱した親切な島の一つとして、新城に相当すると思われる捕刺伊(パナリ)のことも書きとめてあるのだ。この実録について考証した伊波普猷の「朝鮮人の漂流記に現れた一五世紀末の南島」(昭和二(一九二七)年)によれば、次のようである。

与那国島から西表島祖納・波照間島と送られてきた漂流民は、波照間島に一ヶ月ばかり滞在し、南風をまって次の島パナリに一昼夜かかって着く。新城島は当時人家四〇戸の平坦な島で、

(イ)その俗、青珠を以て臂及び脛に繞繋す、男女同じ…。
(ロ)禽には、鳩・黄雀・鷗がゐる。
(ハ)黍・粟・牟麦があつて、稲がない。稲米は所乃島(そないじま)に行つて買つてくる。
(ニ)家には鼠がゐる。牛・鶏・猫が飼つてある。牛は屠つて喰べるが、鶏肉はやはり喰べない。
(ホ)蔬菜には、茄子・蹲鴟・蒜・瓠がある。
(ヘ)材木も無く、又果木もない。
(ト)昆虫には、蚊と蠅がゐて、亀・蛇・蟾及び蛙がゐない。
その餘は閏伊島と異つたことは無い。

とある。[1] 閏伊島というのは最初漂着した与那国島のことで、彼らは新城島に一ヶ月ばかり滞在し、再び順風を得て一

昼夜かかって次の島におくられる。

この新城島についての記録はごく短いものではあるが、稲をつくらない畑作、珊瑚礁の島の状況をかなりよく伝え、与那国島その他の島のものと比べよむと、この時代の八重山の生活がかなり浮かび上がってくる。

八重山全域が第二尚王朝の配下に入ったのは、このあとまもない一五〇〇年の赤蜂叛乱の時からで、悪名高い人頭税による収奪をうけるようになる島津入りは、さらに一〇〇年もあとのことである。こうした中央集権制がととのう中で、新城島の名も公的記録、特に貢納に関する帳簿のはしはしにほんのわずか散見するようになるが、歴史上の事件にまきこまれることもなく、南海に浮かぶ小さな離島として静かに長い年月が流れてきたのであり、その名が人の口にのぼるとすれば、八重山民謡として有名なクイヌパナ節、あるいはパナリ焼とよばれる素朴な焼物の島、信仰深い島としてであろう。

## 二　パナリへ

八重山を訪れる旅人は、たいてい飛行機で石垣島にさっと着くが、以前はみんな船に乗って、那覇からずっと南へ一昼夜近くかかって着いた。天候に左右される、必ずしも快適ではない船旅を必要とするそんな宮古・八重山が、首里・那覇の人々から先島とよばれ、行くことのむずかしい遥かな辺境と思われてきたのも理由がある。だが今は、気軽に下駄ばきで先島行きの飛行機に乗る。

この八重山にはじめて渡ったのは、昭和三五(一九六〇)年の夏である。前年に沖縄本島の北に浮かぶ伊是名調査をおこなっていた私は、二回目の伊是名調査のあと、二週間ばかりを先島行にわりあてたのであった。

旧盆前の先島航路の小さな木造船の船底は、那覇から故郷に帰る人々で一杯である。むし風呂のような暑さの中を、うす暗い電灯の光に照らされながら、くばられた枕と洗面器をかかえ、ふき出る汗をやぶれ団扇であおいで、みんな不思議にじっと黙って横たわっている。しけた暗い夜の海の荒々しい波音と、船をとりまく冷たい水界を耳もとの船腹に感じながら、こんなふうに今までどれほど多くの島人が、荷物のように横たわり運ばれて行ったのであろうかと思いつづけた。戦争が終わって一五年たっていたが、まだ生活は貧しく、船の食事に出るいため飯が、船に乗る楽しみの一つだという頃であったが、その食事を誰も口にできないほど海が荒れた。

当時、まだ石垣港は桟橋が不備で外洋船は接岸できず、遥かな沖合から、軍の上陸用舟艇のようなハシケに乗った。海岸に沿う長い護岸にぴったりつづく白い明るい石垣島四箇の町並が、青い海をけたてて走るハシケに徐々に近づいてくる。嬉しい気持ちがふくらんでいく長い短い時間である。離島の人々は、それからさらにそれぞれの運搬船にポンポンとゆられながら、故郷の島をめざすのである。

この時は黒島に行ったので、新城島はその運搬船の上から、人影もない淋しい緑の島として眺め過ぎただけであり、それに当時の私にとって新城島は、離島の多い八重山の中でも、とりわけ交通不便な行きにくい島ということとは別に、近寄りがたく思っていた島であった。

よく知られている近世の八重山の聞き書「八重山島諸記帳」(一七二七年)の中に、「島中奇妙」という一節がある。そこには春の干潮の頃、夜になると漁火のような不思議な火が、何万とかぞえきれぬほど山から下って走りまわり輝く干瀬のこととか、寒くなると海に入って石に化す浜蟹の話というような、文字通り島々の奇妙が書いてあるのだが、それと並んで西表島古見《コミ》の、三離嶽(ミチャリオン)とよばれる聖杜について次のように書いている。

…上代古見島三離嶽に猛貌之御神身に草木の葉をまとい頭に稲穂を頂出現立時は豊年にして出現なく時は凶年な

れは所中之人世持神と名付崇来候終に此御神曾て出現なくして凶年相続候得は豊年之願として人に彼形を似せ供物を備ひ古見三村より小舟壱艇つつ賑に仕出しあらそはせ祭之規式と勤候利生相見豊年なれは弥其瑞気をしたひにて無懈怠祭来候今村々に世持役と申役名も是に準て祈申由候　但此時由来伝噺有之候也(2)…

この記事が我々の心をゆさぶるのは、この二〇〇年以上も前にすでに奇妙の中に数えられていた、稲穂をいただく草装の「猛貌之御神」の「彼形」に「似せ」たその祭祀が、現実に今も西表島古見に豊年祭としておこなわれ、アカマタ・クロマタ・シロマタとよばれる来訪神が現れるからであり、さらにこれと同様のアカマタ・クロマタの親子四神がこの新城島にも出現する。(3)そしてこの祭儀に際しては、現在実修されている四地域(西表島古見、小浜島、石垣島宮良《ミャラ》、新城島)のいずれにおいてもきびしい秘密が要求され、そのきびしさは誇大とも思われるほどに聞かされていた。なかでも、新城の人々は敬虔な心に満たされ、その神々が出現する豊年祭のために生きているとまでいわれていたのであった。秘密を知ることは、たしかに興味深いことであるにちがいない。しかし、この別天地で長い平和な生活と分かちがたく結びついた真摯なよりどころの秘密を、他所者が出かけ無理にみだすようなことがあってはならないと固く思っていたから、この個性深そうな小島を興味深く眺めながら、一方、近寄りがたい島と思っていたのであった。しかし、翌々年から東京都立大学南西諸島研究委員会の一員として八重山に行くことになり、しかも私の調査分担地が黒島と新城島になったことから、いやおうなくこの島と関係をもつことになった。

運搬船から沖合でクリ舟に乗り移り、上地の前泊の渚におりたつと、水辺は同時に運ばれてきた荷物をおろすため、島総出の賑わいである。区長さんの家に泊めてもらうことになって、白砂の浜を上って行くと学校がある。それにつづいて珊瑚礁の石垣に囲まれた集落がかたまっている。集落の南はずれにある区長さんの家は、やはり珊瑚礁の石垣に囲まれ、それにそって桑の木が生えていた。剪定していない桑の木は自由自在に大木になっていて、一見何の木だかわからないくらいである。家の前庭には、昭和のはじめ頃つくったコンクリート造りの大きな天水タンクがあり、どんなに旱でもこの水がなくなったことがないと、区長さんの自慢であった。隆起珊瑚礁の島はどこも水には不自由する。家に行く時、一升瓶に水を詰めて行ったなどよく聞く話である。新城では家々にみんな井戸があるが、出るのは塩水で、少し甘い水の出る井戸が集落の東はずれに一ヶ所あるが、飲料にはならない。だから、飲水は屋根に竹どいをかけ雨水をためている。瓦葺きの場合は、能率よくきれいな水がとれるが、カヤ葺きの場合は色もつくし能率がわるい。上地はほとんどカヤ家であった。幸いここには、昭和三五（一九六〇）年に琉球政府補助による（工費三七六〇ドル）コンクリート造りの大きな貯水池がつくられ、雑用水として重宝し、この水を主婦や娘が石油缶に汲んでは天秤棒で運ぶのが日課であった。

こんなに水が不自由であったから、昔から蚊のいない、マラリアのない健康地であったのである（写真1-2）。

当時二〇数戸の上地の集落は、端から端を歩いても大して時間はかからないが、空家になった家も多く家族数も少なくなっていて、聞きとりはなかなかはかどらないが、次第に島の人々と親しくなっていった。区長さんにはずいぶんお世話になった。畑仕事が一段落して帰ったところを待ちかまえて、いろいろ話を聞きたがる私には、親切なこの人もずいぶん閉口したろうと思う。いつも奥さんに「さあ、べんきょう、べんきょう」とからかわれながら、たのしく話を聞いたものだ。

ある夕方のことだった。いつものように話しこんで、私が話の中にふとさしはさんだ「ニイルピトゥ」の言葉に、この人が示した驚愕の深さを今も忘れることができない。あまり息をのんで驚かれたので、私もすっかりまごついてしどろもどろになり、急に何か言いわけをし、結局これは「ネの年の人」の意だというふうに双方が了解するという

**写真 1-2　上地の民家**(左側は貯水タンク)

いうことで話は終わった。

ニイルピトゥはいうまでもなくニイルの人の意、ニイルは『おもろさうし』『琉球国由来記』その他の諸記録や民間の伝承の中にある、ニライ―カナイ、ニルヤ―カナヤなどと同系の、海の彼方、あるいは地の底にあり、人々に祝福を与える来訪神の在す国、琉球列島の人々の心の奥深くにひそんでいる他界の謂であり、ニイルピトゥはその他界から訪れる人神、つまり現実にこの島では、豊年祭に出現するアカマタ・クロマタの神をひそかにさす言葉なのであった。そして、今に軽々しく口にすべきことではなく、ニイルから来訪する尊い人にして神、その二神は選ばれた島人がなる、その秘密にもふれる言葉なのであった。

ニイル・ニイルピトゥについては、すでにずっと以前から、南島文化に関心を抱く研究者の注目を集めている周知のことである。柳田国男先生は「海南小記」の中の二色人なる小節で、宮良のニイルピトゥについて、「宮良の人々は神の名を呼ぶことを憚つて、単にこれをニイルピトと謂つて」いて、「祭の日には人が神に為ることをよく知りつつ、而も人が神に扮するといふことは知らぬやうである」と、その微妙な雰囲気を記している。[4] 柳田先生が「海南小記」を書くことになった八重山の旅は、大正一〇(一九二一)年一月であった。それから四〇年も経っているのに、この対外交渉の多い区長さんですら、他所者の私が口にしたニイルピトゥなる言葉に、深く深く驚かれたのだ。思いがけない結果となった自分の言葉をすまなく思うと同時に、こうした敬虔な畏怖の念の存在に強い感動をうけ、こうした真情を保持してきたこの島の社会や人々に、改めて強くひかれることになった。

それから一〇余年、幾度となくこの島を訪れて、その生活のさまざまを見、聞きすることになり、ある時は移転先の西表島大原や石垣島、さらには沖縄本島、本土の都市などを訪ねて多くの好意をうけ親しくもなったが、しかしどこまでも私は他所者であり、ある種の警戒はとけなかったと思う。それは淋しいことであったが、同時にそれだからこそ新城の世界を保持してきたのであり、嬉しいはずのことでもあった。

今まで沖縄の文化に関する著書・論文は多く書かれてきたが、八重山地域が本格的に研究されるようになったのは、第二次大戦後のことである。しかし、それらの中に新城島に関するものはほとんどない。戦前、昭和一五(一九四〇)年七月に河村只雄氏が下地に渡り豊年祭を見聞、さらに上地に渡っているが、氏はその年の暮れに死去されたので、この時の日記の抜粋が「八重山紀行にかえて」と題して『続南島文化の探究』におさめられているのみで、調査の詳細は不明である。[5] 豊年祭への参加、アカマタの写真撮影などを希望された氏の突然の来島は、島人によほど強い印象を与えたらしく、私が訪ねたのはそれから三〇年たっていたのだが、「胃袋のない東京の先生」(氏は胃を三分の二以上切除されていた)として多くの人が氏を記憶していた。それほどこうした来島は稀なることなのであった。そして氏がその時に示したいくつかの希望は、今も許されていないのである。その紀行文の中に登場する大舛久起・桃原永佑・新川盛光・森田永吉の各氏にはいずれもお目にかかり、私もまたお世話になった。

だが、この小別天地で何百年も続けてきた生活は、今、叢林の中に消え去ろうとしている。その長い生活は記録されることもなく、あるのは代々の島の伝承を体した人のみである。しかしその人々も、多くは島とは無縁の地にちばった。新城島はだまって今、消えようとしているのである(表1-2)。

しかし、何というちぐはぐなことだろう。こういう時期になって、上地にようやく長い間の宿願であった設備がととのってきたのだ。

昭和四四(一九六九)年、自家発電により、夜間、数時間電灯がつき、テレビ二台が入る。また一〇メートルの桟橋が完成。総工費八八〇五ドル。当時円対比、一ドル三六〇円。しかしリーフのため干潮時には接岸できない。

昭和四九(一九七四)年一二月、西表島よりの送水管による送水が開始され、天水の使用に終止符がうたれる。

昭和五〇(一九七五)年、小学校分校廃止。

昭和五一(一九七六)年一月、上地、四戸、九人。

**表1-2　新城島の戸数・人口の変遷**

| 西暦 | 和暦 | 人口(人) | 備考 |
|---|---|---|---|
| 1651 | 慶安 4 | 323 | |
| 1738 | 元文 3 | 705 | 上地 419 戸　下地 286 戸 |
| 1753 | 宝暦 3 | 653 | |
| 1761 | 宝暦 11 | 682 | |
| 1873 | 明治 6 | 167 | 上地 23 戸　下地 14 戸 |
| 1879 | 明治 12 | 186 | 42 戸 |
| 1892 | 明治 25 | 229 | 54 戸 |
| 1903 | 明治 36 | (325) | 64 戸(1 戸平均 5.08 人) |
| 1960 | 昭和 35 | 132 | 上地 24 戸　下地 4 戸 |
| 1963 | 昭和 38 | 124 | 上地 22 戸　下地 0 戸 |
| 1970 | 昭和 45 | 64 | 上地 16 戸 |
| 1975 | 昭和 50 | 6 | 上地 3 戸 |

註

(1) 1651 年、1738 年、1753 年、1761 年、1873 年、1892 年の数値は、笹森儀助『琉球八重山嶋取調書』(稿本、2004 年、18〜48 頁、法政大学沖縄文化研究所)による。

(2) 1879 年、1903 年の数値は、『沖縄県史』第 20 巻(236 頁、273 頁、付録 64 頁)による。

(3) 1960 年、1963 年、1970 年、1975 年の数値は、『竹富町町勢要覧』による。

(4) 明治時代あるいはそれ以前の時代の数値について、どれほど信頼性があるか不明であるが、一応、ここに掲げた。

## 三　生活の場

学校と道一つ隔てて、こぢんまりとよくまとまった上地の集落は、沖縄全域に見られる方形に区画された家並びで、珊瑚礁の石垣にそって福木や桑などの茂る家もあるが、たいてい石垣ごしに家々の様子がよく見え、誰彼となく朝夕の挨拶を親しげにかわしながら通りすぎるのである。明治三五(一九〇二)年の地図によると、集落は六二の小区画に分割されており、それがほぼ当時の屋敷地を示すらしい。昭和三七(一九六二)年当時は二二戸で、これは地図の示す屋敷地の西半分、つまり舟の着く前泊側に位置し、東側の部分は原野状になっていた。そして西半分の家々も、西表島その他への移住がすすんでいて空家が目立ち、またすでに廃屋になって残されたものもある。

家屋は皆南面して建てられ、一一戸は主家(ウブエ)と炊事場(タウラ)を別にする二棟造りであった(図1-2)。炊事場が主家の一部にもうけられている形は、比較的大きな家のみでなく、最も簡単と思われる小さな家にも見られる。この炊事場はもちろん中柱構造であるが、主家にあっても中柱構造の家があり、これらは結(ユイ)で建てられることが多い。どの家も一番座には畳が敷かれているが、他は板ばりであったり、アダンバムシロを敷くというふうで、敷物の下は竹の簀の子が多い。カヤ葺きの屋根にはスダルとよばれる蔓製の網がかぶせられ、暴風よけになっている。もとは瓦葺きが相当あったというが、西表島へ移住してからまた島に帰ったため、瓦屋根を葺ききれず、瓦葺きは二戸のみであった。炊事場は主家の西側に並んでいて、内部はたいてい半分は竹の簀の子、残り半分の土間には土製のカマドがあり、火の神はここに祀られている。便所・豚小屋は屋敷の北または北西隅に、屋敷神を持つ場合はそれを主家の東隅に祀るのが普通である(写真1-3、1-4、1-5)。一番座は客を招ずる部屋であり、婚礼その他、集まりの時の男たちの座、家族を守護する香炉が置かれる場所で、一番座の西側にある二番座は家族の日常の場、集まりの時の女たちの座、死者の霊を祀る仏壇のある部屋である。一般に沖縄の家・屋敷の空間的意味についていわれる、

図1-2　上地の家

写真1-3　今年新築された家(上地、1963年8月)

**写真 1-4　屋根ふき**(上地、1962 年 8 月)

島を出ていたが、やっぱり帰って来た。年老いてたった 1 人の彼は、耳も遠い。みんなが集まって、みるみる家が出来た。畳はない。細い竹を編んだ床にむしろを敷く。私がはじめてこの島に着いた夕方のことだ。翌日のぞいてみると、中柱に煙草盆などが下がっていた。

**写真 1-5　山羊**(上地)

東・南の優位あるいは男性原理、西・北の劣位あるいは女性原理の存在は、上地・下地についてもあてはまる。

家・屋敷に見られる二元的表象は、さらに集落の場にも展開されている。

上地の集落は、道路によって南(パイ)組、北(ニス)組に二分され、それぞれにパイトニモト・ニストニモトとよばれる宗家があり、下地も同様に、道路によって東(アル)村、西(イル)村に二分され、アルドニ・イルドニの宗家がある。八重山一般に、村あるいは聖杜の創設に関係する家がトニモトとよばれることが多いが、上地・下地の場合も、明確ではないがその意味に関連する家々である。この地域的二分は、あとで述べるが、雄・雌、男・女に比定され、豊饒を迎えるさまざまの儀礼面で機能する。

こうして島の人々の日常的活動の場は、まず、家・屋敷が一つにかたまった上地であれば南組—北組、下地であれば東村—西村というほんのせまい空間で、その周辺に人々を守護する神々の場、さらに離れて畑や墓場などがある。沖縄全般に、御嶽《ウタキ》とよばれる聖杜が宗教上の中心となり、女性神役によって多方面の祭祀が実修されることが知られている。上地では、これらの聖杜はヤマ・ワン・オガンなどとよばれている。ヤマ・ワンは御嶽を、オガンは拝所を意味するという地域もあるが、上地も下地も必ずしも明確ではない。

上地で重要な聖杜は、ナハヤマ(美御嶽)、アルオガン(ザンオガン)である。中でも重要な存在はナハヤマで、集落と道一つ隔てた北西の海岸に近接した場所にある。大きな石の鳥居をくぐって進むと、聖域をくぎる石垣があり、ここにある小さな鳥居をくぐると、中は広場になっていて赤瓦葺きの拝殿がある。白砂が敷かれ、香炉が置かれ、祭りの時には女性神役が勢ぞろいするところである。広場の奥はさらに石垣で囲まれ、マーニ(クロツグ)が茂る昼でもうす暗い一画で、イビとよばれ、女性神役以外の者が足を踏み入れることを許さない至聖所である。拝殿はこれに向かっているのだ。イビの入口には白く塗られた石の門があり、この門には真赤な太陽と三日月がえがかれている。拝殿のある広庭は、祭りの時にムラ人全員が集まり儀礼がおこなわれるところで、たとえば豊年祭であれば、アカマタ・クロマタの神々が人々といりまじって踊ったり、宴の膳をかこんだり、獅子舞をしたりする。

聖杜全体に大きな木々が鬱蒼と茂り、亜熱帯の蔓性植物がからまり、暗い木々の間を名も知らぬ大きな鳥の鳴き声がしたり、羽ばたきが聞こえたりする。一人でいると怖ろしい感じさえする場所である。イビをめぐらす石垣には、別にもう一つの門がある。豊年祭の時、この門からアカマタ・クロマタの神が出てきたことから、この門の奥が豊年祭の祭儀の関係する秘密の場所であろう。アカマタオガンとよばれるのはここであろう。アカマタオガンは、もとは島のずっと北の海岸べりにあったのを、ここに移したといわれている。

ナハヤマ（美御嶽）は、『琉球国由来記』巻二十一に、

上地美御嶽　新城村

神名　フチコテダ（沖本マスキヤ）

御イベ名　マスキヤ大アルジ

と記されている。(6) 神名とイベ名がどういう関係にあるのか種々議論されるところだが、こうした知識はシマ人とほとんど関係がない。美御嶽という名称については、昔、お上からどういう御嶽かときかれてチュラサお嶽（チュラサ＝美しい）と答えたところ、それで美御嶽となったのだという人もある。

ナハヤマとならんで重要な聖杜は、アルオガンである。集落の東はずれにあるのでこの名があるが、別にザンオガン・イソオガンなどともよばれる。これは昔の新城島の貢納の一つ、ザン（海馬・人魚）を祀るところであるからで、入口の簡単な木の鳥居をくぐったずっと奥の石の上に、ザンの頭蓋骨が一個おかれている。以前はたくさんの骨が積まれていたというが、印鑑屋などに持ち去られたのだという。ニレーの神の余り物の一つと考えられてきたザンが、イソオガンとして海の神・龍宮の神に関連づけられるのも当然であろう。下地にもザンのオガンがあるが、海の女神と考えられている。

この他、上地には、西のはずれにあってもと個人拝所だったが、五〇年程前から昇格してムラオガンになったイリ

オガンや、舟の祈願をするフナオガン、雨乞いの時のパンガナシなどがあるが、中心はナハヤマ・アルオガンであり、人々はこの二聖杜を中心として二つの祭祀集団を構成している。しかし、この祭祀集団の構成は、先に述べた北・南の地域的二分とは関係しない。

下地の空間的構造も、上地と酷似しているように思われる。下地は最初の調査時にすでに一戸一人の島となってい たから、廃村の跡を見聞したにすぎないが、ほぼ次のようである。

島のほぼ北岸の前泊(マエドマ・マエドマル)に近接してつくられた集落は東・西に二分され、集落の東はずれにアルオガン(アールワンともいう)、島のずっと西はずれのイルオガン、その間にフウシティ・ナナザオ等の聖杜がある。このうちアル・イルの両聖杜は『琉球国由来記』にも記録されており(7)、神役組織が古くからととのっていたのもこの両聖杜である。さらに、下地の人々は二分され、このどちらかにヤマシンカ(祭祀集団のメンバー)として所属することから、最も重要な信仰の中心であったと考えられる。この信仰的二分制と、先に述べた地域的二分制とは整合していない。フウシティは福木のおい茂る鬱蒼とした杜で、アカマタ・クロマタの出現する秘密の場所、ナナザオは七つの門(ザオ・ゾオ)があることから名づけられ、海のオガン・ザンオガンともよばれ、海の女神を祀るとされ、上地と同様、ザンや海の豊漁を祈る。ここにもザンの骨が飾られ、シャコ貝の香炉が置かれている。普通の聖杜には料理した魚が捧げられるが、ザンオガンには生の魚が、正月ハツオコシや大漁の時などに捧げられる。

このように、上地も下地もほぼ共通して、日常生活をいとなむ集落の周辺に、人々の信仰の中心である数々の聖杜を配している。つまり、こうした聖杜を介して他界と通交しているのである。その接点のいちばん外側が、島の周辺の突出部である崎であるらしい。そんな重要な崎が、ある種の行事の時、ふっと出てくるのだ。たとえば、下地では、雨乞いの時、島の周辺を女性神役がまわり歩いて祈願することがある。その祈願場所が数多くの崎である。サキサキは神高いといわれている。

新城島のような、島一つ、集落一つの小島においては、目に見えない祭祀的世界の限界が、現実には水に接する島のまわりと一致するのだと思う。だから、たとえば節(シツ)祭の時などに、一切の舟の出入りを止めて人々が島に籠もって祭祀をおこなうという、そうした完結性が表出できるのであろう。

## 註

(1) 伊波普猷　一九三八『をなり神の島』、九五~九六頁、楽浪書院。

(2) 南島発行所編　一九七六(一九四〇)「八重山島諸記帳」『南島』第一輯、三七頁。

(3) 宮良賢貞によれば、ニイル神事の伝来経路は次のようである(宮良賢貞　一九七九「小浜島のニロー神」『八重山芸能と民俗』、一六六頁、根元書房)。

**ニイル神事の伝来**(宮良賢貞による)

古見邑《クン》―小浜島《クモマ》―宮良邑《ナーラ》(八重山)
　　　　　　　　　　　―高那邑《タカナ》(西表)
　　　　　　　　　　　―新城島の下地《シイモヂ》
　　　　　　　　　　　―野原邑《ヌバル》
古見邑―新城島の上地《パナリカヌヂ》

(高那、下地、野原は現在廃村となる)

(4) 柳田国男　一九九七(一九二五)「海南小記」『柳田國男全集』三、三一三頁、筑摩書房。

(5) 河村只雄　一九四二『続南方文化の探究――薩南琉球の島々――』、四二六~四二九頁、創元社。

（6）外間守善・波照間永吉編　一九九七『定本　琉球国由来記』、四九六頁、角川書店。
（7）外間・波照間　前掲註(6)。

# 第二章　パナリ　その光と影(二)

## 一　最後の一人

ある朝、急に下地に行くことになった。上地で新しく家造りをした人があって、その床にはる竹をとりに下地へ舟で行くことになったからだ。下地と上地は、八〇〇メートルばかりの海を隔てているが、干潮になると歩いて渡れるリーフが現れる。昔は数十戸もあったという下地も、この時(昭和三七(一九六二)年)にはたった一人が住むだけだったから、めったに舟が行くことはなかった。

静かな美しい朝の海を、私たち(竹をとる三人と私)のクリ舟は気持ちよく走る。海面のところどころには、大きな籠が浮かんでいる。鰹の餌になる鰯の生簀で、遠く糸満の漁夫たちがこんな八重山の海で鰯をとっているのだ。上地の海岸の岩蔭に仮の宿をとっていた漁夫は、こういう人たちなのだろう。籠のそばでは白い水鳥がひらひらと飛んでいる。そして、飛ぶたびに鳥の羽裏が海の明るい緑にゆらゆら染まるのにみとれながら、竹切りの目的のないお客の私は、少しのんびりした気分になり、またこうして誰にも知られず、遥かな南の海で見知らぬ人々と小舟に乗っている自分が、不思議に思われたりした。

当時、下地に住んでいたのは、カマブジャ(カマおじさん)とよばれる五〇歳ばかりの人で、廃墟になった集落のはずれの小さな家に、ネコとイヌとで住み、畑を耕したり魚を突いたりして、一人で島をまもっているということだった。

前泊の白砂の浜をあがって行くと、まもなくカヤ葺きの小さなカマブジャの家があった。家の中はきれいに片づいていて、仏壇には新しい緑の枝が生けてある。前庭には、赤い小さな花をつけたルコウ草がふちどりに植えられ、庭一杯に縄の材料にするアダン草が干してあった。

もとの集落のあとを歩いてみると、すっかり草木でおおわれ、空いたままの家々も石垣も、静かに朽ちようとしていた。屋敷あとがすっかり竹藪になっているのもあった。また、島に放牧された白や黒の山羊が空き家に住みついているのもあり、石垣の上を走って大木になって茂る桑の葉を食べながら、じっと無気味にこちらをみつめたりする。中には、ヤカン・茶わん・煙草盆までがそのまま部屋に置かれていて、人が今にも出てきそうな家もある。あとでわかったことだが、ほんの数日前に、豊年祭をやるため何人かの下地の人たちが、この朽ちかけた故郷の島に帰ってきた、そのとき使った家であった。前年まで四戸残っていたが、それはほとんど年とった女性神役の家であり、この人たちが島を離れがたく思っていた最大の理由は、御嶽の神やアカマタ・クロマタの出現する豊年祭を維持しなければならないということである。一人ふみとどまっているカマブジャは、今年の豊年祭のために、集落の道をおおう草を刈って人々を待っていたのだ。集落の廃絶はまだ肌のぬくもりのする近さなのに、亜熱帯の活力にあふれた植物群は、たちまち何百年間の人間の生活を包み、朽ちさせようとする。新城の人々から淋しく聞いたかつての廃村の見聞――家はあるが人影はなく、鶏だけが鳴いていた村――のそれと同じ状況が、今、下地で起こっているのだ。この人声の絶えた島で、カマブジャは何を考えて暮らしているのだろう。

夕方、三人が切った竹の束を積んだ舟は、今度は逆に順風にのって帆をはる。カマブジャは、前泊の白砂にじっと立って見送る。

この昭和三七(一九六二)年の冬、彼は、島の一人住まいを心配する人々のすすめに従い上地に移ったので、この年を最後に今までの下地の歴史は閉じ、二〇数人でおこなったこの年の豊年祭が最後のものとなった。

## 二　西表島大原移住記

八重山を訪れた人は誰も、地図上に示された廃村の跡の多さに驚く。これに伝承・民謡などの例を加えれば、その跡はさらに多くなる。また、もっと下のレベルでの移動・改廃もかなり頻繁におこなわれ、そして今もひきつづいている。また、名前は同じでも新しい村もある。パナリの東に浮かぶ黒島についてみれば、東筋集落の四御嶽は、かつてはそれぞれに別個の集落の御嶽であったとされるし、五〇年程前にはまだ人がいたホキ集落は、石垣は残っているが今は御嶽のみである。さらに私でさえしばしば訪ねた宮里集落が、今は廃絶同様になってしまった(図1-3)。

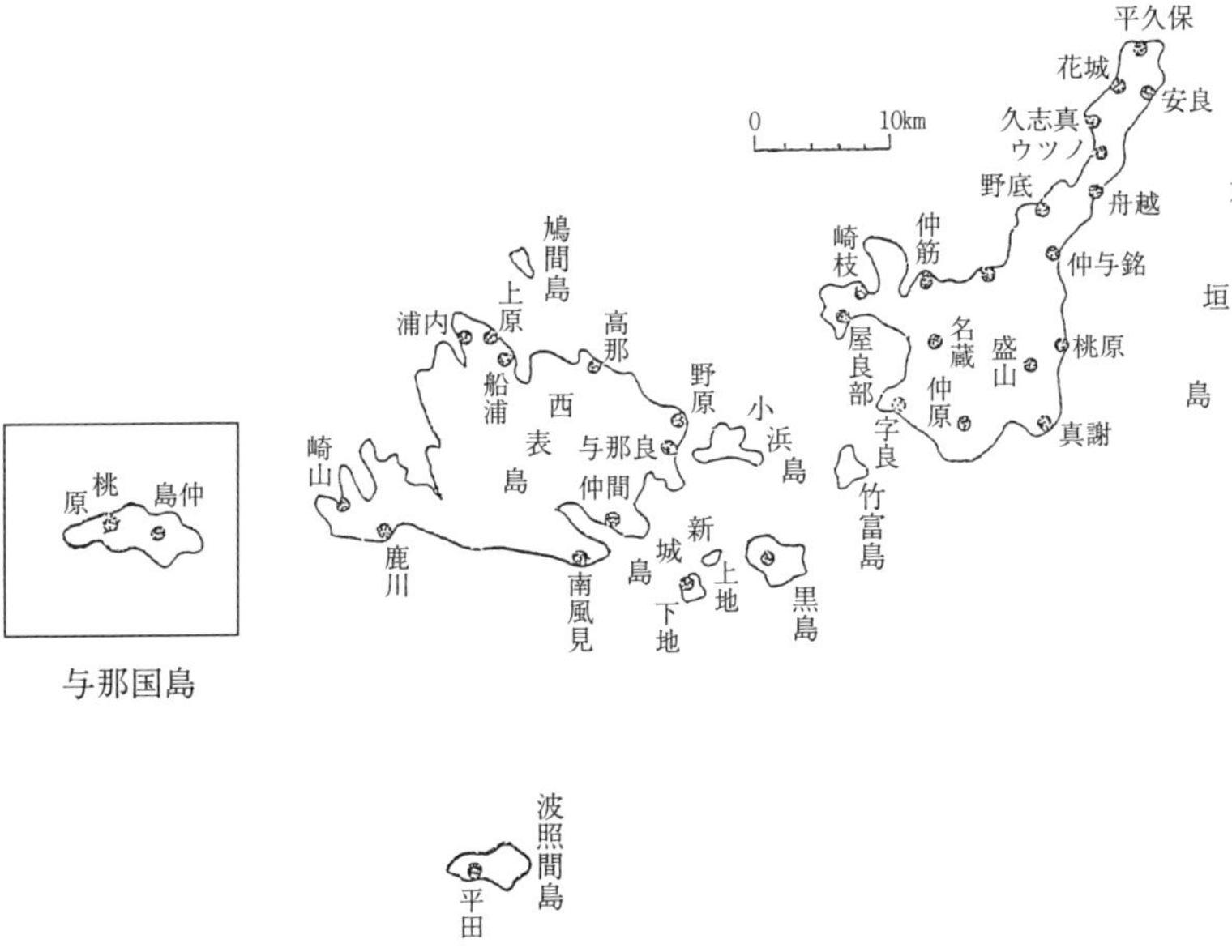


**図1-3　八重山の廃村**(大浜信賢　1971『八重山の人頭税』44頁、三一書房による)

下地にもかつてアロウスク村が、上地にはクイグスク村があったとされている。そのように、過去においても集落の廃絶・集合を経ながら今日にいたったパナリの人々が、今度は全く別の島に移住することになったのだ。

すでによく知られているように、八重山の人々を長い間苦しめてきたものの一つはマラリアであった。特にパナリに近接する西表島は、有数の有病地として知られていた。しかし、その病因も明らかでなく、治療法もなく、医者もおらず、居たとしても貧しい島民には無縁であった。明治二六（一八九三）年、笹森儀助がこの西表島の村々を歩いた頃は、人頭税とマラリアのために廃亡寸前の状態で、その鬼気せまる惨状は『南島探験』の中に克明に記録され、遠からず滅亡するだろう村を一八もあげている。(1)しかし、マラリアの有病地であるということは、それだけ水の豊かな水稲耕作地であったということで、天水を飲料水とたのむ無病地パナリの人々は、長いこと西表島東部地区に稲の出作りをしていた。この様子をうたった民謡「離レマヌ前ヌ渡節」に、

離レマヌ　前ヌ渡
波照間ヌ　北ヌ渡
前ヌ渡ヌ　ネヌナラバ
シイカマヌ渡ヌ　ネヌナラバ
糸ハユティィ　チィカイス
布ハユティィ　オハラヌ
（新城島の前方の荒海よ、波照間島の北方の荒海よ　前方の荒海がなかったら　仕事に渡る荒海がなかったら
糸を延べた海上でお供します　布を延べた油を流したような航海で御招待します）(2)

とあるが、「シイカマヌ渡ヌ」とは、西表島へ水稲出作りの仕事に渡ることをさしているという。そして、このパナ

**表1-3　旧慣時代の納税品**(『沖縄県史』第21巻(1968)による)

| | | |
|---|---|---|
| 宮古島 | 1. 本租 | 粟(正男)、白上布(正女)。 |
| | 2. 付加説 | 粟(正男女)、布(正男女)。 |
| | 3. 特別税(夫賃) | 粟(正男)、換納品(米、胡麻、麦、下大豆、菜種子、木綿、海鼠、牛皮、海馬、角俣)。 |
| 八重山 | 1. 本租 | 米(正男)、白上布(正女)。 |
| | 2. 付加税 | 米(正男女)、凶作時に限り粟の換納を幾分許す。 |
| | 3. 特別税(夫賃) | 換納品(胡麻、下大豆、菜種子、木綿、木綿花)。 |
| 本島 | 1. 本租 | 田地　米、石代納もある。また、米納の成換として砂糖、真綿がある。 |
| | | 畑地　麦、下大分。代金納もある。換納品(粟、白大豆、本大豆、菜種子、黍、白藊豆、粟籾、黍籾、砂糖、真綿、小豆)。 |
| | 2. 付加税 | 米、粟、砂糖、真綿(代金納もある)。 |
| | 3. 特別税 | |
| | (夫賃) | 金納。多く物品を納める。 |
| | (浮得税) | 金納。物品(棕櫚縄等)。 |

リ島民の出作りの困難の様子は、やはり『南島探験』の中に書き込まれている。旧慣制度では、八重山の本租は米で納めなければならなかったから(凶作の時は粟の代納が許された)、米のとれない畑作の新城島の人々は、長い間、クリ舟で漕ぎかよう西表島で米を作っていたのである。黒島・竹富島・鳩間島など、みんな出作りをして稲を作る島であった(表1-3)。

この出作り地西表島に、昭和になって新しい新城村を建設しようと提唱し、その実現に尽くしたのは上地出身の大舛久雄氏であった。これについて現在、移住先の西表島大原の大原神社の境内にたつ、大原部落会が建立した「大舛久雄氏頌徳碑」の裏には、次のようにその由来の大筋がしるされている。

頌徳碑碑文(全文)

大舛久雄氏は明治三十一年五月新城島に誕生された。
この島は珊瑚礁の孤島で自然の恵み乏しく、ために島民の生活を補うには対岸の肥沃な穀倉西表島に依存しなければならなかった。しかし西表島は風土病がしょうけつを極めここに耕作する者は常にその病に悩みつづけていた。大舛氏は身をもってこれを体験し将来を期して西表移住の決意は早くからかもされていたことであろう。

さて氏は大正七年軍隊に入隊されシベリヤ派遣軍に勤務し、大陸の沃野を跋渉し除隊後は青雲の志にもえ、大正十三年警察官を志望された。幼少からの向学心は、刻苦勉励の人となり、天才的な英知とあいまって、氏は昇進に昇進を重ね、昭和十四年に刑事課長となり敏腕を振われたが、その間にも宿命の新城島民救済の願いもだし難く、孤軍奮闘、南風見移住問題を提げて主管農林省に訴へる一方、島民への啓蒙運動に腐心され、終始一貫本問題の実現に邁進されたのである。

この問題は新部落建設の大事業だけに幾多の難題が積重り、日本政府の大英断と島民の将来を見通す一大勇猛心がなくては解決は望めなかった。熱心な説得にもかかわらず対岸の有病地に移住することに反対したてつく人が多く、開拓魂にもえて大舛氏に賛同する人は一部の人のみであった。

しかし大舛氏の真剣な推進は遂に功を奏し、昭和十六年沖縄県営自作農創設南風見開墾事業が認可になり予算六十三万円が獲得され、南風見移住計画はここにいよいよ実現される運びとなった。

氏は昭和十七年更に警視に栄進され那覇警察所長拝命、翌年五月行政官に抜擢されて宮古支庁長を一任、次いで十九年八重山支庁長を拝命された。時に太平洋戦争は熾烈を極め、惨禍を償いながら移住事業を強力に推進しなければならなかった。思うに戦争のあふりを食って事業中止の段階に追詰められた島民の苦難もさることながら、大舛氏の苦衷は如何ばかりであっただろうか。

しかるに天、氏に時を貸さず、昭和二十年五月三日遠大な理想郷建設の業半ばにして、弾雨をあび官舎で名誉の戦死をとげられたのである。噫!、大舛久雄氏の人生こそ絢爛を誇る桜花が一陣の突風に散華する一期であった。

ここに我々は氏への報恩事業として頌徳碑を建立し、大舛久雄氏の生前の御功徳を讃え終始一貫敢闘された御偉業を顕彰して、これを永遠に伝えようとするものであります。

一九五七年(昭和三十二年)十二月吉日
建設者　大原部落会

碑文にもあるが、この計画をすすめるために困難な問題がいくつもあった。まずあげられるのは、移住先の南風見《ハエミ》がマラリアの有病地であったことである。八重山では、近世に幾度となく、上からの命令によってマラリア有病地へ強制移住がおこなわれたことが知られている。これは貢租の完納を求めて、津波や風土病による人口衰退を補うためにおこなわれることが多かったが、人頭税の総負担額は万治二(一六五九)年以来一定であったから、人口減少は重大な問題であった。しかし、悪疫への対策もないままおこなわれたから、移住はまた次の廃村をうむという悲しい結果となった。

また、明治になって、多くの首里の士族や、遠く本土からも八重山開拓にのり出してきたが、いずれも短期間に失敗している。明治一五(一八八二)年、首里士族によるシーナ原開墾、川良川開墾、カンジ原開墾、明治二四(一八九一)年、徳島県人中川虎之助による名蔵開墾など、失敗の最大の原因はマラリアであった。

このように、過去にマラリアによる悲惨な経験をもち、外社会に対する知識に乏しく、貧しくとも平和な島の中で生活してきた人々の多くは、わざわざ危険な南風見に移住する必要がなかった。実際、当時も西表島へ出作りに行った島民たちは、そのわずかな出小屋生活ですら皆マラリアにかかって苦しみ、病人は豊年祭の時に縁側にいざり出て、アカマタににらんでもらうという有様だったからである。昭和一六(一九四一)年から着工された開墾計画の中には、もちろん診療所開設のこともあり、翌年には国立南風見マラリア診療所が置かれ診療がはじめられたが、その翌年四月の大旋風のため診療所は破壊され、やがて第二次世界大戦の開始となるなど困難がつづいた。(3) 島外の社会生活を豊富に経験した大舛氏が、過酷な状況のもとにきびしい生活を強いられている故郷の島の救済・向上を志したものであっても、島の人々に理解されなかったのも無理からぬことであった。

マラリアに対する怖れとともに、信仰上の問題があった。これは、マラリアよりもむしろ強い理由だったかもしれない。第二次世界大戦後になって移住が本格的におこなわれるようになっても、上地・下地に踏みとどまっていた人々には、神役関係者が多かった。先祖伝来の御嶽の神々、アカマタ・クロマタ神の出現する豊年祭、それを支える祭祀集団など、これを捨てるには怖れがあった。のち移住がすすんだ折にも、下地では大原への神の分祠も許さなかった。大舛氏の家は、上地でも最も信仰厚い御嶽に代々仕える男神役を出す家であったから、説得力はあったであろうが、またそれだけに非難もされたことであろう。

昭和一三(一九三八)年より、国有地だった南風見の移住計画地を本格的に借り、出作りで甘藷(ン)・粟を作ったが、収穫がよく嬉ぶ。やがて昭和一六年より、国六〇パーセント、県四〇パーセント補助による、沖縄県自作農創設未墾地開墾事業の名目で事業が認められ、沖縄本島金武村とこの南風見村の二ヶ村がその対象となった。地鎮祭はその年の三月一一日であった。こうして事業は第一歩を踏み出したわけだが、上地・下地の人々に移住をよびかけても、応ずる者はなかなかない。ほんの少数の賛成派の若い連中は、村の破壊者であるとして村仕事にも参加させないというふうな、いわば村八分的措置がとられたことがあったというほどであった。

昭和一七(一九四二)年七月、上地より最初の移住がおこなわれたが、大舛・黒島などわずかな家々であったという。

その年の一二月、下地から波照間・鳩間・新川の三戸ほどが移住した。残りの人々は反対、あるいは消極的で、「西表に渡ってマラリアで死ぬより、貧しくともシマで寿命をまっとうしたい」といい、特に御嶽に属する神役たちは絶対反対であった。

一方、太平洋戦争は次第に激しくなっていった。そうした情勢は、最初の移住目的に食糧増産の国策を加えさせ、移住は戦争協力の軍命令というふうな意味をもつようになった。結果として、かつての近世における強制移住の様相に似たふうにもなって、移住の舟に乗るか乗らないかとせまる場面もあったらしい。こうして、昭和二〇(一九四五)年のはじめ頃までに、全戸が移住した。それでもなお、家屋を島に残して完全に移住しない家が、上地で四戸はあったという。

新しい開拓地では、田は一人二町歩程、きちんと区画された土地をクジでひいた。宅地も同様であった。しかし田畑が広く与えられても、せいぜい牛を使う程度の労力では耕作しきれないのが実情であった。

この広い肥えた土地に移って、理想の村を作ろうと積極的に参加した人々も、前途に重なる困難を思い、先祖代々の土地を離れることは決死の覚悟を必要としたという。移転に際しては、家財道具はもちろんのこと、家もこわし、柱もはめ板も屋根瓦の一枚にいたるまで残らず帆舟に積んで、かつて出作りのクリ舟が行きかった海を渡っていったのであった。

このように一大決心で移住したのであったが、移住後まもない昭和二〇(一九四五)年三月頃から、八重山地方への米軍機の空襲が烈しくなってきた。この頃はすでに敗戦の色濃く、米軍の沖縄本島上陸も決行されていた。八重山への空襲は一日七〜八回に及び、人々は危険をさけて山地に避難することになり、新城島の人々も今度は山奥に移転した。大きな岩盤の下に防空壕を掘り、その入口まで人々があふれて寝る有様であったという。

当時、食糧はすでに非常に欠乏していた。もともと八重山は沖縄全域中、米の生産地として知られている地域であったが、それのみでは不足で、台湾その他より移入していた。これが戦争によって当然少なくなっていた。一方、従来から主食物として重要であった甘藷の増産も、思うようにすすまなくなっていた。その大きな原因は労働力不足で、すでに男子は召集または徴用されていたが、この年の五月からは、さらに一五歳以上六〇歳までの男子が召集の対象となり、残りの住民も男女を問わず飛行場の拡張、軍施設の設営などにかり出されたためである。しかも山中に避難しているので、夜中にひそかに畑に甘藷をとりにいったり、朝早く空襲がはじまる前に、折から収穫期に入っていた稲を刈りとるという有様であった。夜も昼も空襲は次第に烈しさを増し、西表島に点在する山かげの小さな集落でさえのがれることなく、せっかく島から移築した家が爆弾で爆破されるものもあった。

暑い夏の季節を数ヶ月間山中で暮らすことになった人々を襲ったのは、爆発的なマラリアの流行である(4)(表1-4)。人々が難を避けた西表島の山中は、もともとマラリア蚊の繁殖地であった。しかし、八重山地方では、その前年の昭和一九(一九四四)年七月以降、医薬品の配給はなく、キニーネや解熱剤をもつ医者はごく稀で、マラリア防遏所でさえ所持していたキニーネはわずかであったから、甘藷や蘇鉄の実を食べていた栄養失調の人々の間にたちまちマラリアが広がり、抵抗力の弱い老人や子どもらがまずばたばたと死んだ。昭和二〇年、新城島民二五五人中、一四四人がマラリアになり(五六・五パーセント)、二四人が死亡した。弾丸で死んだ者はなかったのにマラリアで多数が死亡した。

西表島の山中に避難した人々の中には、遠い南の波照間島民もいた。彼らは、軍の命令で全島民一五九〇人が西表島に移転させられ、その全員がマラリアにかかり、四七七人(三〇パーセント)が死亡した。一家全員が死亡し、廃家となった家が六戸もあったとされる。

**表1-4　1945年・八重山のマラリア罹患・死亡**

| 島名 | | 戸数 | 人口 | 罹患者数 | 罹患率(%) | 死亡者数 | 死亡率(%) |
|---|---|---|---|---|---|---|---|
| 竹富島 | | 246 | 1,430 | 77 | 5.39 | 7 | 9.09 |
| 小浜島 | | 204 | 1,079 | 862 | 79.89 | 124 | 14.38 |
| 黒島 | | 208 | 1,345 | 128 | 9.52 | 19 | 14.84 |
| 新城島 | | 49 | 255 | 144 | 56.47 | 24 | 16.67 |
| 波照間島 | | | 1,590 | 1,587 | 99.79 | 477 | 30.05 |
| 鳩間島 | | 195 | 560 | 526 | 98.93 | 59 | 11.21 |
| 西表島 | | 337 | 1,627 | 329 | 20.20 | 75 | 22.12 |
| 与那国島 | | 870 | 4,745 | 3,171 | 66.74 | 366 | 22.59 |
| 石垣島 | 石垣町 | 3,054 | 13,531 | 5,130 | 37.90 | 1,388 | 27.06 |
| | 大浜村 | 1,068 | 5,519 | 4,930 | 89.33 | 1,108 | 22.59 |

石垣町…登野城、大川、石垣、新川、川平からなる。
大浜村…平得、真栄里、大浜、宮良、白保、開南、川原、川辺、伊原間、平久保からなる。
吉野高善・黒島直規 1989(1947)「一九四五年戦争に於ける八重山群島のマラリヤに就いて」による。

このような悲惨な状況は西表島に限ったことではなく、山地に移転した石垣島民の場合も同様で、大浜避難区罹患者は、人口一八六六人中、一八〇五人(九六・七パーセント)、白保避難区罹患者は、人口一二五五人中、一一八四人(九四・三パーセント)と、悲惨な状況であった。

このような困難の最中に、西表島移住推進者大舛久雄氏が、五月三日の米軍機による空襲をうけて死亡したのである。

この時のことを吉田久一は『八重山戦記』の中に「今日の爆撃は凄く、支庁長始め多くの役人さん、防空壕の中で爆死さる」と書いている⑤。また、石垣市在住の冨田孫伴日記にも「支庁長官舎防空壕にも直撃弾落下し、待避中の大舛支庁長外二名即死し、長男等負傷の由なり。／五月六日、桃林寺において故大舛支庁長の告別式挙行あり」とある⑥。

新城島の人々のうけた衝撃は大きい。

この間、軍に対してキニーネの給与を求めるが、敗戦に近い状況の中で果たされるはずもなく、六月二三日沖縄戦は終結し、苦しみの中に八月一五日、日本終戦を迎えるが苦難は続く。九、一〇月頃になって、台湾方面からわずかばかりのキニーネが入ってくるようになったが、この終戦の年、一九四五年の短期間に、八重山総人口三万一六七一人中に、マラリア罹患者一万六八八四人(五三・三一パーセント)、死者は三六四七人(一一・六パーセント)であった(一九五〇年八重山民政府による)(7)。

多くの肉親をマラリアで失い、自らも病にかかっている人々の心に大きく浮かびあがってきたのは、無病地の故郷パナリである。終戦とともに多くの人々は島に帰ることになるが、それは一つには人々がうけたこの不幸を、我が島を捨てた神の罰ともうけとめたからである。人々は再び家をこわし、荷物をまとめ、舟に積んで海を渡って島に帰る。この時は屋根瓦までは運びきれなかったので、その後の島の家々の屋根はほとんどカヤ葺きになったのだという。

終戦の年の一二月、八重山にアメリカ軍(海軍)の進駐がおこなわれ、早速、積極的なマラリア対策が打ち出された。八重山全域にわたる莫大なアテブリン錠の恵与や、徹底的な殺虫剤の散布がおこなわれることになり、パナリ島民にもアテブリン一万錠が与えられ、家々にもＤＤＴが撒かれた。この対策は効果をあげたかにみえたが、昭和二八(一九五三)年以降マラリアの爆発的な発生をみる。そこでアメリカ民政府のウイラー博士による、ＤＤＴ散布による徹底的な蚊の撲滅政策が昭和三二(一九五七)年からはじめられた。これは、八重山全島の有病地・無病地の別なく、あらゆるところに残りくまなく薬剤を散布するというもので、家屋はもちろん、豚小屋・山小屋にいたるまで、天井の梁に長く残るほどのＤＤＴが撒かれたのであった。蚊・蝿はいうまでもなく、他の虫も、鼠・犬・猫も死んだ。昭和三五(一九六〇)年、私が島に渡る運搬船で、一匹一ドルで買われてゆく猫に乗り合わせたことがある。

こうしてようやくマラリアは終結にむかい、近世以来数百年の間、いいようのない苦しみを人々に与え、笹森儀助に「伝染病院」のようだとさえいわせた八重山の島々が、無病地にかわることになったのである。終戦時には八重山全域の人口の約五三パーセントが罹患者であったのに、昭和三四(一九五九)年には罹患者五八人、死者〇人になった。

廃藩置県後、琉球が沖縄県となって日本政府が直接かかわりをもつようになり、一世紀にわたる撲滅政策も奏功しなかったマラリアの病苦から、敗戦によるアメリカ占領軍によって一〇数年で解放され、島人の長い長い念願がかなえられたことになる。

昭和三〇(一九五五)年に発表された柳田国男先生の「根の国の話」の中で、この西表島のマラリアについてふれた、明治以来の新しい行政でも、マラリヤには気がついて、色々の対策を講じて居たが、其効果のちつとも挙らぬうちに、恐ろしい大戦の時代がやつて来て、人は山林に遁げ隠れて、又大分この病で倒れたらしい。米国の軍隊では飛行機の上から、盛んに大量のＤＤＴをまき散らしたといふ話だが、それが果して三離御嶽の、物深い樹海の底まで達し得たかどうか。私たちは重い心を以て、この新しい試験の結果を見守つて居る。⑧

というその新しい試験が、実際、西表島の樹海の奥深くまで成功したのである。

大戦が終結して無病地となった西表島は、広大肥沃な土地、豊かな水などの地として、琉球政府による新しい開発の候補地になり、注目を集めることになる。これは海外からの引揚者や、沖縄本島の米軍基地によって農地を喪失した農民のための移住先が必要であったこと、一方新しい産業、特にパイン栽培の発展のために、この沖縄第二の広大肥沃な西表島が脚光をあびることになったのである。

昭和二七(一九五二)年には、沖縄本島大宜味村出身者を主体とする政府計画移民六八戸が仲間《ナカマ》に入植して大富《オオトミ》を創設、翌年には豊原《トヨハラ》が創設されるというように、今度はパナリ島民にとって、西表島は本当に希望の島として眼前にあらわれたのである。⑨人々は再び家をこわし、荷物をまとめ、舟に積んで西表島に渡る。

大舛久雄氏が米軍機空襲により死亡した時は、神の罰をうけたのだという人もあったというその大舛久雄氏頌徳碑が、西表島大原の大原神社の境内の一画に立派に建立された昭和三二(一九五七)年の頃は、新城島民の移住がほぼ完了し、人々の心がようやくこの新しい地に定着した時なのであろう。こうした移住の経過について島の人々は寡黙で

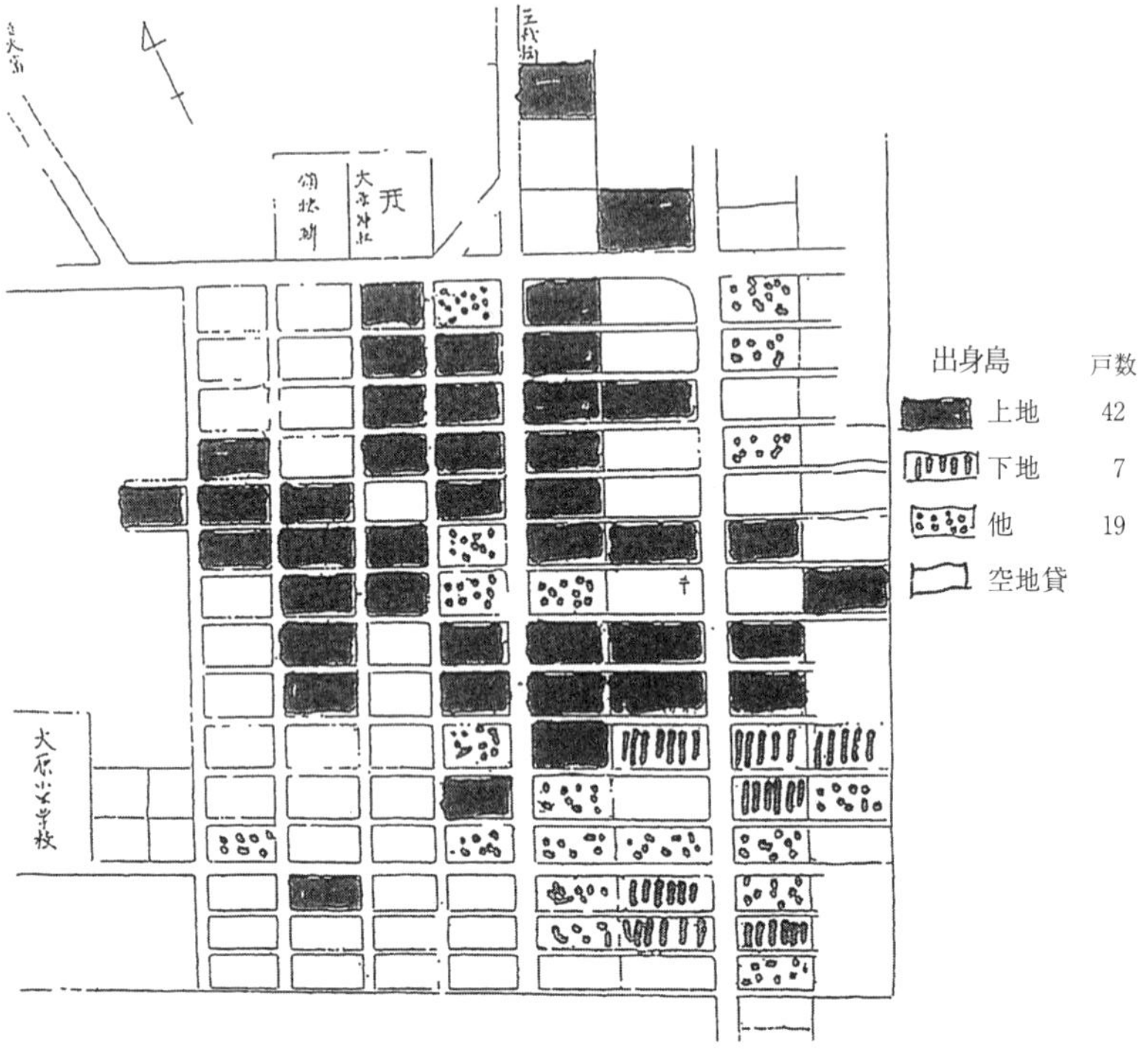


**図 1-4　西表島大原の出身地構成**（1963 年）

あるが、それぞれにいうにいわれぬさまざまの痛みがあってのことと思う。それだけに、大原部落会を建立者とするこの頌徳碑の意味は重要である。

　このようにして、西表島東部地区に、パナリの人々を中心とする大原という集落が成立したのである。

　しかし、それから五年たって私がはじめてパナリに渡った昭和三七（一九六二）年に、下地にはまだ一人カマブジャが、上地には二二戸、一二四人が残っていた。まだ故郷の島を離れることがしのび難い人々であった。

　その後、大原に移住した人々の中から、さらに石垣市、沖縄本島、あるいは本土へと再移住した人もあり、一方、琉球政府の新しい開拓計画によって沖縄本島や宮古から移住してきた人もあって、大原住民の出身地は多様である。創立の過程からも、昭和三〇年代の住民の約六〇パーセントがパナリ(上地)出身であることからも、パナリが大原の中心であるといえようが、新しい村の形成はこれからとも見うけられた(図1-4)。

大原には、昭和二〇(一九四五)年に大原神社がつくられた(写真1-6)。上地のナハヤマ(美御嶽)を分祠し、その祭りの一部をおこなっている。この頃は、移住した島の人々の心がさまざまに動揺していた苦しい時期であったにちがいない。その心の支えを求めた一つの試みであろうが、この経緯についてもさまざまの困難があった。昭和二〇年四月、ようやくツカサ等の了解を得て香炉やご神体を大原に運ぶ途中、海上で空襲にあい、一時大原駐在所の丘に安置し避難したが、神罰をうけたとして再び島に戻ったといういきさつがある。今も新城島から大原神社に分祠しない御嶽もある。

**写真1-6　西表島大原、大原神社の鳥居**(1963年)
鳥居のむこうに点在するのが大原集落。

しかし、こうして困難の末つくりあげられた大原も、他地域からの移住者もあり、パナリ出の人の中にも新宗教の信徒になる者もあって、かつてパナリでそうであったような、人の心が一致して祭りの感激を享受するといった緊密さはない。もっともパナリ出の人々も、豊年祭にはみんな島に帰って昔ながらの祭りを再現するのだから、まだ片足は故郷の島に残している(10)。

## 三　島の終焉

昭和三七(一九六二)年秋に無人島となった下地は、その後、沖縄本島の実業家により島の多くの部分が買収され、肉牛を放牧するパナリ牧場となった。私は昭和五〇(一九七五)年の正月、ひさびさに下地にクリ舟で渡った。白砂の前泊の浜に上陸したが、もとの集落に入る道は全くなく、島の周辺に点在していたはずの聖地は、わずかに拝殿の赤瓦が雑草の中に散乱して、それと知られるばかり。かつて種子取祭の時、子どもらがブランコをした福木の大木も、梢の鳥がかすんで見えたとさえ聞かされていたアカマタ聖地の鬱蒼と茂っていたはずの福木も、みんな見あたらない。そしてカマブジャの小屋のあたりはもちろんのこと、一三年前の夏、整然と区画されて家々が並んだあとを、うす暗く草木がおおって朽ちかけていた集落のかたまりが、今はただ一面ブルドーザでならされた放牧地になり、わずかにのびた牧草の上を南の明るい正月の陽ざしが静かに輝いているばかりだ。同行した下地出身のNさんが、そんな牧草地の中から、もとの集落の東西に走る道を見つけ出した。考古学の発掘の時のように、下地の人々が何百年も踏みかためた道の土が、ほんのわずかそのまわりの土とは色や質を変えていたからだ。

下地の過去の生活は完全に消え去り、人々の過去のぬくもりを感じさせたのは、この幻のような道だけであった。もとの小学校があったあたりに牛の管理人の家があり、観光客を迎えるためにか、珍しいヤシの木などを植えた庭がつくられていた(11)。

上地も人口が減少する一方で、昭和五〇(一九七五)年の一月には四戸、九人、うち二戸は老人家庭であり、しかもいずれも石垣市に家を所有している。この年の四月から小学校分校も廃校になった。上地は、もはや村を自立させる

表1-5　石垣港旅客定期船舶(日本復帰後)

| 航路名 | 船名 | 定員(名) | 船賃(片道、円) | 所要時間 |
|---|---|---|---|---|
| 竹富 | 若竹丸 | 45 | 70 | 30分 |
| | ホーバークラフト | 52 | 250 | 5分 |
| 黒島 | 美山丸 | 50 | 175 | 1時間15分 |
| | ホーバークラフト | 52 | 535 | 15分 |
| 小浜 | 日昇丸 | 45 | 175 | 1時間　5分 |
| | ホーバークラフト | 52 | 535 | 15分 |
| 大原 | 第一東光丸 | 51 | 215 | 2時間10分 |
| | 第二東光丸 | 45 | 215 | 2時間 |
| | ホーバークラフト | 52 | 640 | 25分 |
| 波照間 | 新保丸 | 42 | 355 | 4時間 |
| 船浦 | 住吉丸 | 97 | 285 | 1時間50分 |
| 白浜 | 幸八丸 | 40 | 355 | 3時間 |

(『竹富町誌』1974による)

最低の人口を有さない。[12]

西表島東部の中心となった大原には、次第に郵便局・駐在所・小中学校・公民館・旅館・民宿・離島綜合センター・バス会社・ガソリンスタンド・スーパーなどが整備され、道路や東海岸にもうけられた仲間港など、交通が便利となり、本土復帰の昭和四七(一九七二)年にはホーバークラフトも就航(昭和五七年廃止)、新しい仲間港と石垣港との間で定期運航されるなどで、それまでの二時間半ばかりの所要時間が、ホーバークラフトでは二五分に短縮され、石垣に日帰りができるようになった(表1-5)。

観光事業に期待がよせられ、新しい民宿の建物が目につくようになっていたが、一方、製糖工場・パイン工場の不振・閉鎖、それに水田の休耕策が重なって、基幹産業である農業については沈滞しているようにみうけられた。昭和三八(一九六三)年に、私がはじめて大原を訪ねた頃は、とても活気があった。日本復帰をした時はという期待がまだあったし、当時は西表再開発のかけ声がどこへ行っても華々しく聞かれ、そのための調査団が続々とやってきて(結局、ほとんどが調査しただけであった)、人々の夢をふくらませた。実際、パインの最盛期の夏には、村の女はもちろんみんな、不足の人手は宮古、その他からもよんで、毎朝この人たちを鈴なりに乗せたトラックが工場へ賑々しく走り去るのを、一軒あった宿からたのしく眺めたものだった。だが今は、工場はしずまりかえり、かつて祖国復帰や新しい村づくりを熱情的にうったえ、語った人が、復帰後何もよいことはない、農業も何もかもだめになったと嘆くのである。若者の多くは、石垣島、沖縄本島、本土へと散り(大原に分家する者はほとんどない。また一五歳以上の青年層人口の割合は極端に低い)、それは若者のみでなく、家をあげての移転もしきりで、五〇戸近くもあったパナリ出身の家が、一三年間に半分(昭和五一(一九七六)年に、上地出身一一戸、下地出身五戸)になってしまった。第二の離散がはじまり、新しい新城村建設の夢は消え去ろうとしているのだろうか。

この状況は大原のみのことではなく、歩いてみれば、西表島全体、また他の多くの離島をおおう現状でもある。だが生活の場を全く変えるということは、並大抵のことではない。過去の八重山で頻繁におこなわれた移住・改廃について、それが、強制移住だったとはいえ、どれにもみんな悲しい歌がうたわれている。最近、過疎対策として、もっと住みよい場所への全村移住計画にしたがった島がいくつもあるが、どこも二、三戸はまだ残っている。西表島の北に浮かぶ鳩間島も、宮古・多良間島北方の水納島も、そして上地だってそうだ。広い大海原の中の離れ小島であっても、そこに生まれた者には都であるという心だという。だがそれでも一方、やむにやまれぬ希望にもえて、人は移り動く。新しい移住地に、パナリの伝統的な論理がどのように再生するのだろうか。

人の一生の大事な一節にも思われて、寡黙な島人の言動のはしはしを集めてみたら、この三〇年ばかりのパナリが、こんなふうな筋になった。そうして、かつてのパナリのシマは消えたが、新しいパナリの歴史が展開しようとしている。

註

(1)笹森儀助　一九七三(一八九四)『南島探験』、三二〇～三二一頁、国書刊行会。
(2)喜舎場永珣　一九六七『八重山民謡誌』、二七〇～二七三頁、沖縄タイムス出版部。
(3)八重山保健所編　一九八九(一九六五)「八重山群島のマラリア撲滅事業の沿革と其の成績に就いて」石垣市総務部市史編集室編『石垣市史資料編　近代3　マラリア資料集成』七五八～七六〇頁、石垣市役所。
(4)吉野高善・黒島直規　一九八九(一九四七)「一九四五年戦争に於ける八重山群島のマラリヤに就いて」石垣市総務部市史編集室編『石垣市史資料編　近代3　マラリア資料集成』六九四～七三五頁、石垣市役所。
(5)吉田久一　一九五三『八重山戦記』、四八頁、福祉春秋社。
(6)牧野清　一九七二『新八重山歴史』(自刊)所収の富田孫伴氏日誌より引用(同書三四二頁)。
(7)八重山民政府記念誌編纂局　一九八九(一九五〇)「衛生部とマラリア撲滅」石垣市総務部市史編集室編『石垣市史資料編　近代3　マラリア資料集成』七三八頁、石垣市役所。
(8)柳田国男　一九九七(一九六一)「海上の道」『柳田國男全集　二一』、四八二頁、筑摩書房。
(9)昭和二八(一九五三)年には、下地の人々の多くが西表島東部の南風見地区に移住、豊原となる。南風見は旧南風見村の廃村跡で、下地の人々の旧通耕稲作地であった。
(10)アメリカ軍の占領下にさまざまの文化の流入があったが、キリスト教諸派の宣教がラジオを通しておこなわれたのも目新しいことであった。また日本本土からも新宗教の勧誘がさかんで、大原住民からも加入が多く出た。昭和三八(一九六三)年当時、大原在住のパナリ出身四二戸中、一九戸が新宗教の信徒で(一家全員という例もある)、伝統的シマの宗教と決別したことから、大原での年中行事に参加することも少なく、またパナリの上地で旧島民によって毎年おこなわれている豊年祭にも参加しなかった。実際には豊年祭に参加したくてたまらなかったし、豊年祭の歌を聞けば、秘儀集団アカマタ・クロマタのメンバーとしての血がさわいでも、上地に渡らず、淋しく家の中にいて遥かな祭りに思いを馳せる人が数多くいた。

(11) 昭和六二(一九八七)年、旧下地の御嶽跡に記念碑を建立し、有志が年一回清掃、祈願に集まっている。

(12) 上地に常駐する人はわずかとなったが、新しい住居を建てる人もあり、毎年実施される豊年祭には帰島し、かつての厳粛な、喜びの時間を出現させている。外部からの見物人も多い。

# 第三章　パナリ　その光と影(三)

## 一　豊年祭

昭和三八(一九六三)年の夏のはじめ、私は西表島大原で、上地や下地に関する聞きとりにはげんでいた。当時も、大原は西表島東部の行政上の中心で、竹富町役所の出張所(民家の一部屋だったが)、警察駐在所、郵便局や公民館もあり、豊かな山地の水をひく水道もあり、その上、夜一一時までは電灯が明るく灯った。雑貨を売る小店やバーもあり、上地出身者が経営する宿が一軒あって、道路に面した小さな部屋にいつも私は泊まった。占領下の貧しい時代であったが、西表開発の華々しいスローガンがさけばれ、集落の北の少し離れた大原桟橋には、ほとんど毎日石垣港との間の運搬船が出入りしていたから、いろいろの人がこの大原を通るのである。夏はことに西表島を周遊する若い人々も多かったので、一泊程度の客で宿はいつも一杯であった。また公民館には、時折日本本土から大学生の慰問団がやってきて、芝居をしたり、歌をうたったりすることもあった。沖縄の伝統的な村の景観は、石垣に囲まれた福木の防風林が、強烈な陽射しをちらちらとこぼれさす落着いたそんなたたずまいであるが、大原は木々のない、むき出しの、いかにも開拓村といった暑い平たい集落である。東の海岸への道を下ると、そこから海面に浮かぶ上地・下地の両島が鎖線のようにちぎれて見える。上地へ渡るクリ舟が出るのも、上地から魚売りの舟が着くのも、この海岸である。

大原に滞在してしばらくして、全く思いがけなく、上地の豊年祭が間近くおこなわれるという話が、ふうっと耳に入ってきた。大原の人々は、すでにとっくにみんなが知っていることであろうが、他所者の私の耳は、しばしば情報をとりこぼす。特に宿に泊まっているとそういうことになりがちだ。もっとも、祭りの実施の日は、農事の都合と干支とをからみあわせて決めるから、前からなかなか日取りは予定できない。旅先で予定もせずにこれにめぐりあった私は、実に幸運といわなければならない。上地の人々にとって、この豊年祭がどんなに意味深いものであるのかは心にしみていたから、他所者の私がどのように祭りに参加できるかという危惧をいだきながらも、私はいうにいわれぬ喜びと緊張にしめつけられた。

祭りの日が次第に近づいてきて、宿のおばさんが、孫を相手に豊年祭の歌を小さく口ずさんでいるのが、台所の方から聞こえてくるようになった。つつしみ深いパナリの人々は、豊年祭の歌は、その祭りの時期以外には決してうってはならないものといましめていて、それはみんなに守られていた。その歌が聞こえるようになったのだから、いよいよ祭りは近い。人々の心は次第に昂揚していくようであった。豊年祭には、旧上地出身の人々は待ちに待って島に帰る。だが新宗教に入った人は複雑だ。豊年祭の太鼓が鳴れば、つちかわれたパナリのヤマシンカの血がさわぐのに、伝統信仰はすてたことになっている。淋しく大原に残る人もいれば、見物人として上地に渡る人もあった。

八月五日。祭りの準備をするトウルスミの日に、私は島に渡ることになった。普通、たいていの人は祭り当日に行くのだが、役目のある人は早めに行く。この日の船は、大原から石垣港に向かう運搬船大八丸(一一・四九トン)で、途中、上地の沖合でクリ舟に乗り移って、やがて役目のある数人と上地の前泊の白砂の上におりたったのであった。

海岸を集落に向かっていくと、集落入口にある拝所の大きなガジュマルの木の枝に、神に供える立派なヤシガニが、

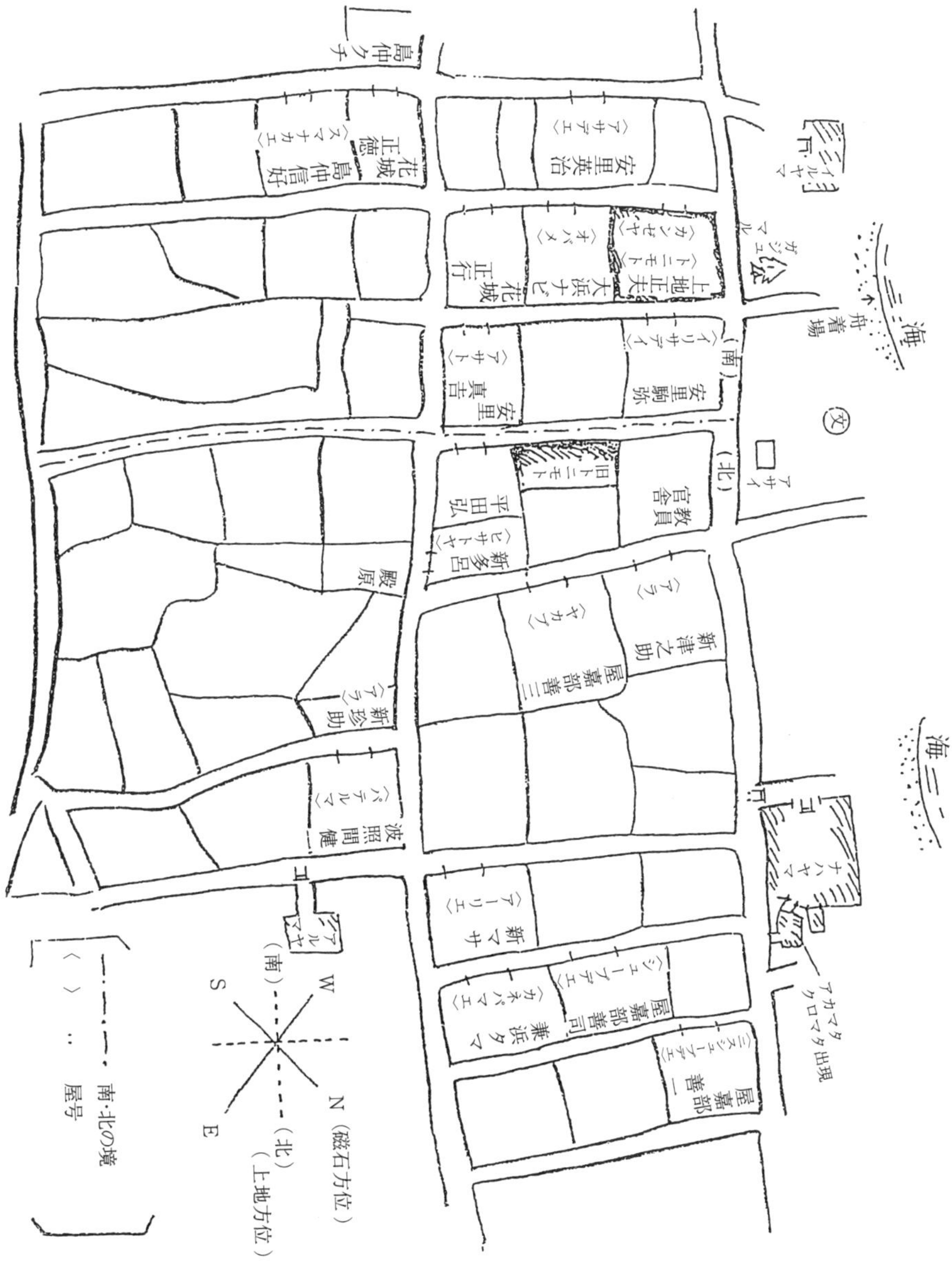


図1-5　新城島上地(1962年)

無気味な紫色の甲羅をひからせながら、縄にずらりとつりさげられていて壮観である。脱殻するカニの再生に象徴される、来訪する神と、そしてこれからもたらされようとする豊饒の年の再生を願う祭りの心の真剣さが、すでにみなぎるような感じである。

前年世話になった区長さんの家に泊めてもらうことになったが、その区長さんが亡くなっておられたことは、悲しいことであった。血圧が高く、脳溢血であったらしいが、その急病の時、島には医者がいないので、クリ舟で石垣島に向かう途中、あと三〇分で着くという竹富島の沖で息がなくなってしまい、医者に行っても仕方がないとそのまま、また島に戻ったということであった。

豊年祭がすんだら、一家はここをひきはらって石垣島へ出るという。翌年、私がまた上地に渡島した時には、すでに家はとりはらわれ、石垣と天水タンク、それに位牌の一部が地面に置かれているのみであった。

トゥルスミの日は、まだそれほどの警戒体制には入っていないが、集落を自由に歩いてはならない雰囲気があふれていて、せっかく早めに渡島したのに所在がない。豊年祭の準備は、島で最も重要な御嶽、ナハヤマを中心に展開されているのだ（図1-5）。

## 二　上地・下地の御嶽

上地と下地の祭祀集団は、それぞれ独立して存在し、豊年祭はもちろん、他の行事もすべて別個におこなうのだが、ただ節（シツ）祭の時には、舟漕ぎ競争の部分のみを共同で対抗しておこない、豊凶占いの意味をもたせる。独立しながら質的には非常に類似している両島の祭祀信仰は、一応、⑴シマの公的神事をおこなう御嶽の信仰、⑵豊年祭の来訪神、アカマタ・クロマタ祭祀、(3)個人の守り神コンジンや拝所への個人的信仰、(4)屋敷の守護神への信仰、などに分けられるであろう。

沖縄全域にわたって、一般に固有信仰の中心をなすのは、御嶽とよばれる聖杜または拝所である。クバやマーニなど、聖なる木々の生い茂るこの聖域は、人の伐採を許さなかったから、戦災の比較的少ない八重山地方には、昔ながらの神々しい御嶽が数多く残ることになり、集落の公的神事をいとなむという重要な機能を今に果たしている。この御嶽が、沖縄本島においては、一つの集落に普通一ヶ所あるいは複数あっても、集落の人々すべての守護神と考えられているのに対し、先島(宮古・八重山)では、一般に一集落に複数御嶽の存在が多く、それにつれ、そこには複数祭祀集団が形成されている。そのため、その集団形成原理が、先島の社会組織と深くかかわるものとして注目されてきたのであった。

沖縄本島の、一集落に複数の御嶽が存在するという例については、それは複数の集落の合併によると解釈されている。この解釈は先島にも敷衍され、先島における複数御嶽の存在は、この地方でしばしばおこなわれた政治的、あるいは天災その他による集落の離散・集合の結果によるとされる。明和八(一七七一)年に石垣島南海岸を襲った大津波により多数の人命を失った石垣島白保のために、強制移住させられた波照間島の人々が、移住後創設したのが白保に現在ある四御嶽の一つ、アスコオンであるとされるのは、この例であるとされる。しかし、残りの三御嶽についてもそれぞれ旧地からの移動の伝承があるが、その後多くの外的・内的変化を経ており、一方、先島の御嶽がもつ多様な機能的分化の存在を考えると、別な意味での分立の可能性も考えられ、なお多くの事例について比較考察する必要があると思われる。

前にも述べたが、上地も下地も多くの御嶽や拝所をもつ。これらの中で、特定の祭祀集団(神役たちと一般メンバー)をもつところの、いわゆるシマの御嶽と考えられるものは、上地では三ヶ所、下地では二ヶ所である。

上地の御嶽の三ヶ所は、ザン(海馬・人魚)を祀るアルオガン、『琉球国由来記』にも記載のある、あらゆるユー(豊饒)を祈る最も重要な位置を占めるナハヤマ、私的な拝所から近時昇格したと思われる旅祈願のイリオガンなど、それぞれに異なる機能・成立をもつのだが、人々はこれらに、それぞれ自分の御嶽として所属する。この所属は沖縄一般に単数の御嶽に所属するのだが、八重山では複数所属(二重・三重・四重なども)があり、上地では一部二重所属である。ここでは、年中祭祀において特定御嶽の祭祀集団が、集団として特に行動することがなく、したがってその所属は行動の上で神役たちほど明確でないが、誰がどの御嶽に属すかということははっきりしている。二重所属というのは、イリオガンに属する人々で、もともとアルオガンかナハヤマのいずれかのメンバーであった。御嶽に属した人々は、粟・米などの祭費を負担するが、上地ではこれを各御嶽ごとではなく、係りが一括して集めて後、必要によって御嶽に分配する。この中、特にゴシャクマイといって、年一回、一人当たり五勺の粟を集め、これを各御嶽のツカサに分配する。いわばツカサの報酬を意味する分配がある。この分配をうけるということが、ムラオガン(集落の拝所)のしるしでもある。イリオガンは、近時になってゴシャクマイの分配をうけるようになったので、私的な拝所から昇格したわけだが、まだそのメンバーはもともとの御嶽から分離せず、二重所属ということになっていた。

同様の例は、黒島東筋のアナドマリ御嶽にもみられる。この御嶽も、もともと数戸で私的に信仰する小さな御嶽であったが、分家が出て家数が増え、近年になってゴシャクマイの分配をうけるようになった。しかしまだ、もとの御嶽にも属している。

御嶽の栄枯盛衰はかなりあり、またその背景はさまざまであろうと推測される。

ところで、上地における御嶽への所属の決め方は、子は父の御嶽に、婚入者および養子の所属は移入先に変更する(女性神役は従来の所属をかえない)のであるが、結局、御嶽祭祀集団は、このような原理で所属を決めたいくつかの家筋集団によって構成されることになる。したがって、互いに血縁や、本分枝関係にない家々が混在するわけで、御嶽のメンバーにとって親族集団と意識させない原因ともなっている。そして八重山一般にいわれるトニモトとよばれる、草分け的家筋を中心とする祭祀集団の形成はここではみられず(地域的二分——北と南——に対応するニストニモト・パイトニモトは存在する)、トニモトは神役継承とも直接関係しないのである。

こうした上地の状況に、下地も種々の点で類似している。下地には、アルオガン(アールワン)、イルオガン、フウシティ(アカマタオガンともいう)、ナナザオ(ナナザオワン・ザンオガンともいう)、ナハスク、マラパヤ、マリパンゾウノカン、カンヤドルの八ヶ所の御嶽や拝所がある。『琉球国由来記』には、下地東御嶽・下地西御嶽の二ヶ所が記載され、これが、アルオガン・イルオガンに該当することは間違いあるまい。島の人々は、昔からある御嶽としてアルオガン・イルオガン・ナナザオの三御嶽をあげ、現実の祭祀に重要なものは、これにフウシティを加えた四御嶽だという。これらの御嶽への所属に関する意識は、日常にはうすいが、豊年祭の時に、祭祀の過程で顕在化する。それによると、島の人々は、アルオガンかイルオガンかのいずれかに所属する。つまり、島の人々はこの二御嶽によって二分されているわけである。それ以外の御嶽に対しては、誰もがそれぞれの機能により崇拝する。たとえば、ナナザオは海の女神を祀るとされるため、ザンやその他の豊漁、ある場合は農業の豊作を祈願する対象であり、マラパヤは水の祈願というふうである。

アルオガン・イルオガンへの所属に関しては、男女を問わず子は父方御嶽に所属し、女は婚出によりその所属を変更しない、とされる。このようにして決まった所属人数は、アルオガンの方が多いという。これは、豊年祭の時、

表1-6　上地の神役（数字は人数）

| | ツカサ | カマンガア | バキ | フンバキ |
|---|---|---|---|---|
| ナハヤマ | 1（在石垣） | 1（在石垣） | 2 | 数人 |
| アルオガン | 1 | 死亡後なし | なし | 1 |
| イルオガン | 1 | 1 | 1 | ? |

人々から集めた祭費（米・酒・肴など）をこの二御嶽に分配するが、それは所属人数によっておこない、だいたいその割合は七対三か、六対四であったといわれている。このことについては、後に豊年祭の次第の中で述べるが、こうしたアルオガン・イルオガンの二御嶽のメンバーが、それぞれアルドニ・イルドニに集まり、そこで祭りのための用意（たとえば餅を搗いたりする）や、祭りの供物の分配がされたりする。このようなメンバーは、その御嶽のピキ（ヒキ）であるとされるのだが、それは、ほぼ個人単位の父系的血縁関係であるといえよう。そして一つの御嶽の所属員は、上地とほぼ同様に、互いに本分枝関係のない、いくつかの家筋集団によって構成されることになり、全体として一つの血縁的集団としての意識はない。また、人口が減少して、機械的に人々を分配した面もあるといわれている。しかし、この点に関しては、集落が廃絶した現在、たしかめることはできない。上地とちがって下地は、アルドニ（東のトニモト）、イルドニ（西のトニモト）が、二御嶽集団のそれぞれの中核をなし、人口減少により早くよりその理念の実施は守れなくなったが、神役を出す家筋としての両トニモトの機能も意識の中に残されている。

神役は、ツカサ（女、一人）、フンバキ・バキ・バス（女、ツカサの補佐役、一人あるいは二人）、カマンガア（男、一人）らによって構成されるのが普通である（表1-6）。上地では、三ヶ所の御嶽にこの神役グループが存在するが、下地では八ヶ所の御嶽全部が神役をもつ。しかし、もともと神役が存在したのは、アル・イル・ナナザオの三御嶽であったのに、数十年前に、突然、新川ツルマという女性が神がかりし、それまで神役が存在しなかったフウシティのツカサとなり、それに触発されて、その他の御嶽にも一時に続々とツカサが生まれ、どの御嶽にもそろって神役が存在するようになったという。下地は、集落が地域的にアル村・イル村に二分されていて、それぞれにアルドニ・イルドニとよばれるトニモトの家(トニモトヤア)があり、アルドニは野原家、イルドニは宇立家で、いずれもツカサを出す家であるとされていた。トニモトヤアといえば、敬わなければならない、尊い、こわい所という印象があったという。現実には、ツカサは他の家からも出るが、そのようなツカサの家はトニモトヤアとは別にツカサノヤアとよぶ。豊年祭の時、このアル村にあるアルドニにアルオガンのメンバーが集合、一方、イル村のイルドニにはイルオガンのメンバーが集合し、祭りの準備をおこなうのである。ただし、各御嶽のメンバーは、そのメンバーシップがピキによるので、アル村・イル村のいずれにも居住している。地域的に祭祀集団を形成していないわけだ。

上地の場合は、集落は道路によってパイ(南)・ニス(北)に二分され、それぞれパイトニモト・ニストニモトがあり、パイトニモトは上地家、ニストニモトは宇根家である。下地の場合と異なり、この両家はツカサを出すこともなく、儀礼の中でその存在を示すことはあっても、祭祀集団の中核的機能はほとんどみられない。

ツカサは、八重山一般にそうであるように、神役中最高の地位にある。ツカサに就任する時は、石垣島四箇に在住するオハルザア(ホルザアマイともいう)のところに挨拶にいったという。オハルザアというのは、八重山の高級女性司祭者である八重山大阿母のことだ。

いわゆるノロ制度が整備されるのは、尚真王(一四七七—一五二六)の時代とされるが、この宗教上の中央集権制が先島地域にまで及ぶようになったのは、尚真二四(一五〇〇)年、八重山赤蜂征伐以後のことである。この時、八重山大阿母が新しく任命されたといわれている。島々の多くのツカサたちを統轄する地位を与えられた大阿母は、多くのウイカ田・切米・御免夫・女などが給され、その輝かしい公的地位は廃藩置県まで続いた。最後の公的大阿母(一四代)は大正四(一九一五)年死亡したが、その大阿母の孫にあたる大浜栄三氏によれば、アンサリとよばれる大阿母に仕える女神役を介して、各御嶽のツカサが就任の挨拶にきて、その新任のツカサに「八重山由来記」を読んで御嶽の歴史を聞かせるのは、大阿母の夫である栄三氏の祖父であったという。また、年に一度は与那国島からもツカサの代表がやってきて、米などを捧げたことを記憶しているという。米一俵を、聖なる植物であるクロツグの縄でからげ、正装し、舟にのせてくる。この米俵には腰をかけたりもせず、恭しく運ばれてきたということだ。大阿母死亡後も、種々曲折を経ながら、また過去の栄光ある公的地位とは程遠いが、大阿母は存続しつづけてきた。

上地のツカサが就任に際しておまいりしたオハルザアは、この最後の公的大阿母以後の大阿母であろう。この八重山大阿母による小さい島々のツカサ支配についての実際を、従来ほとんど聞いたことがなく、その支配について疑問視していた私は、オハルザアなる言葉をはじめて上地で聞いた時は、数百年もつづいた宗教支配の網の目の一端が、未だ経験者によって語られる、その不思議さに驚いたりした。

与那国島のように年に一度の挨拶にくるのは、他の島々でも広くおこなわれていた。上地では、収穫のあと、米・粟・胡麻・大豆・青豆・甘藷等のハチ(初)を集めて、オハルザアに捧げた。他の島からも、こうした穀類以外に、干魚・干だこ・つのまた・とうがん、ヤマシシの塩漬(西表島)、すいか(小浜島)などのハチが捧げられたという。それはシーブバイ(歳暮南)とよばれる旧一二月頃の、南風が吹く頃であった。シーブバイは、歳暮を積んで島々から石垣島にやってくる舟が利用する南風で、王府への進貢舟にも利用された風である。

下地でも、八御嶽の中、アル・イルの両御嶽のツカサのみが、年に一回必ずこのオハルザアのところに挨拶に行く習わしであった。この時は、シマで舟を出し(舟子三人)、お供の者が各戸から集めた米を持参した。晴れがましい公的行事であったことがうかがえるし、アル・イルの両御嶽のもつ公儀御嶽としての性格をものがたる。上地では昭和三〇年代にもまだ、この作物のハチを大阿母に持参したことがあるという。

ツカサは就任すると死亡するまでその任にあるのが普通であるが、途中かわることもある。ツカサは神香炉を持つが、婚出先には持参せず、生家のザートコ（床の間）に祀ってある。行事の時は、まず生家に帰ってこの神香炉からおとおしして、それから御嶽に行って祈願し、帰ってまた家の神香炉を拝む。上地のナハヤマのツカサは、石垣島四箇に婚出していたから、年に三回程、行事に帰ってくるのみであった。ツカサが行事に出られない時は、バキが代行する。

バキ（バク・ティディリビー・ニガイピトゥなどともいう）は、女性神役、あるいはその御嶽の信仰者として神願いをする女である。多くの場合、身体の具合が悪くなったりするとユタにみてもらい、神を信仰しないといけないなどと指示され、ピキによって御嶽が選ばれ、バキになることが多い。人数は不定である。バキの中にフンバキがあり、これはツカサの任務を代行する。各御嶽に一、二人おり、バキの中からツカサが選ぶとされる。このバキ（バク）は、小浜島のバクスと名称役割が相似ていながら、ピキ関係から選ばれ、司祭者群の構成員としてあるべき一人である小浜島の場合に比べ、その就任の動機は、むしろ波照間島や石垣島白保などにみられるパナ・ヌ・フワ、パカ・ヌ・フワに近い。

カマンガア（ヤマヌシ）は、ツカサを補佐するただ一人の男性神役で、固定した家筋から出る。

こうした神役の継承は、バキの場合のように、身体に故障があり、その除去を願ってユタの指示をあおぎ信仰者になるという場合もあるが、ツカサとカマンガアのような、いわば神役の一対については、特定のピキによって選出・継承され、またされるべきだと観念されている。バキについても、動機は個人的理由であるが、どの御嶽の信仰者になるかという段階では、やはりツカサ同様、ピキが生きる。また、別にピキとは無関係にクジをひくという方法もあり、上地・下地ともに、この方法は新しいとみなされ、それは人口が減少してピキをたどることが困難になったためだと説明される。

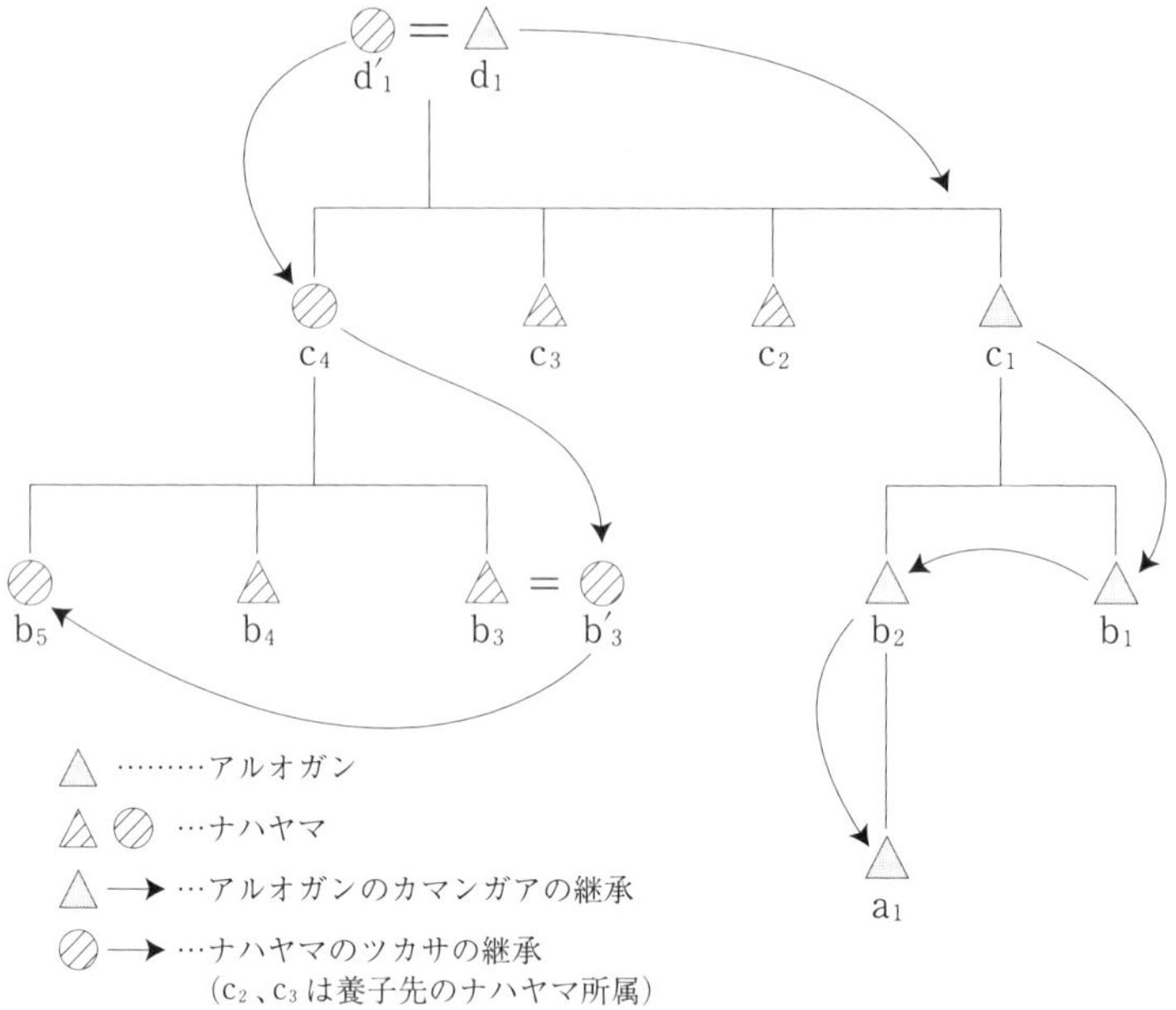


**図1-6　神役の継承例**(上地、アルオガン・ナハヤマ)

神役の継承において種々の変異があるとはいえ、最も明確なのは男性神役カマンガアである。たとえば、上地の中心的御嶽であるナハヤマの場合、途中、兄(長男)より弟(三男)へという継承をはさみながら、長男継承の原則は守られており、このことが家の長男相続とあいまってカマンガアを出す家筋を固定させている。これは他の御嶽についてもほぼ同様である。

これに対しツカサは複雑で、父方あるいは母方のいずれかのピキにゆれて継承される。これをナハヤマの、$d'_1$ $c_4$ $b'_3$ $b_5$へという四代についてみれば、ほぼ次のようになる(図1-6)。

$d'_1$は婚入してきたこの家の嫁である。夫の家は、アルオガンに所属し、しかも代々アルオガンの男神役カマンガアになる家であった。$d'_1$の生家は、ナハヤマに所属しているが、ツカサを出す家柄であるかどうかは不明である。$d'_1$はツカサという女神役であったため、夫方御嶽に所属をかえることなくそのままツカサ役も続行したのであろう。次のツカサ$c_4$は、$d'_1$の娘である。

これは、母から娘へと継承したわけで、いわばツカサを継承するピキが一本加わったともいえる。ところが、$c_4$は沖縄本島出身の旅の男を夫とし、数人の子をもうけ夫の姓は名のらずそのまま分家した。$c_4$は、沖縄本島であれば忌避されるイナグガンス(女の先祖)になったわけだ。次のツカサ$b'_3$は$c_4$の長男$b_3$の妻である。姑から嫁へのひきつぎである。この時点でツカサモトとしての家筋の固定化がある。ところでその後シマに故障があり、ユタの判断をあおいだところ、ツカサの継承が間違っているためとのことで、結局$b'_3$はツカサをやめ、そのあとは、石垣島に婚出していた$c_4$の娘$b_5$($b_3$の妹)がツカサを継承した。つまり嫁を介在させはしたが、結局母($c_4$)から娘($b_5$)への継承が生かされたことになる。このあと、ツカサモトとしての固定化がすすめば、次はおそらく$b_3$の娘($b_5$のメイ)が継承するだろうと予想するのだが、残念ながらこの家も上地から転出してしまった。

この他、クジ引、占(ユタ)によって決定される場合もあり、また移転のため後継者が廃絶した御嶽もある。しかし、古くからの御嶽の神役は、いずれも世襲的に、何らかのピキをたどっておこなうと観念されている。また上地も下地も、ツカサとカマンガアとは別系統の家から出ていて、一般にいわれるようにツカサとカマンガアとに、オナリ神関係を認めることはできない。

さらに、下地のように全くそれまでなかった神役が、突然神がかりして出現することもある。一時に五人にツカサが生まれたのだから、相当な事件だったようだ。そしてこの時、下地ではフウシティにも神役が出現した。

## 三　豊年祭の準備

上地も下地も、アカマタ・クロマタの祭祀集団は、御嶽をめぐる祭祀集団とは別である。男子のみによるこのメンバーの呼び方は、ヤマニンズ・ヤマシンカ・ナビンドウシンカ・ザアシンカ等々、さまざまである。八重山の多くの島々では、一般にヤマニンズといえば御嶽のメンバーをさすが、ここでは、アカマタ・クロマタ祭祀集団のメンバーのことだ。ナビンドウとは、八重山一般にいわれているこの二神の出現する秘密の場所、ザアとは、座敷、座席、神祭りの場の意である。このメンバーは、祭りに際し、この秘密の座に年齢順で席につくとされ、ためにビヒンザア(男の座)の名称もある。このシンカたちが中心となり、さまざまに分担して豊年祭を実修するのである。

表1-7　祭費の出し方(1962年、豊年祭・上地)

| 技階 | | ハナゴメ | 酒 |
|---|---|---|---|
| 上 | 中学卒業以上　60歳まで | 3合 | 1合 |
| 中 | 小学校4年～中学3年<br>中学卒業以上の学生<br>旅に出ている者 | 2合 | 5勺 |
| 下 | 小学3年以下　60歳以上 | 1合 | 2勺 |

## トウルスミの日の準備

上地では、まず、シマの人々(男女全員)から神への供物・祭費として米や酒などを集めるが、これが年齢によって三段階に分けられ、生まれたばかりの名前のまだない子にいたるまで個人単位で拠出する。家単位で出すということはない。下地も、年齢によって三段階に分かれ祭費(ハナゴメ・酒)を出す。その年齢区分は上地とは少し異なるが、やはり個人単位で全員が出すことになっている。八重山の島々では、さまざまの集落の行事に際し、その参加を個人単位でおこなうことが多いが、上地や下地も例外ではなく、このような祭費ばかりでなく、たとえば集落の仕事(道をなおすとか)の参加も、男女を問わず一定の年齢の者はその義務がある。旧人頭税における人頭わり年齢区分の影響があろう。

昭和三七(一九六二)年の豊年祭における祭費の出し方は表に示したが(表1-7)、これ以外にミケのための米は一

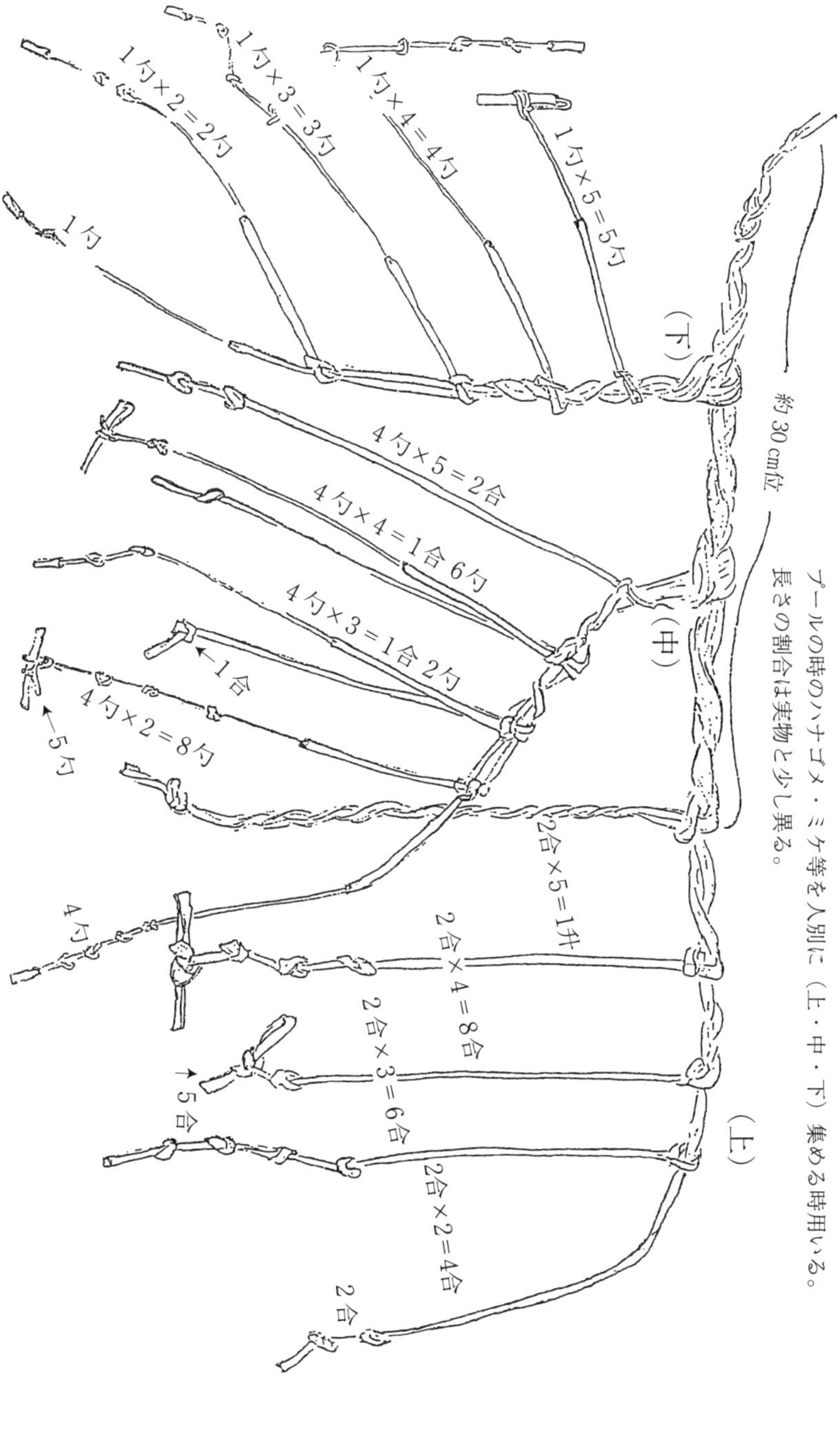


図1-7 新城島のワラサン（1969. 8. 18 竹富町大原 西大桝高一氏製作）

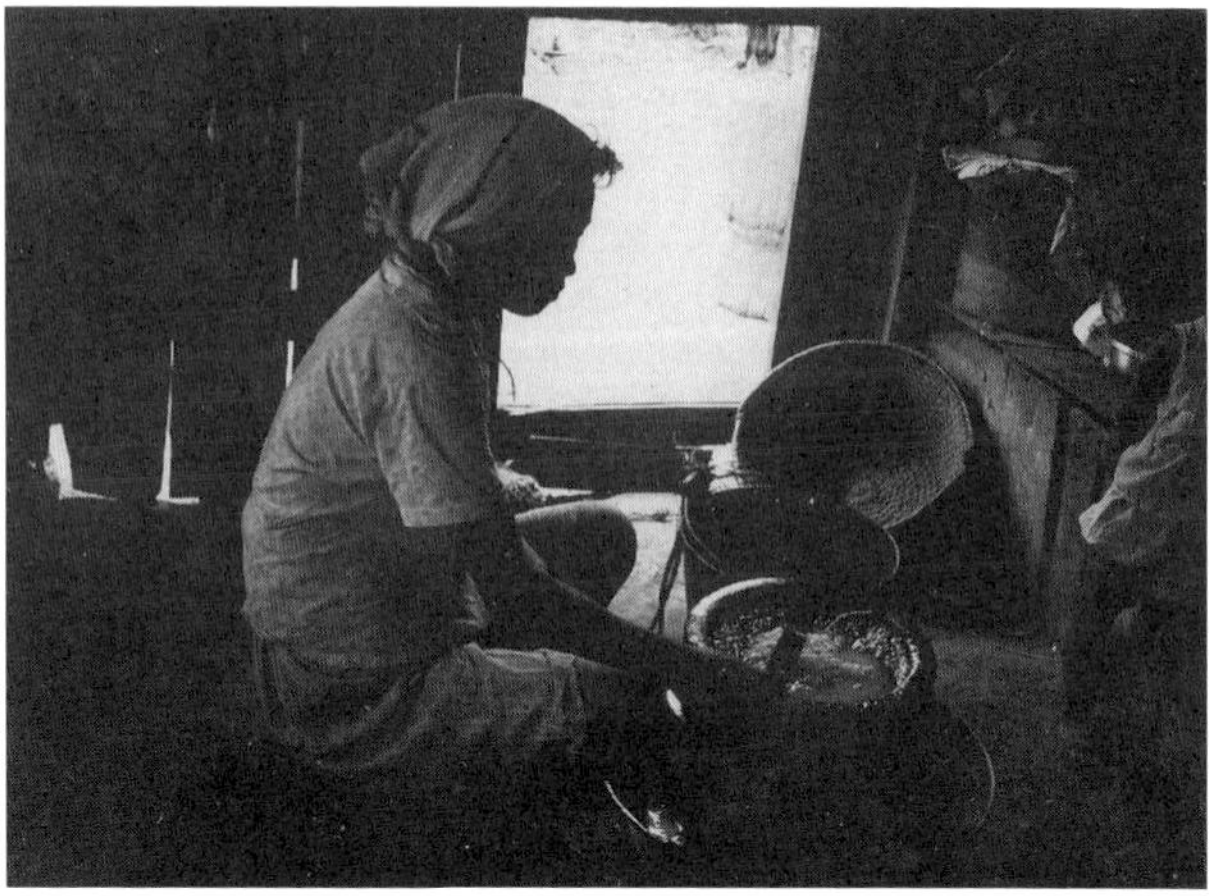

**写真1-7　豊年祭のためのミケ作り**（上地、1963年8月）
ご飯を炊いて水を加え、石臼でひく。ドロドロののり状のものが出来る。昔は米を女が噛んで作った。

戸当たりで二合出していた。豊年祭には大原在住の旧上地の人々、あるいはその他の地域に移転した人々も帰ってくるが、この人々は祭費は出さず、祝いの金品を適宜にさし出すことになっている。ハナゴメ（ハナグマイ）・酒などの徴収は係りが一括してやるが、その時、ワラサン（パラサン）を作りそれによって計算しながら集める（図1-7）。この年齢区分は一定だが、徴収量は毎年一定せず、その年の行事の仕方、参加人数などによっていくらかの相違がある。徴収した米の余りは、他の小さな祭りの分として残しておく。また金のかかる分は寄附させ、それでも不足の時は余った米を売って現金にすることもある。

　祭事用のミケや餅を作るのは集落の女たちである。北（ニス）組と南（パイ）組に分かれ、それぞれに交替で当番の家があって、そこで作るということだ。この年の当番は、北組は新津之助宅、南組は大浜宅であった。当番の家に行ってみると、女たちが集まって、炊いたやわらかいご飯を石臼でドロドロにひいている。この粥のようになったものに砂糖を入れると、ミケは出来上がる（写真1-7）。神前に供えヤマシンカや神役たちが飲む神酒である。もとは粟のミケであった。粟を煮てこれを女たちが噛んでからカメに入れ、発酵させたものを神に捧げた。時代がすすんで噛むのはやめたというが、まだ三〇代の若いヤマシンカの一人が、その粟のミケを覚えていたから、それほど古いことではない。その粟のミケを飲む時には、頭の中をすうっと粟を噛む女たちの口が浮かんで、やや気おくれがしたものだという。しかし年輩者の中には、この噛んだ粟のミケはとても良い味だったという者もいる。ハナゴメは米で出すが、昔は粟であった。米は餅にして三つのオガンに分配する。

男たちが用意する食物は、多量のヤシガニ（マッコン）、魚である。魚は、ブセイ（ブシヤ）とよばれる若いヤマシンカ二人が海に行ってとってきて、形のまま料理する（焼く）。このブセイは、祭りの当日、アカマタ・クロマタを先導して棒をつく役目をもち、さらに翌年は旗持ち（パテーック）になる者で、特別の服装をする。ヤシガニの料理もブセイがする（当日、ヤシガニの吸物が出た）。

もはや記憶のみとなった下地の場合は、上地と似たところもあるが、上地よりもはるかに賑々しく楽しい雰囲気のようだ。祭りの前に各戸の人数をワラサンに示す。餅米・酒など、どの程度入用かがその時の人口でかわるのは上地と同様で、徴収量もそれによる。ワラサンを用いる各戸から、人数によってハナゴメや酒を集める。旅に出ている者の分も出す。こうした采配をふるうのはブセイで、ババモノ（若者）から二人えらばれる。

徴収の日、ツヅミ（太鼓）が鳴る。これを合図に、皆一斉に用意したハナゴメ（粟や米）を持って、ブセイ二人の中の年長者の家に集まり、これをさし出す。

翌日、アルオガン分・イルオガン分のブンパル（分配）となる。またツヅミが鳴る。分配をうけるために、あらゆる容器がさし出される。鍋・釜・タライなど。この時、米・酒・サカナ・カマボコなどが配られる。分配の仕方は、

アルオガン分…ツカサの人数、客の人数、アルオガンの所属メンバー数、他の五つのオガンの分。

イルオガン分…ツカサの人数、客の人数、イルオガンの所属メンバー数、三つのオガンの分。

このような分配のアル対イルの割合は、だいたい七対三か、六対四くらいになったという。アルオガンの方が人数が多かった。分配が終わるとブセイの任務は祭り当日の旗持ちに移る。

分配が終わると、それぞれアルオガンのピキはアルドニへ、イルオガンのピキはイルドニに集まって餅搗きとなる。この餅搗きの監督は、ミドンヤクシヤ(アル・イルのメンバーからそれぞれ出る女のヤクシヤ)二人である。ミドンヤクシヤが、合図のツヅミを打つと、アル・イルの両御嶽のそれぞれのピキの人々が、各トニモトで餅を搗きはじめる。餅は米をまず水に浸け、これを臼でひき粉にし、これを水でこねて丸くしたものを、鍋に湯をたぎらした中に入れて茹であげる。これをすくいあげて、臼に入れペッタンペッタン搗くのである。搗きあがったものを粉の上に置き、適当につかんで丸め、餅にする。芭蕉の葉に包む餅も作る。この餅搗きの時、老人らは、豊年祭の歌をうたいながら応援する。ヤクシヤは、アル・イルのトニモトに走って早く早くとせかす。大変な賑わいであった。このミドンヤクシヤは、一七、八歳の島生まれの未婚の若い女がなるのであり、それぞれアル・イルのメンバーから出ることになっている。適当な人がない時は、他から出ることもあった。

各御嶽のツカサには、三重の鏡餅一対とクバン(頭付乾魚)一対が配られる。

このように下地では、アル村・イル村のトニモトにそれぞれの御嶽のメンバーが集まり、そのメンバーから選ばれた若いブセイ(男)や未婚の娘の指揮により、一ヶ所に集められたメンバーたちの拠出米その他の材料で、祭りの食物が作られ、再分配され、神の来訪を待つのである。

# 第二部　上地民俗誌

# 第一章　島の概観

## 道

舟の着く前泊の浜から集落に通ずる道を上がっていくと、左手に小学校があり、道をはさんでその向かい側に、方形に区画された上地の集落がある（第一部第三章、図1-5）。集落から南東に向かう道にフクローミチ・ウスクサミチがあり、島の反対の海岸につづいている。ウスクサミチからは、途中でウブドゥーミチが分かれ、ウブドゥーバル（大道原）につづいている。集落から西にハマスクミチ（パマスクミチ）があり、南のハマスキの浜に通じ、ここから渡し舟で下地のナースキの浜に通ずる（図2-1）。ハマスキは「クイヌパナ節」に、

クイヌパナ　登ティ
浜崎ユ　見リバ
マカガヌヌサラシ　ウムシル見物…

とうたわれた、布さらしの浜である。人頭税として女子が納める上布が織りあがると、この浜でさらしたのである。島の北と東側の海岸には砂浜はなく、リーフをはさんで深み（ニシフムル・アールフムル・ウスクサフムル）となっている。北東に通ずる道は、ターヌホミチ・ニシミチであり、ニシミチからはナハツミチが東に分かれている。島の東海岸には「アーリヌピー（東の干瀬）と呼ばれる干瀬が発達していて、干潮時には島民の漁り場となる」という。(1)

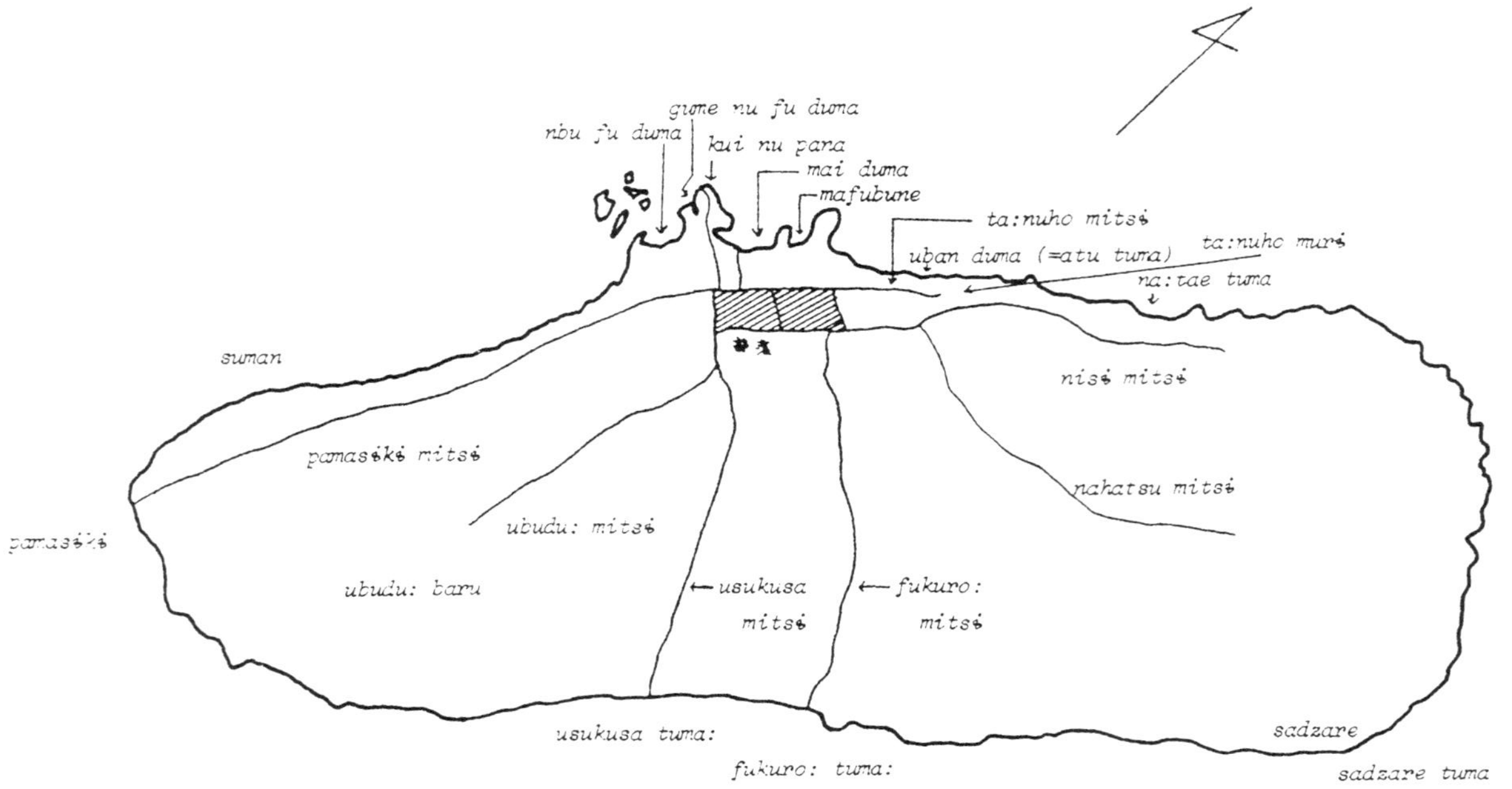


図2-1　**新城島上地概念図**（玉置和夫　1979『沖縄の植物と民俗――玉置和夫遺稿集――』4頁より引用）

## 井戸

井戸はいくつかあるが、いずれも塩水で飲料にならない。集落の東はずれにある井戸は、古いが比較的塩気がうすく、現在、牛の飲水として用いられている。人間の飲み水、洗濯用水等は、すべて天水にたよっている。

水の使用量は、A家（夫婦と子ども計五人）の場合、ドラム缶一杯（洗濯水・飲料水を除く）で、これは石油缶二つを天秤棒でかついで、六回運ぶ分量である。

天水のとり方は、昔は屋根から竹のといをかけて雨水をとったが、屋根はカヤ葺きが多かったので、赤い水がとれるので困った。ご飯も赤く炊けるくらいであった。水甕に入れる。

**写真 2-1　貯水タンク**（上地）
高等弁務官資金でつくったもの。

屋根が瓦葺きになってからはきれいな水がとれる。水甕ではなく四角なコンクリートのタンクをつくる家もある。

戦後になって、昭和三六（一九六一）年にアメリカ民政府の高等弁務官資金によって、円筒形のコンクリートタンクをつくるようになった。上地に一五筒ある（写真2-1）。

溜池は、昭和三五（一九六〇）年に工費三七六〇ドルで、政府補助八割の溜池ができた。雨水を集めるコンクリートの広い斜面をそなえる四角な溜池で、石油缶で家に運ぶ水はこの溜池からである。

飲料にはならない。洗濯はこのまわりでする。行水もこのまわりでしたことがある。

## 小学校

前泊の海岸を上がって集落に入る手前左側に、広々とした校庭をもつスラブ校舎が建っていた。昭和三五（一九六〇）年に集落内の教員住宅とともに建てられた。

上地の小学校は、明治二九（一八九六）年六月、大川尋常小学校新城分校としてはじまった。当時の校舎は番所附属の貢納布機織小屋（長さ七間、横二間）を建て直し、間に合わせたものであった。小学校の『沿革概要』によると、

校舎

一当村ニ於テハ前端書ノ通リ古来学校教育ナルモノナカリシ故、創立当時校舎ニ充ツベキモノ完備セズ、番所附属貢納布機織小屋（長サ七間、横二間）ヲ建テ直シ半壁簾掛ニシテ漸ク其間ニ合セタルモノナリ

とある。女性たちが人頭税の貢納布を織る小屋から出発した掘立小屋の粗末なものであったことがわかる。教員は大川村出身の桃原永彦一人で、他に番所吏員として与人兼学務委員一人と筆者二人の計三人があたった。

開校当時の就学児童数は、男一八、女一六の計三四人であった。下地の児童も、渡し舟を用いて上地の小学校に通った。小学校の一期生安里武信は、当時のことを次のように語っている。

当時は男子も髪を結っていた時代で、毎朝若者髪を結ってもらって登校していた。桃原先生から何度も髪を切るようすすめられ、注意をうけたが、誰も切ろうとしなかった。明治三〇（一八九七）年五月一日、とうとう学校で結髪を切断され、女も男も大声で泣いた。切られた結髪を家に持ち帰ったが、これを見た父兄は一時は一言もなく、残念がっている様子であった。

**写真2-2　学校の運動場**(上地)

ここにも、アカマタ・クロマタがまわる。この広場でプールの日、アカマタ・クロマタが帰ったあと、全員で巻踊りをする。

小学校校庭の東側隅に、現在オーセとよばれる拝所があり、祭りの時に拝むべき聖所の一つとなっているが、オーセは村番所のことであるから、ここに旧番所があったのであり、開校時の新城校舎のあった場所と考えられる。戦争中の昭和一九(一九四四)年四月に、西表島南風見に校舎を移築し移転したこともあったが、終戦後まもなく上地に戻り、以後この地の校舎で人々は教育をうけた(写真2-2)。

開校後、大川尋常小学校新城分校として出発したが、その後たびたび校名を変更している。

機織小屋から出発した校舎は、その後昭和四(一九二九)年に改築したが、昭和八(一九三三)年の台風により破潰したため、災害復興費の国庫補助二〇〇〇円をうけ、労力は集落負担で翌年一一月に復旧工事が完成した。

その後、対岸の西表島南風見に新しい開拓村設立の問題が起こった。移転に対して人々の多くは消極的であったが、第二次世界大戦がはじまると、食糧増産その他の国策の要望も重なり、ついに移転がはじまり、昭和二〇(一九四五)年のはじめ頃までにはほとんど全戸が移住した。こうした中で、昭和一九年、移住先の南風見ザラ崎に分教場が落成し、四月一日に開校式がおこなわれた。校舎は一棟(二教室、事務室)、学校敷地一六五〇坪、運動場敷地二五〇〇坪という立派なもので、当時在籍児童数は一〇一人(初一～高二)であった。

## 桟橋

前泊には長い間桟橋がなかったので、運搬船はすべて沖がかりで、クリ舟によるハシケで渚におりたった。石垣島とを結ぶ定期船もなく、西表島大原や大富へ行く運搬船に乗って島の沖に寄ってもらい、上地からクリ舟のハシケに乗るとか、いったん西表島大原に渡り、そこからクリ舟に乗るかであった。また、石垣島に出る場合はこの逆か、あるいは波照間島から石垣行きの船の通るのをクイヌパナで見張って寄ってもらい、クリ舟に乗って沖で乗り移るという方法もあった。また、隣の黒島までクリ舟で渡り、黒島から運搬船に乗るということもある。

このように交通が不便で、台風その他で海が荒れると、全く外界から閉ざされる。昔は、一ヶ月以上交通が絶たれたこともあり、こんなふうで、役所の連絡も遅れ、間に合わないことたびたびであった。船が接岸できる桟橋があればというのは、誰もの願いであった。

昭和四四(一九六九)年夏、上地に渡島した時には桟橋を造る工事が進行中で、その建設資材として、各家のまわりの石垣の石を提供するということで、家々の石垣が一律に低くなっていた。日本政府から補助金が出るという話であった。しかし、珊瑚礁に囲まれた浅い海は、干潮時には沖まで干あがり、常時、船を接岸させるためには全長五〇メートルという長い桟橋を必要とし、珊瑚礁を切りひらかねばならない。費用が約一万二〇〇〇ドルはかかるのだが、援助は八〇〇〇ドルしかなく、残りの費用について心配していたが、結局、干潮時には利用できないけれども、一〇メートルの長さの桟橋が完成した。

註

（1）　玉置和夫　一九七九『沖縄の植物と民俗――玉置和夫遺稿集――』（玉置和夫遺稿集刊行会）、五頁。

# 第二章　島の稲作

## 一　風と気象

琉球列島の西南に位置する八重山群島は、大小一九ばかりの島で成り立ち、島ごとの地域差は大きい。こうした島の地形を、山地主体の「高島」と低い台地の「低島」に分類することがあるが、別にタングンシマ(田国島)、ヌングンシマ(野国島)に分けることもおこなわれている。高島はタングンシマ、低島はヌングンシマに相当すると考えられる。

新城島は、上地も下地も、山も川もない野ばかりの低平な隆起珊瑚礁の島で、両島とも石灰岩土壌でわずかに地表をおおわれている典型的な低島・ヌングンシマということになる。

亜熱帯に位置する八重山地域は、年平均気温が二〇度をくだらず、降霜をみることもない。一年を通して気温の変化が少なく、雨が多い。年湿度は八〇パーセントと高く、亜熱帯海洋性気候を示している。年降水量は二〇〇〇ミリメートルを超え、農業上めぐまれている。降雨の季節の中心は五、六月の梅雨季と、七～九月の台風季で、この季節にはしばしば豪雨がある。特に台風は豪雨をもたらすものとして重要であり、これが少ない時は旱魃の原因となる。冬季は降水量が少なくなるが、北よりの季節風の発達や低気圧の発生で、荒天や霖雨の日が多く、旱魃がしばしば梅

**表 2-1　八重山気象表**(1973年)(『竹富町町勢要覧』による)

| 要表＼月 | 1 | 2 | 3 | 4 | 5 | 6 | 7 | 8 | 9 | 10 | 11 | 12 |
|---|---|---|---|---|---|---|---|---|---|---|---|---|
| 月平均気温 ℃ | 18.8 | 20.9 | 20.8 | 23.9 | 25.7 | 27.2 | 28.0 | 27.9 | 27.3 | 25.2 | 21.8 | 17.7 |
| 月最高気温 ℃ | 21.3 | 23.5 | 23.4 | 26.5 | 28.2 | 29.5 | 30.8 | 30.8 | 30.3 | 27.6 | 24.0 | 20.0 |
| 月最低気温 ℃ | 16.9 | 18.4 | 18.6 | 21.7 | 23.5 | 25.3 | 25.7 | 25.3 | 24.4 | 22.8 | 19.6 | 15.5 |
| 月間降水量 mm | 241.0 | 141.5 | 142.0 | 146.5 | 140.0 | 131.0 | 375.0 | 282.0 | 174.0 | 465.0 | 128.0 | 100.0 |
| 月平均風速 m/s | 5.3 | 5.2 | 4.9 | 4.7 | 4.4 | 5.5 | 3.7 | 3.0 | 2.9 | 4.9 | 5.9 | 6.5 |

雨・台風季にみられるのに対し、この冬の季節には水不足ということがほとんどない。つまり冬季は雨季ともいえるわけで、これはこの地域の農業のシステムを考える上にも重要である(表2-1)。

雨をもたらす台風はむしろ恵みの台風であるが、これが雨をともなわないと潮風が島々を吹き抜けることになり、緑の草木を一時に赤く枯らすから、被害が多くおそれられている。また、大型台風の破壊力による被害も大きい。一方、以前、帆舟による海上交通が重要だった頃は、一年にさまざま吹く風の方向、強さが問題であったから、人々の風への関心は、多くの面に表象されている。

冬の季節(一二、一、二月)は北あるいは北東の季節風が吹き、最も寒い時期である。そうした時期の旧暦一二月頃に、シーブバイ(歳暮南)が吹くことがある。歳暮を積んだ舟が、南の島々から石垣島にやってくる時に利用する風で、琉球王府への進貢舟にも利用された。冬の気圧配置は二月下旬にはくずれ、三月のなかば頃から冬は去る。この時期は風向が変わりやすくニンガツカザマーリ(二月風廻り)とよばれ、東シナ海や台湾北部に発生する波動性低気圧による海上の荒天が多く、漁夫は最も警戒し出漁しない。四月になると気温があがり、温和で海上も平穏な好季節となる。ウルズンの季節である。大陸高気圧によるウチカタンゲーカジ、フキツクルバセーカジ(屋根に乾してある種子韮や畑に積んでおく麦束を吹きまくる風)が吹く。

五月、稲の成熟期にはアーリユドンの好天が続くが、まもなくシウマンヤブリ(小満荒)、アラナン（荒波）シクアリとよばれる天気やぶりの風雨がある。この月には梅雨季に入るが、カーチバイ（夏至南）とよばれる南西風が吹きはじめる六月は、梅雨の終了を示し、盛夏を迎えることになる。

七、八、九月は台風の季節であるが、この頃までには田畑の収穫はたいてい終わっている。この七月盆の頃に、台風がやんだとき南よりの和風が吹く。これがブナパイ（盆南）とよばれる南風で、昔はこの風を利用して王府への貢納舟も走ったという。

一〇月頃になるときびしい暑さの夏もようやく終わり、ミーニシ（新北）とよばれる北風が吹きはじめる。アラニシ（荒北）、ピンガンニシ（彼岸北）ともよばれ、冷たい季節招来の知らせである。そして種子取祭も近づく頃になると、空には鷹（さしば）が群れをなして渡ってくる。この時期には、タカヌスバリ（鷹の小便）、タカヌバニゾーラシアミ（鷹の羽濡らし雨）とよばれる微雨が降りつづくこともあれば、時にカンルーヤブリ（寒露荒）といわれる猛烈な暴風が、ニイレイスクまで吹くといわれるほどはげしく吹いたりする。やがて、タニフキバイ（種子吹き南）、タニトリバイ（種子取南）とよばれる南風の吹く頃が、稲や粟の播種期である。年もおしせまって鞴祭（旧暦一一月はじめ）の頃は、舟の航行をさまたげるフキヌヨイヤブリ（鞴祭荒）の季節風が大陸から吹く。

以上のような気候の上で、人々が最も気をつかうのは旱魃である。特に、不安定な台風のもたらす降水をあてにする夏季は、降雨をまちのぞむ気持ちが強く、わずかな雨も「ユガフ（世果報）」といって喜ぶ。隆起珊瑚礁の小島である新城島には飲料にする井戸がなく、全く天水にたよるため、旱天の際には西表島から舟で水を運搬するということもしばしばであった。

## 二　人頭税とヌングンシマの稲作

天水にたよる隆起珊瑚礁の新城島の主生業は畑作農業であり、ヌングンシマの新城島で稲作はできない。しかし、人頭税時代には、稲作ができるか、田を有するか否かに関係なく、頭割りに米を貢納しなければならなかった。先島（宮古・八重山地域）に対する悪税として名高い人頭税の納入額は、納税者の年齢と村位との組み合わせによるが、八重山三二村中、米納入について、新城島は黒島・与那国島とともに下村であり（上二二村、中一村、下三村、下下六村）、反布については上村であったこと（三二村すべて上村）、また特殊な雑税としてザン（海馬・ジュゴン）の肉、あるいは皮を納めたことが知られる。ザンは王府において薬（安産の妙薬ともいう）に用いられたり、中国に貢納したといわれている。

人頭税制は明治三六（一九〇三）年の地租条例改正までずっと生きつづけ、人々を苦しめたのであるが、特に新城の人々を苦しめたのは、米の貢納のため西表島へ稲を出作りしなければならなかったことである。時代はだいぶ下るが、明治二六年沖縄の島々を視察し、それを記録した笹森儀助の『南島探験』の中に、西表島出作りに辛苦する新城島民の姿がある。人頭税廃止の一〇年前の時であり、それ以前の状況を推察できよう。

…南風見村は戸数九、人口二十九内男十六人女十三人ナリ。其ノ他農夫男女数十人、合宿スルヲ見ル。皆是レヨリ距ル五七里、新城島黒島等ノ水田ナキ為メ、当村内へ割当田地ヲ耕シ来ルモ、此大風雨ニテ食料尽キ困難セルモ如何セン。数日来引継ギ風雨ノ為メ　刳船ノ便ナク　空シク滞留セルナリ。…南風見村ハ島ノ南端ニシテ　海面ヨリ数丈ノ高所ニアリ。…又東方海辺ニハ　新城島黒島人民ノ耕作小屋六七軒有リ…(1)

黒島の出作り水田は西表島の対岸由布島にあったはずだから、ここに記された南風見村への出作り農民は、おそらく新城島の人々であろう。新城島と同様に稲を遠距離通耕していた島は、同じヌングンシマの黒島・竹富島・鳩間島であった(図2-2)。

## 三　人頭税の廃止と土地所有

人頭税下の八重山では、数百年来農民個人の土地所有権はなく、人口の増減に関係ない定額人頭税の重圧に苦しんできた。明治政府になってようやく明治三六(一九〇三)年に土地整理事業がはじまり、これが個人の土地所有権を認めるということであっても、人々にとってその意味は全く理解されなかった。国有地と私有地が実際どう異なるかわからず、これまでの人頭税時代の経験から、ただただ税金をおそれ私有地を持たないとのぞむ者が多かった。当時、土地は取り放題ともいえる状態であったが、取るどころか今まで耕していた土地を手放す者

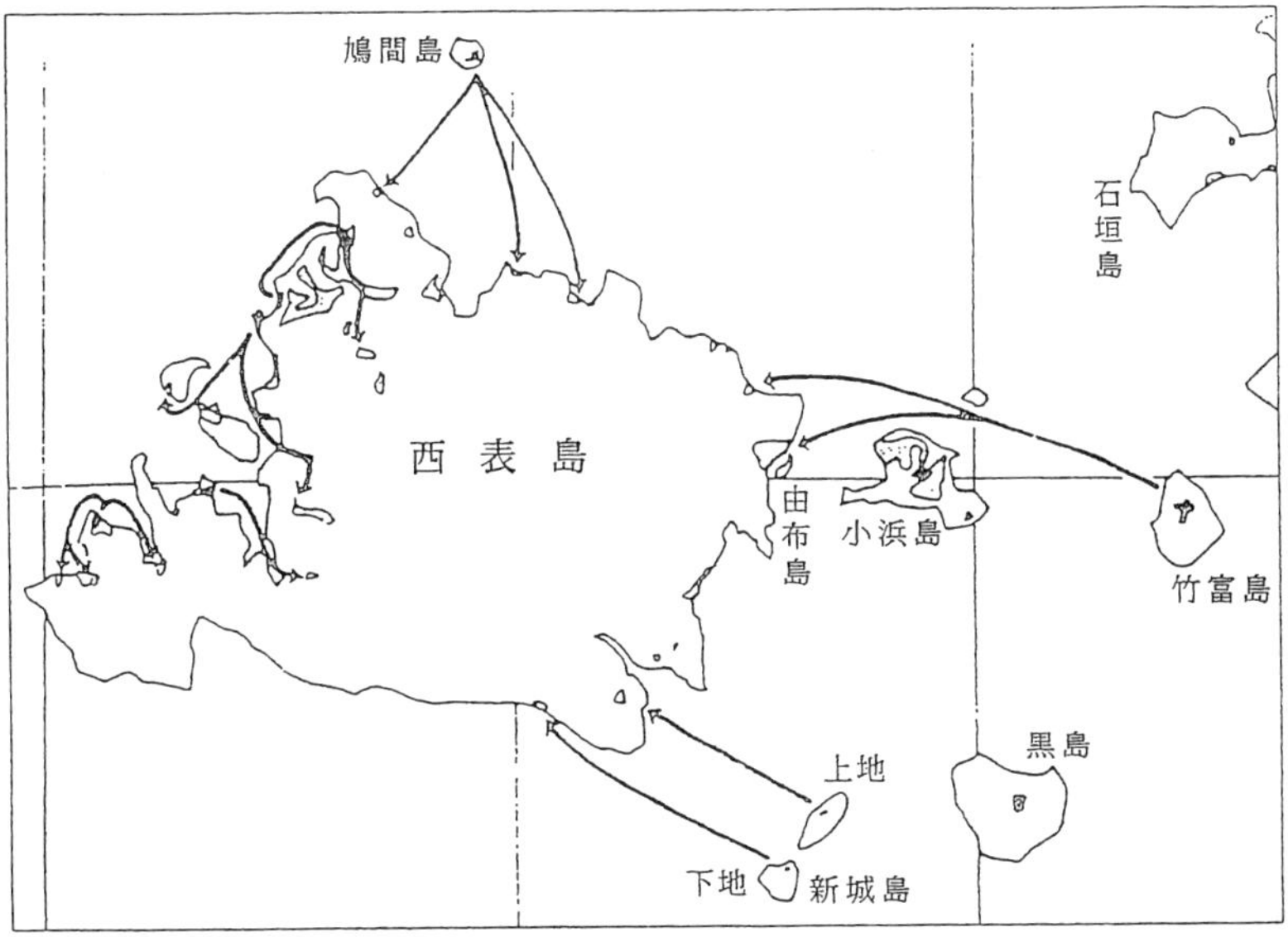


**図2-2　遠距離通耕**(舟による)(浮田典良　1974「八重山諸島における遠距離通耕」『地理学評論』47-8、515頁による)

もいたという有様であった。

そのような当時の新城島の状況が、村頭宮良当整の日記中に記されている。仲地哲夫の紹介によれば、一九〇〇（明治三三）年四月二四日より土地整理事務局査定課の出張官高橋正直、黒木繁、有川房吉が来島して五月八日まで約二週間滞在して調査した。

「高橋、黒木らが島を去る前の日、村頭らは「土地壱筆限帳」を閲覧した。それによれば、個人の私有地以外はすべて村有（字有地）になっていた。村頭はじめ島のリーダーたちは、「他村ノ如ク地味肥沃ノ土地ナラバ他日他府県人来村開墾ヲ計ラントカノ疑アルモ、当村ノ如キ磽瘠ナル土地ハ右様ノ憂モアルベキ筈ナケレバ、各自ノ用分丈所有セバ他ハ都テ官有ニ上ゲテモ可ナラン。譬ヘ官有ニ上ゲテモ島ト共ニ動カザル土地ナレバ、何ノ気遣カアラン。将来不自由ヲ感ズルトキニ当リテ作得ヲ為シ得ベキ道アルベシ」という考え方にも一理があると思っていたので、すべて村有というのは意外であったし、納得することができなかった。

そこで五月八日に高橋に会い、「上地ハ大道原、下地ハ長間原原野ノ分ハ村有ニ付シ、上地ノ川原、下地ノ仲津原原野ハ官有」とするよう願い出た。つまり、すべて村有となれば多額の税金を払わなくてはならないから、約半分だけ村有とし、残りは官有にしてほしいというわけであった。

しかし村頭らはけっきょく「村有ニ付シテ村民ノ幸福ヲ得、決然安心シテ可然」という高橋の説諭を受け入れた。」

というのであった(2)。

官有、つまり国有地になれば、これまでのように自然物の採取はもちろん、生活のほとんどすべてを支えてきた焼畑もおこなうことができないことになる。上地・下地の島の半分にあたる大道原・仲津原が国有地となれば立入りは禁止となり、人々にとって死活問題であり、今までの島の生活は続けられないことであった。しかし、これまで数百年にわたって重税に苦しんできた新城島の当時の人々にとって、国有地・民有地の意味は理解できないのは当然であった。

結果として高橋ら出張官の説諭によって、上地も下地も、個人所有地以外はすべて、スウダイ(総代)二名を名義代表者とする村(字)共有地とすることになったのであった。まことに危うい状況であった。

このような国有地問題は、長い間人々が森林産物採取の権利を得ていた西表島の杣山制度にも起こった。元文四(一七三九)年、尚敬王時代にもうけられた杣山制度によって、西表島をめぐる一三の集落は、それぞれ分けられた山林から建築・造舟・燃料など生活に必要とする木材その他の自然物を、長い間採取してきた。しかし明治政府によって杣山制度が廃止され、西表島の山々の多くは国有地となり、人々の利用は禁止された。密かに木を採って刑務所に送られた者もあったということだ。

このように、土地整理をめぐって多くの問題をかかえていたが、明治時代後半には長い間の重税からのがれ、自分の田を持つ時代を迎えることになった。しかし、自分の田を持つ者はそれほど多くなかった。特に西表島での下地の田の所有者は少なかったという。右に述べたように、税金のおそれがあったからであると思われる。

このような背景から、西表島における新城島の人々の土地所有状況は明らかではない。しかし、マラリアのおそれは依然として存在したのであるから、遠距離通耕はつづけられ、米は換金作物として重要となる一方、過去と同様に新城島では焼畑を主とする自給自足の生活がつづけられたのである。

## 四　通耕耕作

遠距離通耕は往復の舟の困難はいうまでもないが、出小屋（田小屋）での生活もきびしく、また恐れられていたマラリアに皆かかり、特に稲作の機会の多い男たちは女に比べ総じて短命だったといわれている。しかし、そうであっても新城の人々は、西表島に渡って長い間稲を作りつづけてきたのであった。

通耕に用いた舟は、かつては松をくりぬいた松舟であった。松は西表島の山にある木を利用した。航海には帆をかけ風を利用するか、櫓でこいだ。舟は個人有か、数人の共有、村共有などで、明治二六（一八九三）年「八重山島共有各村走数船現在調」（笹森儀助『琉球八重山嶋取調書』）によれば、新城島には四反帆船一、三反帆船一、刳舟（サバニ）一一の計一三とある(3)。

所有についての詳細は不明である。昭和初年には、集落（上地・下地）所有のハーリー舟用伝馬舟の他、小さい伝馬舟（上地島仲所有、下地仲宗根所有）の二隻とクリ舟があったらしい(4)。

これらの舟は西表島への通耕の他に、西表島からの建築材、薪、その他の物資の運搬、石垣島・竹富島などへの米その他物資の運搬、役所との連絡などに用いられた。無動力の時代には、風の有無によって異なるが、順風ならば新城島から西表島へ約一時間半かかった。向かい風や無風の時は一日かかることもあった。

西表島における上地の田は、サクダ（佐久田）・オハラダ（大原田）で、下地はハエミダ（南風見田）であった。オハラダは膝まで入る深い良い田であった。

貢納のために耕す田をウヤキダアとよんだ。その詳細は不明であるが、米の貢納は、各戸が各々の田から収穫した米をもっておこなったのではなく、村々のウヤキダアを共同で耕作し、上納していたらしい。上地に比べて下地は田を持っている者が少なく、粟を食べることが多かったということだ。西表島には猪がいたので猪垣の必要があった。

栽培した稲は水稲が中心であったが、陸稲もかなり作った。八重山地方では、古くから二期作稲の栽培があったことが知られていて、『成宗大王実録』(一四七九年)の中に、与那国島で家畜に踏ませる熱帯型二期作稲、早稲、晩稲が知られていることが記録されているし、また沖縄本島でも二度田植えがされていたことが記されている(5)。

人々の記憶では、西表島での稲作は一期作稲で、二期作稲は新しいとされる。昭和七(一九三二)年頃からだと記憶する人もいた。

八重山における稲の栽培品種について特筆されることは、昭和五(一九三〇)年頃よりの台中六五号(蓬萊米)の普及である。おそらく、新城島の人々の二期作稲も、台中六五号であろう。在来種稲の収量が反当五~八斗であったのに対し、台中六五号は一~二石という驚異的収量であった。在来稲は、ノギの長い香りの強い赤米であったということだ。蓬萊米が入ると、たちまちそれを作るようになった。

しかし、西表島でのマラリアの危険は依然強く、新城の人々が西表島で本格的に稲を作ろうとしたのは、第二次世界大戦が終結し、やがて沖縄のマラリア有病地が無病地となり、本格的な大原移住がおこなわれるようになってからのことである。

## 五　田小屋の生活

田の近くにはタヤドリといわれる田小屋(二間×三間くらい)があり、そこに泊まって農仕事をした。上地ではサクダに一三軒程、下地ではハエミダに一〇軒程の田小屋が並んで建っていた。下地の田小屋のある家は、新川・鳩間・野原・真栄里・大嵩・慶田城・宇立・野底・仲底・仲原などの名が記憶されていた。

男たちは必ず稲を作りに西表島に出たので、みんなマラリアにかかった。一度はかかり、これを過ぎなければ一人前でないといわれていた。田小屋で過ごすのは男が主であったが、取り入れや田草取りの時は女も行った。このようにマラリアの無病地新城島の人々は、有病地への通耕によって罹患者がいたのである。

田小屋生活を経験したことのある下地のAさん(明治三一年生まれ)の話。

田小屋は掘建小屋で、竹の簀の子の床にアダンバムシロを敷いてあった。田植えをする正月頃は、寒くて眠れなかった。それで夜中に起きて火にあたり、また眠るというふうだった。男は小学校を卒業するとみんな田小屋の仕事に出たので、少年たちもみなマラリアにかかった。キニーネもなかなか効かず、脾臓が腫れて青い顔をして寝ていた。豊年祭の時は、巡遊するアカマタ・クロマタの神ににらんでもらって病気をなおしてもらおうと縁ににじり出るというふうであった。豊年祭が終わるとまたがっくりとなる。短命で、男はたいてい五〇歳くらいで死んでいる。私の家の位牌を見ると、七〇歳くらいで死んだものもいるがたいてい女である。田小屋では食糧も乏しく、なくなると舟で島に戻らなければならない。海が荒れて帰れない時は、わずかに残って住んでいた南風見村の村人の家に行って、米を借りたりした(南風見村は大正九年廃村)。

田小屋ではランプも使ったが、松脂をもやして明りとして用いた。幾日も田小屋で過ごしているとマッチもなくなる。そんな時はブラハヤという木の皮をはぎ、この木をキリのように先をとがらして三〇分くらいもむと、出来た粉に火がついて火を得ることができた。

大原移住が実現した昭和一六(一九四一)年頃、田小屋は廃止されたという。

# 六　稲の栽培

## 1　田の準備

### フンウス(組み牛)

播種前の田の準備には牛を用いた。フンウス(組み牛)といわれ、数頭の牛(四頭が適当)の首をしばり一組にする。この中の一頭をリーダー格とみこんでハナ牛とする。ハナ牛を左手にして牛をつなぐ。他の三頭はハナ牛の歩くように歩くのである。田に水を適当に入れ、田の中を組み牛にぐるぐると歩かせる。田に生えていた草はみな踏みつぶされ、踏みこまれて一本もなくなる。牛は泥だらけになる。牛を田からひきあげて川に連れて行き、放して泥を流す。夏にやると日光も強いし水もあついのでよいという。田に水をはっておくと雑草も生えない。この方法は今から四〇年前(一九三〇年代中頃)までおこなっていた。

広い田の場合、放牧の牛を何十頭もつれてきて田を踏ませることもあった。うまく先頭の牛が決まると、しばらくても牛はぐるぐるまわるのだという。この場合、田が狭くてはだめである。

### 石ピク

石ピクで踏み込むこともある。石ピクとは、径五センチメートル程の木を切り、これに縄で大きな石をいくつもつり下げたもので、これを使い馴らした上等のオス牛(後には水牛)に縄で引っぱらせる。石が重いので田草がなびく。フンウスでやったように、田草はすられてやがてドロドロとなる。水を入れる。草がいたむ。また石を引くというようにして耕す。石ピクの石は島から大切に持ってきたものだ。石ピクは土が傾斜するのを地ならしできるので、植える前にやった。石ピクは牛一頭でできる。

クロバシャ

石ピクの代わりに、クロバシャ（台湾式という）という木製の歯車のような横長の車を、牛一頭に引かせて耕作する方法もあった。大きい田圃ほどよい。蓬萊米後のことである。

このように、田の用意の方法として、犂耕以前の技術とされる家畜の足を用いて踏みくだくフンウスがおこなわれていたことがわかる。人が踏む方法も古くはあったようだが、国分直一は、このような人間や家畜の足を用いて踏みくだく耕作技術を、「踏耕」と表現している。(6) この踏耕は一五世紀末の『成宗大王実録』中に、与那国島や沖縄本島でもおこなわれていたことが記されている。踏耕は、マレーシアで水牛や牛によって水田作に用いられたもので、国分はこれを日本本土型とは異なる稲作技術であると考えて「島型稲作」とよび、日本では琉球列島から薩南諸島にかけて存在すると指摘している。(7)

## 2　播種

昭和七（一九三二）年頃から蓬萊米を作るようになり二期作もはじまった。それまでは一期作の在来種を作っていた。在来種はノギが長く、中は赤米で、香りが強い。脱穀しにくかったという。昭和一二、三年頃まで在来種を作る人がいた。

在来種の頃は、旧一一月頃が播種であった。播種の一週間前に、藁で編んだ筵を三ヶ所とじた袋（一斗、あるいは一斗五升入りくらいのもの）を用意し、種子籾を入れ水に浸ける。最初は浮いてくるので手を入れてかきまわし、水の中に沈めて重りをつけておく。四日程してからひき上げる。俵は水を含んで重い。これを取り出して、刈ってきた萱をかぶせておく。熱をもつようになり、やがて発芽する。

播種する前日に山からカズラ(クウズ)を採ってきてタネオロシノカゴを作る。このカゴにクワズイモの葉を二枚程敷き、種子籾を入れる。

当日、整地され、水をためたナース(苗代田)に種子籾を播く。蓬莱米は苗床を平坦にすることが必要で、苗が伸びるにつれて水を入れていくのだが、在来種は少しくらい苗床がでこぼこしていても平気だった。

苗代田におろした種子籾から根や芽が伸びる。鴨などの鳥がとらないようにナースマイリ(苗代廻り)をした。

## 3　稲の種子取祭

ナースは各戸ごとのものがあったが、下地のハエミダの蓬莱米のナースは共同のものが一ヶ所あった。ナースのそばにはビジュル(霊石)が祀ってあったが、ないナースもある。ビジュルは田の神であるといわれ、種子下ろしのあとに、線香・ハナゴメ・ミキ・イバチなどを供え祈願した。ビジュルに向かって口々に、下ろした種子を満作にして下さい、守って下さいというのである。

そして年上の人が「サウズ」しようというと、皆一斉に田の畦に横になって眠る。しばらくして一番鶏の鳴き声をまねると、サウズが終わったということで皆起きあがる。それから田小屋に帰り、種子を下ろした人はまたサウズして、その後にタネノイバチを食べる。このあと皆が集まり、タナドルの歌をうたって各田小屋をまわる。

稲の種子取祭は、下地の村(シマ)の祭りではなく、ツカサの祈願もなかった。また粟の種子取祭とちがって、実際の種子の播種にともなう祭りであった。

ところで、在来種を作っていた頃は、種子取祭の良い日取りをみて一斉に播種していた。ところがこの播種の一斉の日取りについて、蓬萊米を作るようになってから下地では変化が起こった。

従来の日取りで播種すると、収穫の頃にはすでに石垣島川平の米が市場に出たあとになり値が出ない。そこで一部の若者たちが、従来の方法に反し、種子取祭の日より前に種子を下ろした。老人たちは怒ったが、苗は順調に育ち、皆が苗代を作って従来の種子下ろしをする頃には、もう田植えをするようになっていた。

それで収穫も早く、石垣島に売りに行った時は、どこよりも早い出荷で非常な高値がついた。それからしばらくして従来の種子下ろしの日取りの稲が実ったのだが、その頃は半値になっていた。従来の日取りを守らなくても特に神の罰もうけず、もうかったので、一斉に種子下ろしをすることはやがて止めになり、各自で決めるようになったという。

## 4　田植え

播種後約六〇日くらいで田植えとなる。寒くなければ稲の育ちがよく、五〇日くらいで植えられる。旧正月のあとがだいたい田植えの盛りであった。田植えは男がやるので、島の男は皆、西表島に渡る。この頃になると、西表島の山に入って猪をとり、これをご馳走にしたりした。

苗をとってしまったナースは、最後に整地して田植えをする。この田は地力がなくなっているので、本田のようによく成長しない。人手のない家では植えない場合もある。

田植えが終わるとタービといって田植祝いをする。

ご馳走を作り、各自の家の先祖に供え、満作を祈る。田のビジュルにグシ(御酒)・ハナゴメ・ご馳走・米の握り飯を供えて祈願するという家もある。この時、供物を稲の取り入れの時のようにかつぎ、棒で重そうに運ぶ。これはこのように豊かな収穫があるよう願って、重そうにするのだという。

### 5　初穂儀礼（スクマ）

稲のスクマは個人でやる儀礼で、村としては何もやらない。ツカサの祈願もない。スクマは四月末頃で、熟した穂が少し出はじめる頃である。田の見廻りのついでに穂を一束くらいとってきて、家の者にスクマしてきたといって見せる。この穂を大切に軒につり下げておく。この稲束はそのままにしても食べてもよい。

### 6　収穫

旧五月頃に収穫となるが、遅い時は旧六月頃にまでなる。稲を刈ってそのまま島に舟で運ぶ。これを乾燥し屋敷内に積む（マズン・マジン）。稲束を積みあげたものをイネマズン・シラ・コメジラなどという。

二手でやっとつかめるくらいが一束、三〇束が一マルキ、三〇マルキが一マズンである。六〇マルキが一マズンのところもある。マズンは家の庭につくる。下に径一尺五寸位の石の台四個を置き、その上に丸太を組んだり、板をのせて稲束を積む。早い収穫の家は、豊年祭の時に、シラが庭に積まれていた。

### 7　調整

米が入用の時、稲束をシラから抜き取って調整する。在来種はピシ（ノギ）が長い。女たちはフドス（竹製）で穂をしごき取る。千歯こきは昭和初期に使うようになり、足踏脱穀機は昭和一〇（一九三五）年頃から使うようになった。

しごいて取った穂を臼で搗くと、籾の先のピシがこまぎれになって取れる。これを風のそよぐところで飛ばす。籾のみ残る。次に臼ですって籾の殻を分けて風で飛ばす。臼の木の部分にみぞがあるので籾粒はこわれない。良い臼の場合は、一回でよく出来た。悪い臼の場合は、三回やってもよく出来ない場合があった。出来た玄米をさらに臼で搗き、箕でよりわける。蓬萊米になってからすぐ畦で脱穀し、俵に籾を詰めて島に持ち帰れるようになった。この場合、藁は入用の時のみ運んだ。一ヶ年の自家の消費量を残して、残りは、たいてい籾で売った。

## 8　マタマイ

オハラダでは、刈りとったあと、時によってまた芽ばえすることがある。そのまま成長し、花が咲き実がなる時がある。これをマタマイ(マタマズ)という。二度目の芽ばえがしない前に田を耕すと肥料になるが、そのまま芽ばえさすと田はやせる。だから、芽ばえ前に打ち返す方が田のためによい。田圃が多くて手が足りない時、マタマイになることが多かった。肥料は灰だけであった。

## 9　考察

以上のように、新城島上地・下地の人々は、長い間西表島に通って稲作をおこなってきた。その稲作の特徴は、次のような点にあると考えられる。

①稲の作季をみると、旧一一月から旧一二月前後に播種し、旧五月から旧六月に収穫するということから、冬作稲であることがわかる。このような稲作は、従来日本本土で栽培されていた夏作稲とは異なり、台湾やさらに南の島でおこなわれている稲作に類似する。

②西表島では、田の準備に踏耕がおこなわれている。人の足を利用するばかりでなく、数頭の牛をつなぎ、水を入

れた田を歩かせ、踏み込むのである（この踏耕には山間盆地型、低湿地帯型、石灰岩台地型の三種があり、この中で石灰岩台地型が南西諸島で広くおこなわれていたとされる）。

③南西諸島における冬季の湿潤気候が、冬作体系の農耕と関連する。

**註**

（1）笹森儀助　一九七三（一八九三）『南島探験』、一五八～一五九頁、一六一頁、国書刊行会。

（2）仲地哲夫　一九八五「新城島村頭の日記」『地域と文化――沖縄をみなおすために――』第三一・三二号合併号、一頁。

（3）笹森儀助　二〇〇五『琉球八重山嶋取調書　全　Ⅱ』、二九～三一頁、法政大学沖縄文化研究所。

（4）竹原孫恭　一九八四「想い出の島・新城」『老いて学べば――竹原孫恭遺稿集――』、一六〇、一七二頁、神無書房。

（5）日本史料集成編纂会　一九七九『中国・朝鮮の史籍における日本史料集成　李朝實録之部（四）　成宗康靖大王實録第一〇五』、九六二、九六六頁。

（6）国分直一　一九七〇『日本民族文化の研究』、二八～一二〇頁、慶友社。

（7）国分、前掲註（6）、一五二頁。

# 第三章　上地の生業

私がはじめて昭和三七(一九六二)年にこの島に渡った時、生業の中心は農業であった。当時島の人は、五人家族で田三反、畑三反くらい所有すれば生活できると話してくれた。その内訳は、

サトウキビ　反収　一二〇ドル
米　　　　　反収　八〇〇斤(一斤約九セント)

で、一人当たり籾四〇〇斤とあって、保有米を持てば一ヶ年十分とされた。これは、金額にすれば約六〇〇ドルにあたり、当時、千ドル農家ということがいわれ、それが農家の一つの目標とされる収入額であった。

昭和四四(一九六九)年のこの島は、農業はほとんどやらなくなっていた。生活は、肉牛の飼育か漁となったのである。島の畑はほとんどなくなり、わずかに自家用の野菜を作るだけで、島の人のことばによれば、「畑はもう作っていない」のであった。

## 一　畑作

天水にたよる低平な隆起珊瑚礁のこの島の農業は畑作で、稲作は対岸の西表島に出作りしていた。畑は以前は焼畑

で、「アーラスパタイ」といっていた。原野を焼いてそのまま用い、肥料は何もせず、一〇年くらいはそのまま用い、やせてくると原野にもどしてこえさす。海岸に近いあたりに土の深いところがあって、そこは鍬や、あるいは昔は牛に鋤で耕させたりしたが、土の浅いところや石の多いところはピサ(ヘラ。金属の部分は石垣島四箇から買い、木の部分は各自で作る)を用いて座って耕す。島の土地は私有地と集落の共有地のいずれかで、集落の共有地はたいてい原野であった。そこを開墾したい時は、集落の幹部連の許可を得れば、賃をはらって借りられた。戸数の減った今はただである。島の周囲五間の中は保安林で、拝所は保安林の中にあるので税はない。耕地面積の推移を表2-2に示す。

**表2-2　新城島上地・耕地面積の推移**
(『竹富町町勢要覧』による)

| 年 | 田(a) | 畑(a) | 世帯数(戸) |
|---|---|---|---|
| 1955 | 300 | 1,660 | 30 |
| 1964 | 263 | 486 | 22 |
| 1968 | — | 30 | 17 |

この表の世帯数には教員の世帯が含まれているので、数値から二~三世帯を引いた数がほぼ農家戸数とみなされる。これによっても、畑作の激減は明らかで、昭和四三(一九六八)年の一戸当たり耕地面積はわずか二アールとなった(全琉平均一戸当たり耕地面積七三・二アール、八重山では一九一・三アール)。

畑作物は、サトウキビ(甘蔗)・麦・大豆・小豆・粟・甘藷(ン)・白菜・にんじん・ごぼう等の野菜である。

このうち粟は、戦争前までは主位を占める畑作物で、年中行事の中で粟の豊作を予祝するものが重要な行事として残されていることからも、かつてのあり方が示される。また、祭りの際の神酒は、もともとは粟酒であった。しかし、甘蔗や稲作に重きをおくようになり、今は全く作らない。粟の種子取祭(アータナドル)の行事は旧一〇月、実際に蒔くのは一一月である。二月頃に除草。収穫は四月頃となる。粟の成熟はふぞろいなので、早く熟したものからイララとよぶ小さな鎌で手早くつむ。これをだいたい二、三回はする。これをよく乾燥させて臼で搗き、これを風でとばし、石臼でひいて殻をとばす。さらにこれを臼で搗いて糠をとるのである。種子にする粟は穂のままましまっておく。

麦は寒露の頃に蒔き、収穫は旧三月頃である。タナドル（種子取祭）の行事はない。一年の収穫のはじまりは麦である。

大豆は一二月冬至の頃蒔き、収穫は四月である。

小豆は粟と一緒に蒔き、旧八月頃に収穫する。

甘藷は一年中収穫できる。

サトウキビの夏植えは、新暦七～九月に植え、翌年一一～一月に収穫する。あるいは、一〇～一一月に植え、翌々年三、四月に収穫する。春植えは旧二月あと、三月に植え、翌年三、四月に収穫する。

サトウキビの苗は自家製で、政府が良苗を頒布することもある。今から一〇年余り前は、黒糖にして売り出していた。終戦後一、二年は牛車によってしぼっていて、新城では車を一台持っていた。その黒糖を舟にのせ、石垣島に売りに出していた。自家用はほんのわずかに残したが、検査があるので残してはおけないという。その後、ヤンマーディーゼルが入って牛車は姿を消した。また、黒糖はほとんど農協に売りに出すようになったが、肥料代その他を商人から前借りする場合もあり、その商人に売り渡す者もいた。

昭和三五（一九六〇）年、西表島大原に「西表製糖株式会社」ができて、そこに島の生キビを売り出すようになったが、運賃（人手、舟）がかさんで工場が値を出しきれず、サトウキビなど作っても仕方がないとやめてしまった。大原に移住した者の中にはさかんに作っている者もある。

サトウキビの価格は政府が糖度によって決めるが、その根拠は東京相場の平均と地域差とのにらみ合いである。離島におけるサトウキビ価格は不利であり、さらに肥料代・薬品代等にもすべて舟賃が加算され割高となることによって、不利は一層拡大される。

## 二　水稲

すべて西表島に舟で通って出作りした。西表島は大きな川が流れ、土地も広く肥えていたが、マラリアがあり恐れられていた。いくつかの村はこの病気によって廃村となっている。『南島探験』に記されている仲間村・南風見村が、二、三軒のみの廃村寸前で、鶏は鳴いているが人影はないという哀れな有様を記憶している人が何人もいる。

上地の田はサクダ・オハラダである。オハラダは、膝の上まであるくらい深いよい田であった。

昭和七（一九三二）年から稲の二期作がはじまったという。それまでは、みな在来種を作っていた。在来種はノギが長く、中は赤米で香りが強く、脱穀しにくい。昭和一二、一三（一九三七、八）年頃まで在来種を作る人もいたが、新しい稲（蓬萊米）の方が収穫もよいから、今、在来種を作る人はいない。

マイタナドル（米の種子取祭）は旧一一月頃で、ナースに種子を蒔けばタナドルになる。二ヶ月程で田植えとなる。寒くなければ五〇日くらい植えられるので、旧正月のあとは田植えの最中である。

刈り入れは五月。肥料は灰だけであった。

精米は次のようにおこなった。

⑴　稲刈り。

⑵　刈ったまま舟で上地に運ぶ。

⑶　干す。

⑷　マズン（マジン）にする。これは稲束を積みあげるのだが、この積みあがったものをイネマズン、あるいはシラ

（コメジラとも）という。粟の場合はアージラという。二手でやっとつかめるくらいが一束、三〇束が一マルキ、三〇マルキが一マズンである。六〇マルキが一マズンのところもある。下に石の台を置き、その上に板をのせて積む。マズンは家の庭に作る。

(5)　米の入用があると、シラから稲を抜き取ってフドス（竹製の穂を摘む道具）で穂をとる。昭和初期には千歯こき、脱穀機は昭和一〇（一九三五）年頃から用いた。

(6)　臼で搗きノギをとる（在来種）。

(7)　臼でひく。籾殻をとる。

(8)　籾をとばす。玄米になる。

(9)　玄米を臼で搗く。

(10)　箕でよりわける。

新しい品種になってからは、西表島で脱穀して籾で新城島に持ってくるようになった。

## 三　漁業

誰がとっても自由である。漁業組合はない。夏は潜って穴の中の魚をつく。冬は網で多くとる。とった魚は、夏は大原、冬は四箇まで持っていって売る。

魚の穴は大抵わかっているが、名前はない。誰の穴ということもない。

魚をとる人をイズーピトゥという。男である。女は干潮の時にギラ（シャコ貝）をとり、これを塩漬けにしておいて四箇へ売りに行く。昭和三八(一九六二)年にはイズーピトゥといわれる人が四人いた。しかし、桟橋設備もなく、大原までクリ舟で四〇分、四箇まで運搬船で二時間余かかるので、農業が中心の頃は自家用、副業程度であった。

網はボウダアンといい、ボウダアンで魚をとるのに六、七人の人手がいる。それは、

ミースキ　一人　見る人。誰でもよいが多く年寄りがなる。

アンサフキヤ

フニソウルピト

である。網は木綿糸で作る。ブウ(麻)の網は戦前のことである。昔、ザン(海馬・人魚)をとった頃は、アダン糸の網を用いた。

魚の分配は次のようにおこなう。

網主　　ににんだま(2)

舟主　　ににんだま(2)(油代舟主負担)

他の乗り手　ひとりだま(1)

三人での網の分配は、

網主　(1)

舟主　(1)

人手　(3)

と、全体を五等分して分ける。

魚をつく道具として次のようなものがある。

表 2-3　新城島漁撈従事者

| 年度 | 専業 | | 兼業 | | 計 | |
|---|---|---|---|---|---|---|
| | 戸 | 人 | 戸 | 人 | 戸 | 人 |
| 1964 | — | — | 5 | 10 | 5 | 10 |
| 1967 | 5 | 10 | 3 | 6 | 8 | 16 |

ンギュン　一本やり。鉄製。八〇センチメートル程の長さ。石垣で鍛冶屋に作ってもらう。

プンギャア　三叉のやり。

カノス　ギラ・タコをとる。女たちはこれを使う。

このような漁業の状況であったが、現在は生業の中で大きな比重をもつものになった(表2-3)。昭和四二(一九六七)年の戸数が不明であるが、翌年の戸数が一七戸であることから、戸数はほぼ推定できよう。専業・兼業の漁家が約半数いることになる。これは、一つには大原での魚の需要が、人口増、生活向上のため増しているのに、大原は農業中心で、専業漁家一戸一人、兼業漁家三戸三人(昭和四二年)にすぎないので、その需要に応じられないため、新城島の人々による魚の販売が増えたということでもある。大原で得た見聞の一つを紹介する(昭和四〇年の夏のこと)。

夕方、新城から魚をもって大原へクリ舟がくるというので、大原の人々は桟橋で待ちかねている。舟が水際に近づくと、女や子どもたちは待ちきれずに、まだ桟橋につかない舟にむかって海の中に争うように入って

写真 2-3　新城島から魚を売りにきた舟
(西表島大原、1965 年 8 月)

魚をとる人が少ないので、新城島の人が魚をとって売りにくると、われさきにと買いあらそう。女たちは舟が岸にあがるのを待ち切れず、海の中にどんどん入って、とにかく舟の中の魚をつかむ。そうすれば買う権利が出る。今、むらがって魚を買うところ。

いく。洋服もびしょびしょである。舟に近づくと、各自争って舟の中の魚をつかむ。よい魚をつかんだ人はにこにこしている。一時のざわめき。つかんだ魚を買うことができるのだ。あとで目方をはかって金を支払う。少し遅れてもう一隻、舟がきた。（写真2-3）

新城は昔、王府の貢納としてザンの皮（肉という人もある）を出していた。アダン糸の網を満潮時にかかるようにかけておく。非常な苦労の末、一〇回かけて一回程度しかとれなかった。王府に納められたザンは、さらに中国へ納めたものだという。新城のザントゥリィユンタ（パナリ若者ユンタ）の中に、その様子がうたわれている。(1)

ザントゥリィユンタ

1　パナリ若者、バ島キラムヌ
2　シルビヤマ　マリャアラギ
　　アダニ山　　マリャアラギ
3　アダナシバ　キリトゥシ
　　ヨナカジバ　パキィトゥシ
4　三日干シ　晒ラショウリ
　　四日干シ　晒ラショウリ
5　サギナサギ、ミリバドゥ
　　ナギィナナギィ　ミリバドゥ
6　六目網バ、クヌミョウリ

〔大意〕

新城島の若者たちは　我が島の手腕家どもは
磯山の中に入ってアダンの気根をさがし歩き
アダンの山中を廻り歩いて
アダナシ（気根）をば切り取り
オーハマボーの表皮をば剝ぎ取って
三日間干し晒らし
四日ほど干し晒らして
表皮を裂いてみたところ
なぎになぎてみたところ
大目の網をば編み造り

八爪網バ　シダショウリ
7 マイドゥマリニ　ウルショウリ
イショ泊ニ　ウルショウリ
8 イショ舟ニ、ヌショウリ
ナラ舟ニ、ヌショウリ
9 漕ギィナクギィ　ミリバドゥ
押シナウシィ　ミリバドゥ
10 真謝口ユ　マリヤラギ
四ケ口ユ　マリヤラギ
11 ザンヌ夫婦ユ　見ルンデユ
亀ヌ夫婦ユ　見ルンデユ
12 立チィナ立チィ　見リバドゥ
潮ユ干シ　見リバドゥ
13 ザンヌ夫婦ヌ　クマリヤンティ
亀ヌ夫婦ヌ　クマリヤンティ
14 イショ舟ニ　載ショウリ
ナラ舟ニ　載ショウリ
15 クギィナクギィナ　ミリバドゥ

八爪網をば仕立てたり
前泊の海岸に下ろしなさい
漁泊の海岸へ網を下ろしなさい
漁撈船にのせなさい
ザンをとる魚船に　大網をつみこみなさい
漁撈船をば漕いでみたら
その船をば押し進めて行ったところ
白保の真謝村の東口までザン漁を探して行っていた
石垣島の四箇街辺まで求めて歩いていた
ザンの夫婦をば探そうと
亀の夫婦(ザンの対語)をば見つけようと
往き来してみたところ
潮がひいて見てみれば
ザンの夫婦がかくれていた
亀の夫婦がかくれていた
漁撈船に引き揚げて
漁獲船に引き揚げた
漕ぎつ漕ぎつつ　見てみれば

ウシィナウシィナ　ミリバドゥ　　押して押し進めつつみてみると　我が島へ着いていた
16　前泊ニ　下ラショウリ　　前泊に下ろしなさい
イショ泊ニ　下ラショウリ　　漁撈泊に引き下ろした
17　ザン見ルンデ　走リキ　　ザンを見るべく走ってきた
亀見ルンデ　飛ビヤキ　　亀を見ようと飛んできた
18　アバヌ　ウバイヌ　　余りのあわてふためきに
ナラムヌユ　パジケ　　自分のミホトをかくしていた衣がついとれて
19　虱サグリィ　名付ケ　　気付いて虱を探るのを口実にして
ギザントゥリィ　名チィケ　　子虱を捕えるのを言草にして　衣の始末をした

ザンの骨を祀ってあるアルオガン（ザンオガン）については後に述べる。下地にもナナザオという拝所にザンの骨を祀り、ここには竜宮の神、海の女神が祀られていて、豊漁等を祈願する。

## 四　畜産

注目されるのは、昭和四三（一九六八）年にかけての牛の激増である（表2‐4）。この頭数には下地のパナリ牧場の三〇〇頭余が含まれているから、上地の頭数は約一三〇頭である。上地の人口は一七戸、九三人であるから、牛の数の方が多いことになる。

上地の上地牧場は面積一一〇ヘクタール、上地の人々の組合組織である。年中青草がたえないので、牧場経営がなされている。上地牧場はもとの井戸(塩気を含む)のあったところを含め、萱場や畑、原野を柵で囲ってある。黒毛和種の肉用牛である。

牛の飲水のため水当番があり、持ち牛の数によって当番の日数が割り当てられる。水は普通、朝一〇時頃、一二時頃、夕方とやるが、夏はたびたび汲む。

豚は子豚三〇斤程のものを買う。二〇ドル程度である。五、六ヶ月すると一五〇斤程になる。一斤三〇セント(昭和四〇(一九六五)年)程であり、石垣島に持って行って売るが、再び持って島に帰るわけにいかないから、それを見込んで買いたたかれる。商人は脂肪が多いとか、大きい・小さい等といろいろ文句をいう。石垣島の豚は高く売れる。何らかの設備があればよいのだが、ここでも離島の不利が明白である。

以前は人糞を用いて豚を飼ったが、豚に虫がいるのは糞を食べさせるせいだということで、豚舎の改良がいわれ、糞は食べさせることができなくなった。折角のものをおしいと思われたという。豚舎のない時は耳に穴をあけ、縄をつけて露天で飼ったこともあった。鶏はすべて放し飼いである。鶏は夜は木の上でねむる。

表2-4　新城島家畜数(『竹富町町勢要覧』による)

| 家畜 | 牛 | 豚 | 馬 | 山羊 | 鶏 | 戸数 |
|---|---|---|---|---|---|---|
| 1960 | 45 | 40 | 0 | 125 | 230 | 28 |
| 1962 | 72 | 24 | 0 | 186 | 170 | 29 |
| 1964 | 62 | 24 | 0 | 87 | 101 | — |
| 1968 | 451 | 9 | 0 | 216 | 190 | 17 |

## 五　養蚕業

人手が非常にかかるので現在はやっていない。今から五、六年前、昭和四〇(一九六五)年頃までやっていた。養蚕組合もあり、まゆの値段も政府の審議会で決めていた。桑の木は家のまわりに大木となって茂っている。普段は鶏の夜の寝処である。
九月初秋蚕。　一一月晩秋蚕。
二月春蚕。　五月晩春蚕。
まゆを石垣島に出す。短期間によい収入になった。

## 六　その他

雨の時などムシロ・縄などを編み、自家用にしたり、売ったりする。アダンバムシロはアダンの葉にノギがあるので竹でこれをとり、一週間くらい日に干す。葉が中心の葉脈によって右葉・左葉とよばれ、どちらであるかわからないと編む時こまるので、右葉・左葉が離れないよう注意する。このアダン葉をとじていく縄は、アダンの気根をさいて作った縄である。一畳分のアダンバムシロを作るのに、朝八時から夕方五時半までかかった(昼食に休む)。

島に商店は一軒ある。

### 註

（1）喜舎場永珣　一九七〇『八重山古謡　下巻』、二八九〜二九六頁、沖縄タイムス社。

# 第四章　聖地と祭祀組織

## 一　聖地

上地では、オガン・ワン・ヤマなどとよぶ聖地・聖なる杜がいくつかある。

**ナハヤマ(アカマタオガン)**

最も重要な聖杜である。もとは島の北端にあったという。ビタケ(美御嶽)ともよぶ。このオガンは、『琉球国由来記』巻二十一に、

上地美御嶽　新城村
神名　フナコテダ(沖本マスキヤ)
御イベ名　マスキヤ大アルジ

と記されているものに相当すると思われる。(1) 美御嶽という名称は、昔、何という御嶽かと聞かれて「カイシャル(美しい)オガンだ」といったところ、その名前になったという人もある。鳥居、瓦葺き拝殿をもち、イビとよばれる至聖所への入口には、赤い三日月と太陽をつけた真白い門様のものが建っている。ナハヤマには三つの香炉がある。

ツカサの香炉

**写真2-4　ナハヤマのイビに入る口**（上地）
太陽と月による象徴。この中に入るのは、ビタケのツカサである。アカマタの出る口は、これより右側、つまり東側。

ヤマヌシ（カマンガア）の香炉

村の香炉

この聖杜はアカマタオガンといわれるように、豊年祭の折、アカマタ・クロマタの神の出現の中心となるところである（写真2‐4）。

**アルオガン**

集落の東端にある。ザンオガン・イソオガン・クウスクオガン等ともいう。簡単な鳥居をもつ。昔、貢納の時にとっていたザンを祀るオガンで、石の上にザンの頭蓋骨一箇が置かれている。さらに奥にザンの骨が一杯葬られているというが、実際には見えない。以前にはたくさんの骨があったが、印鑑屋その他の人によって持ち去られたという。

**イリオガン**

タビ（旅）オガンともいう。以前は本底家個人のオガンであったが、石垣島のユタの言葉によって、三七、八年前くらいにムラオガンになったという（昭和三八（一九六三）年に聞きとり）。

**フナオガン**

上地家の西側の大きなガジュマルの木の下にある。昔、上地家で樫の木の舟を作った時に置かれた。上地家は、パイトニモトである。

パンガナシ
雨をふらせる力のあった人の墓。ザンオガンの裏にある。雨がふらない時は、自分の墓の前で雨乞い(アマグイ)の歌をうたってくれと遺言したといわれている。

## 二　神役

ナハヤマ・アルオガン・イリオガンの三ヶ所には、それぞれ女性神役ツカサ、男性神役カマンガア、それに若干のフンバキ・バキがいる。

ツカサは神役の中心的存在で、三オガンにそれぞれ一人ずついる。ツカサになる時は、石垣島四箇に在住のオハルザアのところに挨拶に行く。オハルザアは八重山大阿母のことである。ツカサは、オガンでの種々の祭祀をおこなうとともに、折々に米・粟・胡麻・大豆・青豆・甘藷(ン)等の初を島の人々から集めて、オハルザアに持っていく。直接オハルザアに持っていくのではなく、まず四箇在住のアンサリ(大阿母に仕える神役)に持参し、アンサリを介して大阿母に差し出すのである。数年前より持っていかなくなった。ツカサはチョウ(ツカサの衣裳)、ヨウジ(髪飾り)をゆずられる。

ツサカは、普段は一日、一五日にオガンを拝む。七月は盆があるので一六日に拝む。ツカサの神香炉が家のザートコに置いてあり、オガンに行く時は、まず家の神香炉からおとおしてオガンに行き、帰ってまた家の香炉を拝む。ツカサの葬式は普通の人と異ならない。ツカサがオガンに出られない時(出産、死亡、旅、本人の病気、近親者の命日等)、以下に述べるバキが代行する。ツカサ職は生涯にわたる。

カマンガアはヤマヌシともいい、男性神役である。ツカサの補佐的地位にある。

フンバキは女性神役で、ツカサの代行者である。各オガンに一、二人いる。バキはそのオガンの信仰者として神願いする人をいう。別に、ティディリビー・ニガイピトゥ・ニガイニンズ等ともいう。身体の具合が悪かったりすると、ユタに診てもらい、バキになることが多い。人数は不定である。バキの中から、ツカサがフンバキを選ぶ。

一般の人々は、ナハヤマ・アルの二つのいずれかのオガンに、それぞれマガラ（ピキ）として所属しているが、その所属意識は強くはない。これは、それぞれの祭祀集団として行動する折が少なく、これに反して、豊年祭におけることとは別のアカマタ集団の機能が強いということとも関連する。

オガンのマガラは、一応次のように決定される。
(1)　子は男女をとわず父方へ。
(2)　女は夫方へ。ただし、神役の場合は父方、つまりかわらない。
このような上地の祭祀集団は、八重山全域にほぼ普遍的な、一集落に複数聖地、複数祭祀集団というあり方を示している。マガラはマリピク、すなわち生まれ引きの意味であり、この意味で祭祀集団は何らかの血縁意識によって結集されているとはいえようが、集落の人々は血縁集団としての意識はもたない。

イリオガンは個人のオガンからムラオガンに昇格したが、それはゴシャクマイ（明治の頃、一人五勺ずつの粟を、年一回ツカサに出していた。その粟のこと）の分配をうけるということであって、集落の人々の所属はない。

ナハヤマ・アルオガンに所属する家の分布に地域的特色はないと思われる。いくらかあるとすれば、それは分家が本家の近くに出ることが多いということによる。

神役の継承については別に論じたが、[2] 大原移住による人口減少によって、継承の方式は混乱があるようにもみられる。しかし、原理的には、継承は出自をたどって世襲的におこなわれると観念されているといえる。男性神役が父系直系的に継承されていることは、ほぼ全琉球的にみられることであり、男性神役が女性神役の補佐的地位にあることもまた、共通してみられる。

ただし、上地の場合、ナハヤマに置かれた三つの香炉のうち、一つはカマンガアのものとされていることは注意される。カマンガアは、香炉を持つという点で、ツカサと等位にあるとみることができるからである。これは、ナハヤマがアカマタオガンという別名に示されるように、男子による秘密の祭祀集団によって営まれる豊年祭の中心的祭場であり、オガンのイビと、アカマタ・クロマタ二神の誕生の場所とは異なるものと考えられているとはいえ、両者は緊密に結合しているので、カマンガアの香炉は祭祀の実修における男子の機能と関連するのかもしれない。

また、大原移住後にナハヤマを大原に分祠して大原神社としたが、大原神社のツカサは上地のナハヤマの男性神役がなった。このような男子によるツカサの存在は、上地アルオガンでも終戦直後に男性のツカサが出ていることとあわせて、注意されるところである。

八重山一般に、トニモトとよばれる集落創設にかかわる家から神役を出すのだが、上地ではこれが明確でない。しかし、集落は南(パイ)・北(ニス)の地域的二分がなされ、それぞれにパイトニモト・ニストニモトが存在し、豊年祭その他重要な年中行事に際し特別な地位を示す。しかし、神役を出す家はこの両家とは別である。八重山の神役継承にみられる一つの傾向として、トニモトとよばれる家筋への固定が指摘されようが、上地の場合、やや不明確である。ただし、ツカサの香炉を婚家先には持参しないという点は、家筋の固定と関連していると思われる。

## 三　アカマタ・クロマタ祭祀集団

アカマタ・クロマタメンバーは、ヤマシンカ・ヤマニンズ・ナビンドウシンカ・ザアシンカ・シンカ等とよばれる。八重山の多くの島々では、ヤマニンズといえばヤマ（御嶽）に所属する人々（ニンズ）をさすが、上地ではアカマタ・クロマタ祭祀集団のメンバーをさす。ナビンドウはアカマタ・クロマタの神々が出現する秘密の場所をさし、ザアとは、座敷、座席、神祭りの場、神の鎮座するところの意味である。男性のみによるので、ビヒドンザア（男の座）ともいわれる。また、アカマタ・クロマタ出現の聖地はミラヤアともいわれるが、この言葉は口外がはばかられている。

### 加入

加入は一定の順序で一定の資格者についておこなわれる。

申請資格

(1)　一定の年齢（一五歳以上）に達した男性。
(2)　上地生まれで上地に永住する者。ただし、現在は上地以外に住んでいても、ヤマシンカの子孫には資格を認めている。
(3)　品行方正であること。
(4)　保証人の推薦があること。

これらの資格に適合した者は、ヤマシンカ全員の賛成を得てから、さらにさまざまの厳しい精神的・肉体的試練を経て入座が決定される。

### サンブ

ヤマシンカの内部は三つの階層（ギラモノ・ナハイリ・ウヤ）に分かれているが、これら階層を区切る年齢は時代によって変化している。ヤマシンカへの加入以前に、少年たちが入るグループ（シンツキャー・サンブ）がある。これは正式のシンカではない。

五月は粟の豊年祭（プラーメ）がおこなわれるが、この時、少年たちはサンブに加入する。小学校四年生くらいからシンカ加入までの少年たちがサンブとなる。加入には保証人は必要なく、厳しい試練もない。少年たちは豊年祭の時、種々の雑用（祭りに必要な材料である海の白砂、植物の枝、蔓などを運ぶ）を手伝い、アタマタ・クロマタの子神二神の出現に関与し、子神出現の場所にも出入りできる。

### ギラモノ（バハモノ）への加入

年齢一五歳以上の中学卒業者はまずギラモノになる資格があるが、入座がすぐ許されるとは限らず、たいていは一七、八歳かそれ以上であったという。一度で試練を通過することは少なく、二、三回はかかったということである。しかし、島人口が少なくなった現在は、その年齢になればたいてい加入が許される傾向にある。普通は、サンブを経てヤマシンカ加入となるのだが、何かの都合でサンブに入る折がなかった場合は（たとえば、旅に出ていた、学校へ行っていた）、それを経ずとも入座できる。Aさんは台湾に行っていて入座の機会がなく、その後四〇代で入座した。

なお、ヤマシンカへの加入は、毎年六月豊年祭の時であるが、その加入には上地では、ハーノウヤ、カーノウヤ、ユブシウヤ（烏帽子親）などとよばれる保証人の推薦が必要である。ウヤはヤマシンカになるための指導をする人であり、ヤマシンカに加入する時の推薦者・保証人で、さらに生涯にわたる指導者となる。

### 上地の人であるということ

ヤマシンカ加入には上地の人であることが必要であるとされるが、これは上地の男性を父にもつ上地生まれの男性で、かつ島に居住するということである。母が他島出身であっても問題にならないが、他島から移住してきた男性は、上地生まれの女性を妻とし、永住するとしても資格はなく、その子の代で加入の資格が生ずる。実際、上地に移住し上地の女性を妻にし三〇年住んでいたが加入できない例がある。他島の男性を父にもつ上地の女性の私生児は、永住の見込みが確実であっても加入はいくらか遅れる傾向があったという。いったん得た資格は、たとえ他に移住しても失われない。上地の過疎化がすすみ若者がいなくなったので、現在は他島へ移住した人々の子孫の加入を許すようになっている。

昭和三八(一九六三)年の豊年祭には、前年下地より上地に移住した人が加入を許された。他島生まれの男性が加入を許されたことは上地はじまって以来とされる。多勢の反対があり、審議は三時間程もかかり、ぎりぎりのところで許されたといわれる。この人は下地にただ一人踏みとどまっていた最後の下地人であった。

また、上地のある人は、一時下地に移転したことがあり、その時期、下地でヤマシンカ加入を許された。ところが再び上地に戻って住むようになった時、下地でのヤマシンカ加入について上地の了解を得なかったということから、上地では再加入が許可されなかったという。

註

(1)　外間守善・波照間永吉編　一九九七『定本　琉球国由来記』、四九六頁、角川書店。

(2)　植松明石　一九六五「八重山・黒島と新城島における祭祀と親族」東京都立大学南西諸島研究委員会『沖縄の社会と宗教』平凡社。

# 第五章　豊年祭

昭和三七(一九六二)年の夏、私ははじめて上地に渡ったのだったが、その翌年の夏、大原滞在中に、思いがけなく上地の豊年祭が間近いということを聞いたのである。すでに前年の滞在によるわずかな知識からも、かねがね聞いていた上地の人々にとっての豊年祭の重要性がとてもよくわかったので、なんとか一度見たいものだと思っていた。祭りの実施は干支と農事の都合などをかみあわせるから、前からはなかなか日取りはわからないのだから、旅先でこれにめぐりあった私は実に幸運といわなければならない。

八月五日、祭りの前日に、私は大原在住の旧上地の人々と、大原から石垣島に向かう大型運搬船・大八丸に乗った。途中、上地の沖合で上地からの迎えの舟に乗り移り、島に渡るのである。

珊瑚の白砂のなつかしい海岸を集落に向かって上がっていくと、集落の入口の拝所の大きなガジュマルの木の枝に、神に供える立派なヤシガニ(マッコン)が、不気味な紫色にひかりながら縄にずらりとつり下げられていて壮観である。

昨年泊めていただいた区長さんの家に行くと、区長さんは亡くなられていた。血圧が高く、脳溢血であったらしいが、その急病の時、島には医者がいないのでやっと頼んだクリ舟で石垣島に向かう途中、あと三〇分くらいという竹富島の沖で息がなくなってしまい、行っても仕方がないとそのまままた島に戻ったということであった。去年の滞在中のことがしきりに思い出される。当時、たった一人の島になった下地へ渡ったのも、この区長さんの案内であった。

写真 2-5　聖なる場所の境（上地、1963 年 8 月）

あの夏、子どもをたくさん産んで幸福だと語ってくれた奥さんは、今、涙を流して悲しみを話すのである。豊年祭が終わったら島をひきはらうという。

今日は米や酒を集めたり、さまざまの準備をする日である。まだそれほどの警戒態勢には入っていないが、やはり集落を自由に歩いてはならない雰囲気があふれている。北組のミケを作っている家に行くと、女たちが集まって、炊いたご飯様のものを石臼でひいている。粥のようにどろどろのものに砂糖を入れるのだそうである。もとは女たちが嚙んで作っていた粟酒であったが、そのミケを飲む時は、頭の中をすうっと嚙む女たちの口が浮かんでやや気おくれがしたのだと、若いアカマタメンバーの一人が話してくれたから、それほど古いことではないらしい。とても良い味だと話す年配者もいる。

祭りの第一日が明けた。案内をうけてナハヤマの準備の様子を見に行く。年輩の男たちがシメ縄を編んでいる。そばで年寄連がアダンの葉をさいている。海岸から白砂を運んで拝殿の中に敷く少年たち。マーニの葉を山のように運ぶ者。次々に運びこまれる野ぶどうのつるは、あきらかに神の衣になるものである。イビのまわりの石垣には、ぐるっとシメ縄がはられている。この祭祀集団内部は厳重な年齢序列がまもられているから、この仕事の分担もそれに照応しているはずである。年寄連、年輩者は去年の顔見知りだから一応挨拶はしてくれるが、警戒はゆるめない（写真2-5）。

昼近くになって大原から運搬船がきて、クリ舟で三回運ぶ程の人々がやって来た。昼過ぎに二時間ばかり夕立があり、貯水池に五〇センチメートルくらいの水がたまった。雨は何よりの豊年のしるしである。皆、「早速、ユーウがありまして」などといって大喜びしている。

夕方には、石垣島からも運搬船が着いてどこの家々も人々であふれ、いつもは淋しい島がすっかり賑やかになった。島の人々はとても喜んで、

「今日は島が沈みそうな人になりました」

などと挨拶する。そんな言葉にひそむ孤島の実感が胸を強くしめつけ、それだけにまた、土地の人はこの豊年祭のために生きているといわれる程のこの祭りの喜ばしさ、厳粛さが静かに伝わってくる。島は旱魃で困っていた時なので、一升瓶に水を詰めてきた人もいる。

この夕方の舟で、思いがけなく波照間島調査に行かれていた知人の住谷一彦氏とヨゼフ・クライナー氏がみえたので、私の方も賑やかになった。ウィーン大学からみえておられるクライナーさんは、以前に奄美にも沖縄にも一緒に行ったことがある。

夜、ツカサの家で儀式があり、その案内をうけて出かける。そのあとナハヤマの境内で獅子舞があった（雄・雌それぞれ一匹）。

この夜は厳重な外出禁止で、家々の雨戸は固く閉められた。アカマタメンバーの男たちは、みんな聖所に集まって

**写真2-6　クロマタの旗**(上地、1963年8月)
旗に描かれた象徴、月と槍の形に注意。女をあらわす。

夜どおし歌をうたって神の誕生を待つのである。あいにく私たちの泊まっている家は集落のはずれなので、祭りの気配は、遥かに聞こえてくるかすかな太鼓の音と歌声である。それに耳をすませながら、一体どんなふうに神の誕生がおこなわれるのだろうかとさまざまに思いをめぐらせる。閉めきられて暑くるしい眠れぬ夜。

夜半に外便所に出ようとすると、この家の主婦が鋭い声で「どこ?」と聞く。にわかに緊張感がよみがえってくる。外へ出ると旧暦一七日の月が清らかな光を木々にも家にもなげかけ、真黒い影を土の上にくっきりと落としていた。心地よい風になぶられていると、凝結したような光と影のむこうから、湧きあがるように歌と太鼓の音が響いてくる。

朝、カサムチを作っている。餅米の粉をこねてカサの葉に包み、蒸した餅である。葉の香りがする。午前中は依然として外出禁止である。

昼頃になってようやく、アカマタ・クロマタの旗を作っているO家に案内された(写真2-6)。

一番座(つまり東側)でアカマタの旗、二番座(つまり西側)でクロマタの旗を作っている。てっぺんにそれぞれ二股の槍の形がつけられ、そのまわりを色テープで飾った竹ひごが飾られ、さらに旗がたれているもので、旗には、太陽と月の横旗がそれぞれ染め分けられている。最後に粟の穂が飾られて終わりである。今年は旱魃で、粟の穂をやっと見つけたのだそうで、稲穂もあればつけるのだが、今年はなかったのでつけないのだという。この祭りと粟の関係は相当にあるらしい。昨日の朝も、知り合いの老人が、粟の握り飯(餅粟と餅米で作る)を持って来てくれた。

旗が出来上がったので、次に今日アカマタが出る前の願いをするというところを見せてもらえないかと頼んでみると、ツカサがよいというならという。ツカサのところへ行き話してみると、村の人がよいというならと、次々に要領を得ない。これは返事に困っている時のいい方である。ツカサのところには神前に捧げる餅が用意されていた。丸餅は拝殿に、四角な餅はイビの中に飾られるとのことである。餅の上には魔物よけのアダン製のサンが結んで置かれている。

帰宅して連絡を待つ。三時頃、ようやく使いの少女がやって来たので、大喜びでナハヤマに出かける。すでにニガイピトゥたち(神役たち)が拝殿にならんで座っており、ツカサはイビの中に入って願いをしていて、白い姿が木の間越しに見えている。写真をとってよいというので、おそるおそるいろいろ撮りはじめる。男性神役カマンガア二人が、イビの入口でひかえている。一人は少年である。彼は今年アカマタメンバーになるという。イビの入口の門の前に、アルオガンのビジュルと香炉があり、アルオガンのニガイピトゥたちもそこに出て行って拝む。イリオガンは位も低く、香炉もないので、ニガイピトゥたちはただ拝殿に座っているだけである。拝殿に供物が並べてある。

クバン(頭付き焼魚)、ムチ(餅)米、アイズ(パパイヤと長命草の和え物)等。このうち、イビの中に供えられるのはアイズのみという。拝殿のある広場には、小学校の机や椅子で席がつくられてある。私たちもそこに座って、アカマ

**写真 2-7　豊年祭**(上地、1963年8月)
ツカサたちが古見の方を向いて、ヤシガニその他のご馳走を供え、拝んでいる。

タ・クロマタの現れるのを待つ。受付に三人の祝儀、金三ドル也。私たちにも一人一人、料理が膳にのせて配られた(写真2-7)。

(1)　折詰　クバン　二匹。カマボコ二切れ(赤色つき)、ピーナッツの炒ったもの。
(2)　ギラの塩漬け。
(3)　ヤシガニの汁。
(4)　泡盛の小瓶。

境内は一杯の人。新たに舟が着いたらしく、大原の知人もたくさんいる。

まず子のアカマタ・クロマタが出てきた。

アカマタファは、全身を野ぶどうの葉でおおい、頭にマーニの葉を、鳥の羽のように一本さし、右手に長いむち、左手に棒を持っている。目は丸く、顔は赤色、くまどりは黒、髭は黒。背丈は二メートルくらいか。

クロマタファがアカマタファと異なるところは、顔が黒、くまどりが赤、白い髭ということである。濃い緑の葉におおわれたアカマタ・クロマタは不思議な動物のような感じがする。棒やムチを振りまわして走りまわる。最初出てきたのはアカマタファであった。何度も出たり入ったりして、だんだん陽が傾いてきた。まだ親の方が出てこないのに、せっかく許された写真がとれるかどうか心配である。おそらく人々は暗くなって写真がとれないことを願っているにちがいない。境内の人はますます多くなって一杯である。森の奥で太鼓がどんどん響く。

やがて、親のアカマタ・クロマタが現れる時が来た。先頭は縞の着物、はち巻をして棒を持った二人の少年、次はアカマタ・クロマタそれぞれの旗を持った二人。絣の着物の上に女の浴衣を片ぬぎにし、赤い脚絆をつけている。そして、子のアカマタ・クロマタが出て、そのあとに親のアカマタ・クロマタが現れた。非常に大きい。やはり全身は野ぶどうのつるでおおわれ、頭には数本のマーニの葉がふさふさとたれている。大きな面、目は切れ長で夜光貝が光っている。独特のくまどりがあり、少しわらっているような面の表情は、静止しているだけに不気味にやさしい。この時の写真を見ると、闇の中で目だけ光っているものが多い。親のあとには赤はち巻、白はち巻をつけたアカ・クロのそれぞれのメンバーが従って出てきた。

それから一同、巻踊りとなり、アカマタ・クロマタ、島の男女がみんな入りみだれて境内で踊るのである。昂奮・熱気がみなぎる。泡盛で少しご機嫌になった駐在さんが、腰の手拭をはち巻にして踊りに加わろうとしてたちまちアカマタメンバーに注意を受ける。外来者のまぎらわしい行為(つまり、手拭のはち巻をしたこと)は、日頃親しい駐在であっても見逃さないのである。子のアカマタ・クロマタ、ギラモノたちも興奮してあばれ走っている。時折、写真をとっている私たちを妨げるようなこともする。

すでに陽は沈んだ。これから、神々は各戸を残らず訪問し、歌い踊り、豊年の祝福を与えるのだ。私たちもこれを見るために家々を巡り歩く。巡遊の順序は家の配置順ではなく、特定の数軒のあとは年輩順である。それで、二、三軒ずつ先まわりして待つことにする。

どこの家も仏壇に線香をともし、ザートコの前にはミケが供えられている。このミケは、以前は各家で作った粟・

米等の酒であった。神の来訪がある時、このミケを人々に必ずあげるものだそうだ。今は店などで買った泡盛である。前庭にはあかあかと松明が燃やされ、神々の来訪を今か今かと待つ。アカマタ・クロマタの親子四神は、ブセイ・旗持ちを先頭に、多勢のメンバーの男たちにとりかこまれて、前庭に現れる。太鼓に合わせて一周はげしく歌い、踊る。時々、人々の歌声に勢いがなくなったりすると、アカマタが怒って、持った棒をさっと人々の群れの方にふることがある。この棒にふれると一年以内に死ぬ(五日以内という人もいる)というので、人々は非常に怖れて、棒がくると群れがわっとなだれる。

月は一八日。夜半の島は昼のように明るく照らし出された。さすがに冷たい夜気の中を、怖れと喜びの興奮にみたされ、月の光に濡れながら神の訪れる家々を巡る私は、不思議な幻想の世界の中をゆれ動くような心地であった。

三時すぎ、神々との別れの時が来て、集落はずれの広い道にみんな集まる。アカマタ・クロマタの旗がたてられ、松明がぱちぱちと燃えている。月はまだぼんやりと空にあり、星が降るように美しい。しかし、明け方が近いせいか、暗さの中にもう朝の青さがある。おばあさんたちは、特によく見える列の前に座って、やがて神が別れのために現れるのを待っていた。「来年もこのアカマタ様がおがめるだろうか。来年までどうぞ生命をください」というのがどの老人たちももつ願いである。

人々は、太鼓に合わせ、最後の声をふりしぼって別れの歌をうたう。

鶏が鳴いたらどうしようか
鳴く鶏をうらむ

あけゆく夜がねたましい
わかれたくはないが
はなれたくはないが
仕方なくわかれよう
泣きたい気持ちでわかれよう
わかれてもまた来て下さいアカマタ
また来て下さいクロマタ
来年の豊年をもって来て下さい
来る夏の豊年をもって来て下さい

その一番鶏が、とうとうすぐそばの高い福木の枝の上で明るい声をはり上げた。別れの時が来たのである。アカマタ・クロマタは何度も何度も出て来て踊る。いよいよ別れの時はせまって、旗持ちが少しずつ旗の位置を遠くにずらしはじめた。アカマタは、この旗を目印に移動しているのである。松明や旗をゆきつもどりつさせ、アカマタ・クロマタは何度も何度も人々に近づいたり遠のいたりして、別れを惜しむ。人々は泣きたい気持ちではげしく歌いかわすが、声は涸れてかすかである。下地出身のおばあさんは泣いている。無人島になった下地は、今年から豊年祭ができなくなったのである。

四神は次第に遠くへ走り去り、松明の光でかすかに照らし出されていたが、やがて太鼓の合図とともにその姿は聖所の中へ消えてしまった。

このあと、学校の庭で全員巻踊り。だが、みんな疲れて、歌も踊りもしょんぼりと、明るくなってきた朝の気配の中で雑然としている。

踊りが終わって帰宅。船が出るまで、みんなあちこちに倒れたようにして眠っている。六時半頃、がやがや人声がして大原行の船が出、あとはひっそりとなる。七時半頃やっと起きて、四日ぶりに顔を洗った。昨日ちょっと降った雨のおかげである。島はすっかり暑い夏の日ざしに照らし出され、アカマタ・クロマタを中心とする不思議な数時間前までの昂奮の時の流れが、ずっと遠いことのようにも思えてくる。

地面のそこここに、アカマタ・クロマタの衣につかわれた野ぶどうの葉が落ちている。昔はこの葉の落ちたのを見ると、誰もがもったいないと、そっと拾って家のまわりの石垣の上などにのせておいたそうである。私も、その数葉を拾ってノートにはさんだ。

一〇時頃、石垣行の運搬船が来た。満潮のためとても近くまで船が来ているが、やっぱりクリ舟でいく沖がかりである。

明るい海の向こうに、新城島は次第に遠のいていく。人影はなくただ島をおおう緑と、今、船が出航した前泊の真白い砂浜のみである。

# 第三部　下地民俗誌

# 第一章　島の概観

下地の集落は、旧くはずっと南にあったのだという人もいるが明らかではない。今知ることのできる最後の集落は、島の北側の小字「下地」に整然と区画されていた。前泊の海岸から上がっていくと、集落に入る道が三筋あり、東からアールンツ・ナハンツ・イルンツとよばれ、ナハンツの集落入口のあたりに、ガジュマルや福木の大木があった。種子取祭の時、子どもたちがブランコをする木である。

家々は珊瑚礁の石垣でかこまれている。集落は、集落中央を東西に走るアサバンツとよばれる道によって、北と南に区分される。アサバンツの四辻のところが広場になっていて、朝、畑に出る前に話し合いなどあると集まるところである。また、集落は、アールンツによって、アル村・イル村に分けられる。

その他、畑や御嶽に行くための道がある。パイムティミチ・ヤヅミチ・アーラスコミチ・イルワンミチ・ヤナホウミチ等である(図3-1)。

天水にたよる島であるが、集落の南はずれにいくつかの井戸がかたまっている。アマミズケーは、塩気のうすい真水に近い甘い水が出る。集落中で汲む。節(シツ)祭の時、若者たちが水を盗まれないように番をするのもこの井戸である。この他、ツルケー(潮水)、ウリケー(潮水)、キダケー(中間の水。キダ＝クロキが生えていた)などがあった。

下地には、大正九(一九二〇)年から新城小学校(上地)の分教場があった。風雨で上地に渡れない時のためである。

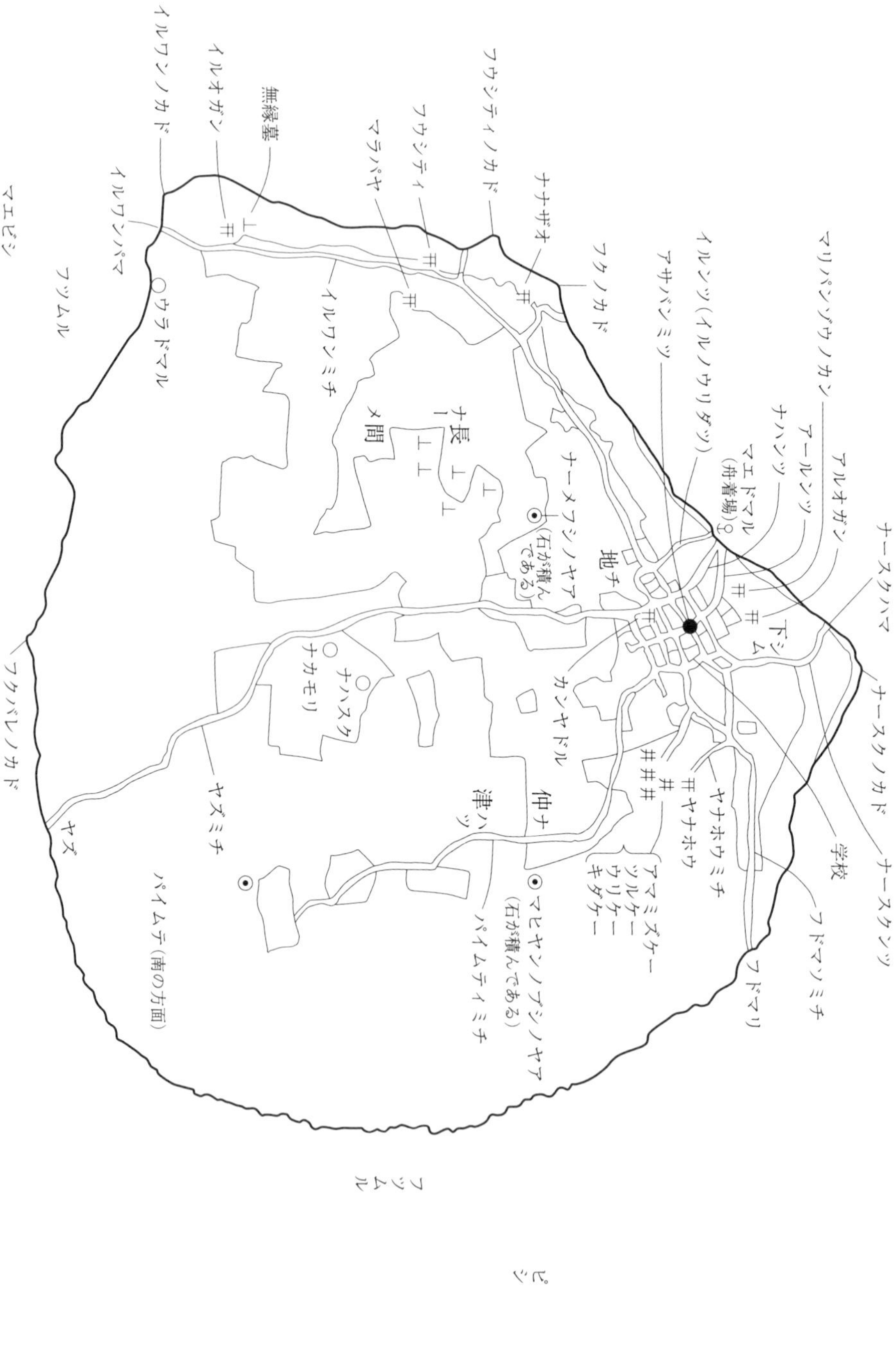


図 3-1　新城島下地概念図

竹原孫恭の「想い出の島・新城」によれば、昭和六(一九三一)年の校舎は四間程のカヤ葺きの掘立小屋で、床も天井もない、屋根のあちらこちらに穴があり、光が漏れるような有様であったという。この校舎は、翌昭和七年に改築されている。(1)

昭和一六(一九四一)年以後、西表島への移住がすすみ、昭和一九年下地分教場は西表島南風見に移った。第二次大戦後、昭和二一年に再び下地に大原国民学校下地分教場として設立され、昭和二四年に大原小中学校下地分校となった。昭和二八年中学校分校廃止、そして翌二九年には残っていた下地小学校分校も廃校になった。学校のタンクのみは昭和五年当時そのまま残されていたが、下地の過疎化・無人化は非常に早くからすすんでいたことがわかる。

**註**

(1)　竹原孫恭　一九八四「想い出の島・新城」『老いて学べば――竹原孫恭遺稿集――』、一五四～一五五頁、神無書房。

# 第二章　島の畑作

## 一　畑作の島

先島地域は、寛永一四(一六三七)年以後、本祖としての人頭税が徴収されることになるが、この納入が宮古島では粟、八重山では米でなされる定めであった。このことは、宮古島は畑作、八重山は稲作が農業の主体であっただろうと推測させる。しかし一方、八重山では夫賃は粟で納入することになっており、さらにこれらの換納品として、胡麻・下大豆・菜種子・木綿布および木綿花のような畑作物が許されていて、畑作農業の重要さが稲作同様に認められよう。だが、米のみを本祖として納めるように定められた八重山は(沖縄本島では、田地は米納、畑地は畑作物で納入するのが原則)、収奪のきびしさのあらわれともいえようが、やはり相当量の稲作がおこなわれていたと考えられる。しかし、その実態はなかなかつかみにくい。

それは旧慣時代におけるこの種の統計資料がきわめて少ないことによるが、これの原因の一つが定額人頭税制にあろうかと思う。よく知られているように、薩摩による慶長検地より寛永一三(一六三六)年までは時々検地がおこなわれ、それに応じて貢納の額を定めてきた。ところが寛永一三年に人口調査をおこない、翌一四年より人頭に賦課することになる。この人頭税が、万治二(一六五九)年より、前年の納額を標準にして以後年々の納額を一定にする定額人

**表 3-1　八重山の耕地面積**
（仲吉朝助　1893『八重山島農業論』による）

| | | 明治 13 年 | 明治 26 年 |
|---|---|---|---|
| 石垣間切 | 田 | 171.1 反 | 210.5 反 |
| | 畑 | 461.7 | 585.0 |
| 大浜間切 | 田 | 323.8 | 489.7 |
| | 畑 | 836.6 | 879.2 |
| 宮良間切 | 田 | 255.3 | 290.3 |
| | 畑 | 376.1 | 444.0 |
| 与那国 | 田 | 206.3 | 170.8 |
| | 畑 | 291.6 | 220.6 |
| 合　計 | 田 | 1,056.5 | 1,161.4 |
| | 畑 | 1,965.0 | 2,129.8 |
| 全耕地に対する畑の割合 | | 65% | 64.4% |

頭税法となる。だから課税の実施に際し必要とされることは、課税対象となる男女正人（一五歳以上五〇歳まで）の数と年齢（年齢により四階級に分けられる）、その居住村の村位（四階級に分けられる）である。居住村の村位は、万治二年当時の村の状況により定め、以後二百年余も変更することがほとんどなかったという。

このように、課税に際し田畑耕作地の実情というものはそれほど重要ではなかった。つまり人の把握がより必要で、それさえすれば収奪は可能だったといえよう。もちろん、検地そのものの実施困難ということもあったわけで、反高の重要な中央の沖縄本島においてさえ検地回数は少なく、貢納額は実情をはなれているのだから、先島地域ではさらに困難であったわけである。

廃藩置県後も沖縄の旧慣の改革はすすまず、旧土地制度の廃止は明治三六（一九〇三）年である。

それより前、明治二六（一八九三）年に八重山を訪れ、『八重山島農業論』をあらわした仲吉朝助は、その中で「八重山の耕地にして統計に上りしは明治一三年度を始めとす。その後数年之が調査をなさずして明治二三年度より更に統計に上りたるを見る」とし、統計の僅少なことを指摘している。[1] それにあげられている統計によると、明治一三年度、二六年度における八重山の耕地面積は、この一〇数年間たいした変化なく、総面積に対する畑地面積の割合は六五パーセント（明治一三年）、六四・四パーセント（明治二六年）で、つまり全耕地の約三分の二は畑地である（表3-

**表 3-2　沖縄諸島の耕地面積**　明治 34 年(『沖縄県統計書』による)

| 間切・島 | 田(町・反) | 畑(町・反) | 計 | 全耕地に対する畑の割合 |
|---|---|---|---|---|
| 島尻間切 | 1234.5 | 7679.9 | 8914.4 | 82.7 % |
| 中頭間切 | 1309.3 | 7570.1 | 8879.4 | 81.8 % |
| 国頭間切 | 1796.1 | 8173.2 | 9969.3 | 81.9 % |
| 宮古 | 121.7 | 8003.7 | 8125.4 | 98.5 % |
| 八重山 | 1370.5 | 2585.7 | 3956.2 | 65.1 % |
| 合計 | 5832.1 | 34023.8 | 39855.9 | 85.3 % |

1)。これよりさらに数年後、明治三四年の統計(『沖縄県統計書』)によると、八重山の畑地は全耕地の約六五パーセントで、やはり全耕地の三分の二という状態はかわっていない(2)(表3-2)。しかし、沖縄本島では畑地が八二パーセントを、宮古島では九八パーセントを占めるということと比較すれば、八重山は格段に田地の割合が多いのであって、八重山が米産地として印象づけられていたということがうなずける。

もちろん、この種の統計が相当に不正確であろうことは想像できる。たとえば仲吉が指摘する「切換畑が全畑地の三分の二を占める」ということを考えてみても(この場合の切換畑は焼畑と考えられる(3))、畑地面積の正確な把握を困難にしているであろう。また、当時の政治の末端が相当に渋滞した状態にあったことなどが考えられるからである(たとえば笹森儀助『南島探験』等)。

さらに、八重山の土地割換制において畑地は対象にならなかったが、田地はその対象とされたということであるから、田地面積は畑地のそれに比して割合実態に近いものと考えられ、畑地面積が前にあげたような理由によりおそらくもっと大きいと考えられるとすれば、畑地の割合はもうすこし高くなるかもしれない。

八重山地方には、古くから島々を分類して、ヌングンシマ(野国島)・タングンシマ(田国島)という謂がある。隆起珊瑚礁の多いこの地方で、川が流れているのは石垣島と西表島で、他の多くは飲料水さえ天水にたよるヌングンシマである。つまり前記二島以外は、島は生成から皆、畑作中心の島で、陸稲さえ非常に少ない(与那国島・波照間島では天水田による稲作が一部おこなわれていた）。

新城島は上地・下地ともにヌングンシマで、昔からマラリアの無病地として知られる、蚊もすまないくらい水の乏しい島である。だから稲はできない。主生業は畑作を中心とし、西表島東部へ出作りの稲作を兼ねる農業であった。

新城島の人々の水稲出作りがいつ頃からはじまったか明らかではないが、一五世紀末の『成宗大王実録』中の朝鮮人南島漂流記に、新城島と思われる島に関する記録があり、そこに農業に関するものがいくらかある。

捕剌伊（パナリ）と書かれた新城島では、

（ハ）黍・粟・牟麦があつて稲がない。稲米は所乃島（ソナイジマ）に行つて買つてくる。

（ホ）蔬菜には、茄子・蹲鴟・蒜・瓠がある。

とあり、その余は閏伊島と異なるところがないという(4)。閏伊島は彼らがはじめて流れついた与那国島のことで、そこでは稲作が三分の二を占めていたという。その状況について『成宗大王実録』の記述には、

一、有鉄冶而不造耒耜。用小鍤剔田去草。以種粟。水田即十二月間。用牛踏播種。正月間移秧。不鋤草。二月稲方茂。高一尺許。四月大熟。早稲四月畢刈。晩稲五月方畢刈。刈後根荄復秀。其盛愈於初。七八月収穫。未穫前人皆謹慎。雖言語亦不厲声。不蹵口為嘯。或有捲草葉吹之。以杖擬之而禁。収穫後乃吹小管。其声甚微細。

とあり(5)、粟を作り、家畜に踏ませる水田耕作、刈ったあとの二度目の出穂についての収穫、さらに穂ばらみの頃の謹慎など興味深い観察がなされている。

新城島では、当時稲作がおこなわれずソナイ島に行き米を買うとある(6)。ソナイ島とは西表島をさすが、はたして買ってきたのかどうか。出作りしていた米を持ってくることが考えられるからである。が、とにかく、島では粟・牟麦の畑作をおこなっていたわけである。

新城島の人々は、近世において西表島東部へ水稲出作りをおこなっていたのだが、こうした島は他に黒島・竹富島・鳩間島等で、いずれも水に乏しいヌングンシマであった。

このように荒海を渡って出作りし、稲を作る背景について種々の考えがあるが、その一つは近世の人頭税との関連で、つまり米納を強いられている故の水稲出作りであるとする。あるいは、これよりさらに根源にさかのぼって、もともと稲作民であった人々が、たまたまヌングンシマに住むようになったために、依然として荒海を渡って稲作を継続しようとしたというのである。そうだとすれば、前にあげた朝鮮人南島漂流記中の新城島の人々は、当時西表島に稲の出作りをしていてもよいことになる。これの是非について言及することはできないが、少なくとも水稲出作りがさかんにおこなわれるようになったのは、島津入り以後のことであろう。島津から課せられた貢米の負担は重く、沖縄では貢米を納めてから逆に再び不足米を薩摩商人から輸入するという有様であったというから、それが島の人々への収奪のきびしさとなり、八重山においてもおそらく新城島のようなヌングンシマは、収穫の米のほとんどを貢納したのではないかと思う。

## 二　粟と麦の重要性

島での畑作物の消長はさまざまであるが、昭和二〇(一九四五)年頃までの新城島の畑作物としては、サトウキビ(甘蔗)・粟・麦(大麦・小麦)・高黍・黍・大豆・小豆・胡麻・青豆・甘藷(ン)等があげられる。この中で最近ほとんど姿を消したのは、粟・麦・高黍等の雑穀類である。

サトウキビについては、八重山でのその栽培の歴史は浅い。沖縄における砂糖の製造は一七世紀にはじめられたとされるが、やがて砂糖が専売制度をとるようになって、王府は製糖地域を沖縄本島および伊江島に限って許し、他は禁止した。したがって、この地域以外で一般にサトウキビが栽培されるようになったのは、明治二一（一八八八）年に栽培制限が解かれてからのことで、それも当初はなかなか栽培されなかったといわれている。

新城島でサトウキビが重要な換金作物の一つとなったのは、昭和に入ってからという。といっても、島で黒糖にしてから売るという程度で、生キビを売り出すようになったのは全く新しく、昭和三五（一九六〇）年に西表島大原に「西表製糖株式会社」が設立されるようになってからのことである。しかし、何分、隆起珊瑚礁のやせ地で収量も劣る上に、大原へ運ぶためにも、肥料代にも運賃がかさみ、工場側がそれに見合った値を出しきれず、そのためサトウキビを栽培しても収支が合わずで栽培しなくなったという。

一方、その間に新城島上地・下地ともどもに西表島大原への移住がすすみ、島での農業それ自体もおこなわれなくなった。現在、大原移住者の中には大規模にサトウキビ栽培をおこなっている者がいる。

なお、甘藷も一七世紀はじめに中国から伝えられたとされるから、サトウキビとほぼ同時期のものであるが、旱魃や台風の害に悩まされるこの地域の人々の主要な食糧として、非常に重要な作物であった。現在も多量に栽培されている。

サトウキビと甘藷がともに近世以後の新しい作物であるのに対し、粟・麦・高黍等は栽培も古く、特に粟は、甘藷と並ぶ最近までの重要な主食作物であった。こうした重要さは新城島のみならず八重山全般、さらに沖縄諸島全域にわたっていえるもので、農耕儀礼との関連からもきわめて注目すべきものである。

『八重山島農業論』中にある明治二六（一八九三）年当時の八重山農作物として、稲・粟・小麦・大麦・裸麦・蜀黍・稷・白大豆・下大豆・小豆・緑豆・落花生・甘藷・草綿・山藍・芭蕉・藺・煙草・甘蔗・苧麻・胡麻・蘿蔔・胡

蘿蔔・牛蒡・仏掌薯等々があげられているが、その輪作の過程において、粟は通常畑（常畑）にせよ切換畑にせよ、必ず栽培される作物の一つとして記されている。(7)

また、同治一三年（一八七四）年の『八重山島農務帳』の中に記されている農作物は、稲、木綿、粟（早粟・粟・後粟）、芋、豆、はやおつ豆、麦、胡麻、大粒豆、小麦、菜種である。(8) この中で粟の品種分化がみられるということは、それだけ粟のもつ重要性を物語ると思われる。

王府への貢納品の中から中心的農作物を抜き出すと、

沖縄本島　米・麦・下大豆・粟。

宮古群島　粟・麦。

八重山群島　米・粟・大豆。

である。

一方、三地域でおこなわれるさまざまの農耕祭祀儀礼をみると、複合的な豊饒を求めるものが多いのだが、比較的対象の明らかな儀礼としては次のものがある。

沖縄本島　稲穂祭、麦穂祭、麦大祭、稲大祭。

宮古群島　麦プーズ、粟プーズ。

八重山群島（新城の場合）　稲スクマ、粟スクマ、粟プール、マイ（米）プール。

つまり、貢納品としても、儀礼の面でも、代表される作物は、沖縄本島では稲・麦、宮古群島では麦・粟、八重山群島では稲・粟である。

このように、畑作穀物の中の麦・粟のもつ重要性が注目されよう。これらの生産方法はどのようであろうか。ここではすでに廃村となった新城島下地の事例を簡単に述べてみよう。おおよそ今から五〇年程前(一九二〇年代中頃)の状態である。

## 三　焼畑

島の土地は私有地と共有地の両方で、たいていは畑にされているか原野であるかのどちらかである。輪作して数年たつと原野に戻し、また畑にするたびに原野を焼くのである。何人かが一組になって借りる場所が決まると、それぞれの家から人が出て、鎌で草ばらいをし、火が燃えひろがらぬように準備する。それから火をつけて焼く。焼畑はだいたい旧九月下旬か一〇月初旬におこなわれる。焼畑といっても山地ではなく一面の原野であるから、木下しのような作業は必要としない。原野は、肥えているかやせているか、どの作物に適するかなど一目見ればわかるという。

焼いてはじめての畑をアーラスパタイという。二、三年たって古くなった畑はフージである。表土が浅いので鋤は使えず、ほんのわずかの部分に鍬が使える程度で、耕作はほとんどピサ(ヘラ)でかがんでおこなう。これは非常に苦しい作業であった。ピサの柄をピサツカとよぶが、ピサツカは各自が作り、ピサの金属の部分は石垣島四箇の鍛冶屋に作ってもらう。昔は村に鍛冶屋(カゼー)があった。

焼いた畑は様子をみて種子蒔きがおこなわれる。焼畑に最初作るのは粟で、粟はアーラスパタイによくできるといわれ、必ず粟である。粟の播種が旧一〇月頃からなので、その前に焼畑をする。粟のあとは、人手、天候、他の作物とのかねあい、地味、そして自家の食糧事情その他を考慮して次々に作られるが、この輪作の方法は非常に複雑にこまめで、畑はほとんど休みなく使用される。これは山地の焼畑と異なり、島の焼畑は各家からきわめて近い距離にあるからで、その点、常畑とかわらない手入れが可能である。だから、肥料の投入が普通となれば容易に常畑となる。数年で放棄されるというから、比較的簡単に毎年焼畑を作り、さまざまの段階にある焼畑をいくつも持つのである。

畑作物は、粟・麦・黍・高黍・青豆・甘藷・小豆である。

## 四　粟（アー）

### 粟の品種

畑作物の中で最も重要なものであった。祭りの時のハナゴメも粟、祭りの酒も粟の酒であった。

粟の種類は、オソ粟・ヤスバー・ワセ等があったという。すでに述べたように『八重山島農務帳』にも、早粟・粟・後粟の三種があげられている。このような粟の品種分化の存在は、畑作物としての粟の重要性を示すものといえよう。

オソ粟。キーアー・サクアーともよぶ。収量も多く、これを炊いたとき餅粟等より二倍も増えるので、女たちが喜ぶ粟である。粟の中でも一番早く、旧一〇月頃蒔き、遅く収穫する。長い穂になる。

ヤスバー。旧一一月頃まく。

ワセ。ムツアー（餅粟）、クスメアー（イバチにする粟）ともいう。旧一二月頃蒔く。

これらは蒔く時期は異なるが、収穫はだいたい同じ時期である。

### 播種

粟の種子取祭をあらかじめおこなっておいて、よい時期をみて実際に蒔く。種子にする粟は、収穫の時に、実りのよい、色・粒・房のよいものをえらんでとっておく。蒔き方はバラ蒔きである。土をかぶせずそのままにしておく。この時期には高黍(フン)や小豆も蒔きたいのだが、たいていは手が足りないので、粟の種子を蒔く時に一緒にまぜて蒔いておき、草とりの時、区別して間引く。

粟の移植はしないが、粘土のようなところに蒔いて生えが悪い時は、大雨など降った時に間引きしたものを移植することはある。めったにおこなわれない。

### 除草

旧正月頃、先蒔きの粟が伸びてきているが、この頃は春の雑草が一緒に生えてくる頃で、粟の成長がにぶってくる。だいたい粟丈一〇センチメートルくらいの時、先蒔きの粟から順次草取りをする。草取りは一回である。草取りの時、間引きもする。一緒に蒔いた高黍や小豆も、適当の間隔に間引いておく。また、この時、甘藷を点々と植えておく。畑の外側の方が成長がよいが、その分、鼠の害は外側が多い。草取りはピサでやる。このように種々作業が多いが、時期をうまくすればあまり骨はおれないという。

### 穂ばらみ

穂ばらみの時期をフサバーの時期というが、この時期は非常に大切なので、家でも集落でも一生懸命にならねばという。特に、高い音の出る動作をしてはいけないとされる。たとえば、太鼓を叩く、三味線をひく、歌をうたう、大声を出すといった類の禁止である。老人連の中には、大声を出す者がいると怒りに出てくる人もいた。たとえば、慶田城のおじいさんはよく怒ったものだという。ちょうどこの家の前がアサバンツの広場なので、若者が集まり大声を出す。老人が怒って出てくる。たいていおじいさんは裸で、水汲みの時の棒(アウフ)を持って出てきたものだが、若者はたちまち一目散に逃げる。老人はあまり早く歩けないので追えない。独り言をいいながら家に戻る、というふうであった。

**収穫**

だいたい旧五月頃、早いものは四月下旬である。粟は次々に成長してくる。ヤスバーも追いかけてくる。刈取りはヤスバーが早く、キーアー(オソ粟)が一番遅い。

粟穂の成長は不ぞろいなので、一斉に根刈りすることはせず、熟した穂からイララとよばれる小さな鎌で、手早く穂刈りする。粟穂は次々に熟してくるので、だいたい二、三回穂刈りする(イララは鎌の古いものなどで作る)。

粟の束は、一〇束を一〇しばってピッツクンといい、一人でこのピッツクンを二つは持てる。午前中でイッツクン位は刈れる。刈った粟は上下にして並べて乾かす。二、三日乾かして、しまう。粟殻(アーグル)はそのまま畑に残る。粟殻で箸を作ったりする(アーグルプス)。以前、正月前に西表島の山に行き、木をとってきて箸を作り、一〇本位たばねてお歳暮にあげたりしたが、この箸が足りなくなるとアーグルプスを使った。

刈った粟束は家に持ち帰るのだが、ヤマノフツカール(山の口あけ。ヤマドメの終了を意味する)の前に持ち帰るのはいけないとされ、持ち帰る必要のある時は、若いフサバを刈り、粟のピッツクンの上にのせてかつぐのだという。これは太陽がみるからといい、ヤマノフツカールのあとでは不要であった。

**貯蔵**

穂を外側にして積む。一〇ツクンを一アラスといい、五～七アラスくらいを積む。普通、五アラスである。倉のある人は倉に積むが、倉のない人は、このように外に積む。石を四隅に置きその上にケタを置き、さらに適当な木を置いて藁を敷き、その上に粟穂を積むのである。きれいに念入りに積み、上の方はかっこうよく小さくまるめ、鳥などがとまらぬようにする。カヤを編んで周りをまく。

この粟の穂を積んだものをシラ(アージラ)という。稲もこのように積むが、その時はマイジラとよぶ。シラの多い人は豊かな人である。

**調整**

(1)　粟穂をシラから取り出し、二人で木臼で搗く。粒と粟殻に分かれる。

(2)　アワノヒキウスでひく。よい臼だと一回で出来上がる。中の実が分かれる。

(3)　サフイで殻をとばす。サフイは黒ツグや竹で作る。

必要のたびに(1)〜(3)をおこなうのである。(1)だけ前もってやっておく場合もある。中の実を出しておくと五、六日でニガって味が落ちてくるという。

粉にする場合は石臼で粉にひく。粟の粉で天ぷら(粉をかまぼこ形にこねて油であげる)などにする。

## 五　他の作物

**甘藷(ン)**

粟を刈ったあと粟殻が残っている。これをピサでとるのだが、この時、甘藷の草取りをする。すでに述べたように、あらかじめ粟の間に甘藷を点々と植えておくが、粟を刈ったあとの粟殻をピサで取る時、ちょうど草取りの時期になるようにしてある。粟を取り入れる頃までは甘藷はあまり成長しないが、粟殻を倒して後は順調に育つようになり、やがて甘藷の葉で地面が見えないようになっていく。倒した粟殻はそのまま肥料になる。七月頃になるとすっかり甘藷畑になって、イモカズラが一面におおう。

甘藷がとれるようになると、ザル、インプリピラ（イモトリヘラ）を持って畑に行く。よく実ったものは土の中から盛り上がって地割れして見える。四度くらいはとれ、翌年までつづく。甘藷を掘るのは主婦のつとめで、入用分ごとにとるのである。

畑が多ければ順ぐりがうまくいく。三年目くらいできりかえる。

**麦（ムン）**

粟のあとの畑に大麦を作る場合もある。旧一一月頃バラ蒔きする。草取りはない。下地では麦はだいたい大麦で、小麦はあまり作らなかった。麦は種子取祭はしない。三月節句の頃、収穫する。甘藷の不作の時は、麦を多く作った人は助かる。

麦のスクマ（初穂祭）はない。

刈り取って乾燥した大麦は、ツプラ石（珊瑚礁の丸い石）をとってきて、この上で一束ずつ叩くときれいに中の実がとれる。この仕事は、ニヒブという稲藁で作ったムシロのようなものの上で女たちがやる。とった粒はよく太陽に干して、二〜四斗くらいの甕に入れ、虫の入らぬよう栓をする。

麦はアーラスパタイにはよくできない。

大原では大麦は不作で、小麦がよくできた。小麦は遅く蒔いて早くとれるが、搗きにくいので大変である。小麦は火でノギを焼いてから臼でひいて実をとる。

**胡麻**

麦畑のあとはたいてい二手に分け、少し先に胡麻、少し遅れて青豆を作る。

麦を刈ったあとすぐに、旧三月清明の頃胡麻を蒔く。一五センチメートルくらいになったときに草取りをする。草取りは一回である。

胡麻の収穫はひき抜く人もあり、刈る人もある。五、六束を風通しよく立てて乾燥させる。中の実がザラザラになる。サウヒのようなものにこの乾燥した胡麻の束をさかさにすると、中の実がズーッとこぼれ落ちる。全部は出ず少し残るので、また前のように立てて乾燥し、同様にして実をとる。殻はたきぎにする人もある。

**青豆**

青豆（クマミー・緑豆）は、麦のあとの畑の二手に分けた一方に、胡麻より少し遅れて旧四月穀雨の季節に蒔く。ムングル（麦殻のこと。麦刈りのあと地上三〇センチメートルくらい残っている）をとって点々と置くと、腐って肥料となる。成長が早いので、早めに除草する。旧六月頃に収穫する。収穫は、太陽の出ない朝早く、ザルにクワズイモの葉を二、三枚しき、豆畑に行き、熟した豆のサヤを手でむしりとる。これを臼で搗き、サウヒで殻をとばし豆をとる。マミナー（もやし）を作る。また砂糖を入れて煮ても、ウンカイー（イモの粥）に入れてもおいしい。

**高黍（フン。背が高くなる）**

黍団子になる黍である。甘藷畑のあとを耕して、少し風化させておいて、黍苗を雨の降った時に移植する。播種は粟の播種と同時期である。三〇センチメートルくらいに成長した時である。点々と植える。面倒な人は直播きにする。これは早く除草がいる。この除草の時、間引きもする。

六、七月頃収穫する。粟につづいてとれる。鎌で刈って束ねて運び、つき臼で搗く。粒が離れる。茎はたきぎになる。石臼で粉にする。

**黍（クスン）**

背の低い黍。新しい畑にはむかず、古い畑（フージ）によくできる。胡麻の後か、旧い甘藷畑のあとに蒔く。旧正月頃播種。成長が早く、収穫は粟と一緒である。穂を干して臼で搗き、飛ばして実を分ける。

小豆（アカマミ）

粟を蒔く時に一緒に蒔いた小豆も、旧六月頃から熟しはじめ、七月には収穫の最中となる。

蘇鉄

蘇鉄は栽培作物ではないが、蘇鉄の実から澱粉を作る。これは味噌の材料として大切であった。蘇鉄は、島のあちらこちらに生えているが、その実を自由にとることはできなかった。自分の畑にある蘇鉄であっても同様で、実を採る時期は、盆のあと、婦人会で決めてそれに従った。

種々の作物の収穫は遅くも九月までには終わり、あとは畑に甘藷のみ残る。

以上のように、畑にはさまざまのものを組み合わせて作り、一年としてアーラスパタイを焼かない時はなく、常に循環してやっていた。

また、サラビーといって古い甘藷畑などをさがしだして麦を作ることもある。あの家は、田は少ないがサラビーしているから強みがあるなどといった。

## 六　作物の推移

焼畑に作られる雑穀の中、高黍（フン）、黍（クスン）等の栽培は非常にわずかになっているが、かつてはもっとさかんに作られたのではないかと想像される。これは、一つには行事の際の特別な食物となったりすること、また八重山全域の作物別畑作面積の上からも、明治年代にはまだ相当量の黍が栽培されているからである。

稗が作物名に出ないが、これは新城島のみの現象ではなく、琉球列島全域にほぼ共通してみられることで、この点、本土では北海道から九州にいたる産地で広く栽培されていることと、非常に異なる点である。

また、下地ではソバ・陸稲も栽培されていない。

甘藷以外のイモについては、次のようなイモがあったという。いずれもヤムイモ系イモと思われるが、人々の記憶はうすい。

ヤマウン　西表島南風見や下地などで作った。ちょうど十六日祭(旧一月一六日)の頃に熟す。十六日祭の料理に用いたりした。イモで植える。

ナリウン　丸いイモ。カズラのようになる。粘り気があり、おいしい。イモで植える。

カヤウン(カリュウン)　自然にたくさん生えている。葉が黄色く枯れかかった時期が収穫時期である。イモはとりにくい。普通、島の人はあまり食べない。カズラに小さな実が鈴なりになる。これが落ちるとすぐ芽が出る。子どもらはこれを拾って葉にくるみ、イモを煮る時一緒に煮て、塩などつけて食べたりした。昔は、キツガン(結願)祭、豊年祭の時は、カリュウンの料理といって必ず食べ、生年のお祝いの時も、一人や二人に畑のまわりをさがさせ、長いイモをとらせてこれをカヤなどで束ねて煮て、魚の料理と一緒に出したりした。また、お祝いの吸い物の中にも、一切れや二切れは入れたものだというから、意味のある食物なのであろう(9)。

## 七　輪作の体系

下地の畑はおおよそ次のように順々に作られている（表3-3）。二年目以降はさまざまで、必ずしも表のようになるとは限らないが、焼いて最初の作物は粟ではじまるということは共通している。つまり、下地の畑作の開始は常に秋の粟の播種からはじまるということである。

下地の農業は、このように焼畑の第一年次に粟、最終に甘藷を、その間に黍・高黍・麦・胡麻・豆等を輪作しており、別に西表島に水稲出作りをおこなっていた。これは上地においても共通している。畑の輪作は非常に巧妙に、人手・地味・天候などをにらみあわせておこなう。だから、精農は食糧には困らないといわれる。

こうした下地の焼畑農業の方法は、他のヌングンシマにも多くの点であてはまるのではなかろうか。『八重山島農業論』の中に切換畑とよばれる焼畑に関する記載がある。それはおそらくタングンシマである石垣島での資料によるのであろうが、それでも下地の場合との共通の点が多くみられることから、ヌングンシマではよけい共通の点が多くあろうと考えられる。

**表3-3　下地の輪作**

| | | | | |
|---|---|---|---|---|
| (A) | {小豆 | | | |
| | 粟 | —甘藷 | | |
| (B) | 粟 | —麦 | —胡麻— | {黍 / 甘藷 |
| (C) | 粟 | —麦 | —青豆— | {甘藷 / 黍 |
| (D) | 粟 | —麦 | —高黍— | 甘藷 |

『八重山島農業論』の説明は次のようである⑩。

八重山の畑地には、(1)通常畑、(2)切換畑がある。通常畑は打畑ともいい、先祖伝来の、将来子孫に残すべき不動産である。切換畑はアリバタとよんでいて、これは「荒蕪せる畑」の意であるという。全畑地のおよそ三分の二を占め、おおむね一里以内のところにある。夏季伐採した雑草に点火、焼く。数日間放置し雨をまち、牛力を用いて初秋の終わりまでに七、八回犂耕する。広いものは一町歩内外、狭くて一反歩以内、平均三反歩くらいである。使用期間は一定しないが、三〜六年間、無肥料である。三、四年〜六、七年間休閑。切換畑の使用に関し同村の島民は誰でも論なく使用できるが、他村人は在地村民の承諾を必要とする。

輪作の方法は、内畑の場合、

第一年、粟―下大豆。第二年、粟―胡麻、または黍、または甘藷。

あるいは、

第一年、麦―下大豆、または甘藷。第二年、粟または麦類―甘藷、または下大豆、または胡麻。

である。

切換畑の場合は、数年間、「粟―下大豆」と作り、あと休閑。猪垣の設えがないので甘藷は作らないという。

農具は鍬（全体が木製の鍬）、犂（犂頭にわずか金属を付し全体木製）、鉀（ヘラ）で、収穫用として鉄釘・鎌など、調整用に木槌・槤枷・割竹等をあげている。割竹は脱穀のためのこきばしであり、他に石に穂を当ててもんで脱穀する方法など記載されているが、これらはいずれも最近までおこなわれたことのある方法である。

いずれにせよ、最初に粟を栽培するということが、この地域の焼畑の火入れ期を秋焼き型、あるいは夏焼き型の形態にしているのだが(11)、この粟と同時期に稲の播種もおこなうので、新城島においてこの両者の播種時期がきわめて重大な季節の折り目であったことが首肯できよう。

現在、一般に畑作物の主流がパインとサトウキビにかわり、豊年祭に必要とされた粟の穂にも事欠くようになって、農耕儀礼と作物の生産過程との関連のしかたのずれは大きく、その本来の意味は次第に失われようとしている。

註

（1）　仲吉朝助　一八九五『八重山島農業論』、一五～一六頁（国立国会図書館デジタルアーカイブ）。

（2）沖縄県内務部第一課　一九〇三『沖縄県統計書　明治三四年』。
（3）仲吉　前掲註（1）　二四頁。
（4）伊波普猷　一九三八『をなり神の島』、九六頁、楽浪書院。
（5）日本史料集成編纂会　一九七九『中国・朝鮮の史籍における日本史料集成　李朝實録之部（四）　成宗康靖大王實録第一〇五』、九六二頁。
（6）伊波　前掲註（4）　九六頁。
（7）仲吉　前掲註（1）　三一～三二頁。
（8）沖縄県立図書館史料編集室　一九八九『沖縄県史料　前近代6　首里王府仕置2「富川親方八重山島農務帳」』、四五九～四六一頁。
（9）『成宗大王実録』中の朝鮮人漂流記の「ソナイ島」の部分に、「やまのいも」の記載がある。その長さ尺余で、人間の大きさ位で女二人で一本を頭上に戴くのだが、斧で断ち割って食べるとあり、巨大なヤムイモの観察がされている（伊波普猷　一九三八「朝鮮人漂流記に現れた十五世紀末の南島」『をなり神の島』所収）。仲吉の『八重山島農業論』の中の作物名として、すでに述べた仏掌藷がある（仲吉　前掲註（1）　三二頁）。
（10）仲吉　前掲註（1）　二〇～三〇頁。
（11）佐々木高明は、『日本の焼畑――その地域的比較研究――』の中で沖縄の焼畑について国頭村辺野喜を中心とする事例をあげ、①春焼、②根栽型等の性格を指摘している（佐々木　一九七二『日本の焼畑――その地域的比較研究――』、二四八～二六一頁、古今書院）。
なお、猪のいない下地では焼畑に甘藷はさかんに作られている。

# 第三章　聖地と祭祀組織

## 一　聖地

聖地はオガン・ヤマ等とよばれ、次の八ヶ所が存在する。

(1) アルオガン。
(2) イルオガン。
(3) フウシティ。アカマタオガン・ナハヤマ等ともよぶ。アカマタ・クロマタ祭祀と関係する。
(4) ナナザオ。海のオガン・ザンオガン等ともよぶ。ザンは海馬のことで、上地と同様に、下地でも琉球王府にザンの皮や肉を出す義務があった。このオガンにはザンの骨や牙が奉納され、祀られていた。七つの門があった。
(5) ナハスク。島の真中にある。
(6) マラパヤ。水の神のオガン。
(7) マリパンゾウノカン。生まれ繁盛の神を祀る。
(8) カンヤドル。

『琉球国由来記』には下地の御嶽に相当すると考えられる二つの御嶽の記述がある。(1)

下地東御嶽
神名　フシコフネ
御イベ名　カイ盛カイサキ
下地西御嶽
神名　新城カイサキ
御イベ名　キンマモノ

これら二御嶽は、アルオガン・イルオガンに該当すると思われる。島の人々が旧くからある拝所というのも、このアル・イルの御嶽とナナザオの三御嶽で、現実に祭祀の中心をなす重要なものは、これらにフウシティを加えた四御嶽である。

アル・イル両御嶽のツカサは、年に一回、かならず石垣島四箇の八重山大阿母のところに挨拶に行く習わしであった。この時には集落で舟を出し（舟子三人）、各戸から集めた米をお供の者が持参した。このことは、下地においてアル・イル両御嶽がかつて公儀御嶽としての性格を有していたことを物語る。

## 二　御嶽祭祀集団

島の人々にとって、八つの拝所のいずれかを中心とする祭祀集団のいずれかに所属しているとの意識は、普段はうすいようであるが、豊年祭の時にはそれが顕在化する。豊年祭の時、島人はアル・イルのいずれかの御嶽の所属メンバーとして二分され、祭りを実修するからである。他の御嶽は、島人の誰もがその御嶽の機能によってそれぞれ常拝するもので、祭祀集団として意識するものはない。たとえば、ナナザオは、海の女神を祀るために、ザンやその他の豊漁の祈願の対象となり、マラパヤは水の祈願というふうにである。しかし、八つの聖地にはそれぞれ神役が存在する。したがって、八御嶽の中、二御嶽には神役グループと祭祀集団が存在し、他の六御嶽には神役グループのみが存在するのである。

**神役グループ**

八つの聖地には、それぞれにツカサ(女性。一人)、カマンガア(男性。ツカサの補佐的任務をもつ。一人)、バス(女性。ツカサの補佐役。一人あるいは二人)がいる。しかし、もともとは八つの聖地のうち五つには神役はいなかった。神役が存在したのはアル・イル・ナナザオの三御嶽のみであったという。今から数十年前(一九一〇年代)に、新川ツルマという女性が神がかりし、それまで神役の存在しなかったフウシティのツカサとなり、その時、他の御嶽にも一時にツカサが生まれ、今のようにどの御嶽にもそろって存在するようになったのだという。

アルとイルのツカサを出す家を、それぞれアルドニ・イルドニとよぶ。アル・イルのトニモトの意で、トニモトヤアといえば敬わなければならない、尊い、怖い所という印象があったという。アルドニは野原家、イルドニは宇立家である。下地は地域的にアル村・イル村に二分されているが、野原家はアル村に、宇立家はイル村にある。野原家も宇立家も多くの土地を所有する家であった。

他のツカサの家はツカサノヤアとよぶ。下地も、上地と同様に、御嶽祭祀集団はアルとイルの二つが形成されるが、その二御嶽のトニモトがシマの地域的二分(アル村・イル村)と整合して存在することは注目される。ただし、後に述べるように、祭祀集団の形成はこの地域的二分とは整合しない。

## 御嶽のピキ

下地の人々は、アルオガン・イルオガンの二御嶽のいずれかを自分の御嶽として所属するが、その場合、各自がその御嶽のピキ（マリピク）であるという。御嶽の祭祀集団はピキによって構成されているわけで、このピキの所属は次のようである。

(1)　子は男女を問わず父方の御嶽へ。

(2)　婚出した女も夫方に属さず、父方御嶽に所属する。

このように所属が決定するピキの数は、アルオガンの方が多いという。豊年祭の時、集落の全員が祭りのために出した米・酒・肴などをこの二御嶽に再分配するが、その時の分配は両御嶽のピキの数でおこなう。その割合がだいたい七対三か、六対四であったといわれている。

これらのピキの人々が祭りの時にそれぞれアルドニ・イルドニに集まり、そこで祭りの供物などが分配され、また祭りのための用意をおこなう。たとえば、餅を搗いたりするのである。御嶽のピキに関しては、ほぼ個人単位の父系的な血縁関係であるともいえよう。しかし、アル・イルそれぞれに所属するピキの全体が一つの血縁集団であるとは必ずしもいいきれない。また、人口が減少したためメンバーが機械的に二分された面があるともいわれている。この点については、集落が廃絶した現在、確かめることが困難である。

このように、ピキをたどることがむずかしくなったという点については、神役継承についても同様の傾向がある。もともとツカサを出す家はトニモト・ツカサノヤア等とよばれていたが、西表島移住以前もさまざまの理由による離村や廃家があって、ツカサの継承は混乱し、現在のトニモトが必ずしも旧くからの引続きの家とは限らない。人口が少なくなって、以前からの方法を維持することが困難となり、「昔はマガラといってピキを尊んだが、今は守れずウクジ(クジ)をひくことが多くなった」といわれている。

このように、下地の場合、祭祀集団においても神役継承についても、ピキによる決定ということが基本的な観念として存在していたように思われる。しかし、このピキどうしの血縁意識はうすく、ずっと以前の先祖をたどればみんなピキであるという考えもあって、必ずしも厳密なものではないようにも思える。

ピキと同意味の語としてマガラがある。「〇〇オガンのマガラだ」というふうに、ピキと同様に用いるのである。このマガラは、別に「〇〇家のマガラだ」とか、分家が「本家とマガラである」というふうに用いることがあり、親戚の意味をもっている。

なお、病気その他の災難を除去するため、ユタの指示によりマガラやピキと関係せずに御嶽の所属を変更することもある。

## 三　アカマタ・クロマタ祭祀集団

下地には、上地と同様に、御嶽祭祀集団とは別に、アカマタ・クロマタの来訪神を中心とする男子による秘儀集団がある。これをヤマシンカ・ヤマニンズなどとよぶ。他の地域では、ヤマとは御嶽一般をさすのが普通であるが、ここでは、ヤマといえばまずフウシティ(ナハヤマ)＝アカマタオガンを意味する。その内部構造は秘密であり、ここではごく概略を述べることができるにすぎない。

ヤマシンカには、子どものグループと、さらに上級の、村の一人前の者としてのグループがある。

**プラメノヤマニンズ（フウシティメエノニンズ）**

加入年齢は一定しないが、だいたい小学校五年生くらいで加入する。これは、プラーメ、つまり五月の小さな豊年祭（粟の豊年祭）に関与する。この時、加入した子どもらは、子のアカマタ・クロマタ二神を出現させるのである。この子のアカマタ・クロマタは、別にフサマロとよばれている。草の人の意ともいう。このフサマロの出現する聖地がフアフンザアで、六月の大きな豊年祭の時に、親の二神が出現するフウシティとは別の場所であるという。

フサマロはプラーメの時、各戸を巡遊する。プラーメの夜おこなう本式の部分は、大人のヤマシンカがおこなうという。六月の豊年祭の時、このフサマロも親のアカマタ・クロマタとともに出現し、各戸を巡遊する。

**ヤマシンカ（ヤマニンズ・アカマタニンズ・アカマタザア）**

ヤマシンカは、下地の一人前の男性が加入する祭祀集団のメンバーである。ヤマシンカの内部は次のように構成されていると考えられる。

(1)　ババ（カ）モノ・ギラモノ。若者のこと。一七、八歳から。

(2)　ナハヤール。中年輩。四〇歳くらいから。

(3)　ウヤニンズ。最年長。五〇歳以上から。

これらの段階は自然に決まるのであり、段階を上がるための儀礼はないが、はじめヤマシンカに加入するためには、一定の資格を持つ者がさらに加入の前の試練をうけて後、ヤマシンカたちによる会議で承認されることが必要である。ババモノ・ギラモノになることによって、シマにおける一人前ということになる。

**ヤマシンカへの加入**

ヤマシンカに加入するには、まずシマ生まれの、シマに住む、品行方正の者であることが必要である。父母ともにシマ出身者である場合、あるいは父がシマ出身である場合は問題がないが、父母ともに他所者の場合は加入できない。母がシマの者でも、父が他所者である場合は、親子の様子を見て、永住の見込みがあれば資格がある。私生児(グンボウ)の場合、たいていみとめるが、加入が遅くなることもあるという。

加入の申し入れは、六月の豊年祭(ウフプール)の第二日のユーウクシのあと、カーノウヤ(カースクオヤ・ユブシウヤ)がする。昔は、男の子は一三歳になるとウヤを求めた。これを元服といい、豊年祭の前にウヤを自分の家によび、祝いをした。ハサミ・糸等を飾り、ウヤが髪をそり、改めて結ってくれた。親子の盃をした。

ウヤは若者の指導者として、若者が心正しく、手本になるように、人に尊敬されるようになって、バハモノザア(ヤマシンカのこと)に入れるようになり、カーノウヤを喜ばしてくれと指導する。非行の時は訓戒する。大人たちも子(ファー)を多くもっているのが誇りであった。元旦には、子はカーノウヤに酒・肴(カマボコ・豆腐・魚など)を持って年頭の挨拶に行く。ファーが立派になると、豊年祭のショウニチ(正日)に加入の申請をするのである。

申請に対して批判がでれば、とりさげなければならない。ウヤは、批判された悪いところを子に注意して、次の豊年祭の時に加入が許されるよう一生懸命になって子に訓戒する。加入申請の合議がされている間、審査されている少年は、祭りのための使い走りをしながら、気が気ではない。不安と期待の入りまじった、なんともいえぬ気持ちであったという。

いよいよ許されたとウヤからいわれた時は、全く喜ぶ。しかし喜んではいられない。次にザアに入るための試練があるからである。ウヤは泪をながして、さらに無事に入れるようにとさとす。

試練は種々あるが、ヤマに着くまで、一〇〇メートルくらいの間をうつむかせて、はわせたりする。子アカマタ・子クロマタが六尺棒でつつき、しまいには裸にされてしまうくらいである。戻してくれという者、気絶する者もいるくらいで、この試練は上地よりは烈しいという。ウヤは心配して仁丹や砂糖水を飲ませたりする。やっとヤマの近くまでたどりついて泪の出ない者はいない。また問答もあり、何故ここに来たのかとか、嘘をついたり、いいたいことをかくしてはならないことになっている。

試練がすんだ時は、体中がドロドロになる。解放されて海で汚れを落とすよういわれる。潮水で洗うので、傷も膿まないのだという。試練のあとは、全く生まれかわったような気持ちになり、今までできなかった挨拶などもできるようになる。この試練は、ショウニチの午後にある。入座は夕方からである。このようにして認められれば、一六歳から入ることができる。

このように入座はむずかしく、願い出てから五年もかかる人がいる。そこで昔から、このアカマタザアのことを「ツゥモシラバザア、ンニイラバザア」ともいった。ツゥモは肝、ンニは胸の意である。

入座してからの座席は加入順ではなく、年齢順である。

ツカサ

ヤマシンカは男性のみであるが、豊年祭を実修するには、ツカサの存在が欠かせない。ツカサがユーウクシをしなければアカマタは生まれないといわれ、また、ツカサの祈願をもって豊年祭ははじまるとされる。ツカサは、新しいヤマシンカの加入についての合議にも参加し、意見もいい、決議権もあるという。

しかし、このフウシティのツカサについては、前に述べたように、もともとはこのオガンにツカサはいなかった。それが数十年前に、新川ツルマという女性が神がかりしてツカサになった。それまでは、イルオガンのツカサがイルの祭りをしてから、フウシティに来て祈願したのである。フウシティとイルオガンは比較的近い距離にある。

神役はツカサ以外にカマンガア(男性)、バス(女性)が存在するが、神役成立の過程からみて、フウシティは、本来神役をもたない、豊年祭における特別の機能をもった聖地であったと思われる。

ヤマシンカの資格喪失

ヤマシンカの資格を失うのは、まず祭儀の秘密をもらした場合である。日常生活上の行為が問題となって資格を失うことはないが、叱りをうける者はいた。けんかとか盗みである。その場合、当事者は保証人であるカーノウヤのもとに、皆の前でこれまでの行為をあやまり、誓いをたてる。これを守らなかった時は、保障人も追放されるという。

註

（1）　外間守善・波照間永吉編　一九九七『定本　琉球国由来記』、四九六頁、角川書店。

# 第四章　豊年祭

ヤマシンカであることは、立派な尊敬される人でなければならないという、強い教育的な規制力が祭祀集団に存在するが、積極的な集団行動は、旧暦五月、六月の豊年祭、とりわけ六月豊年祭にあらわれる。ヤマシンカは他の行事には直接関係せず、豊年祭のために存在する祭祀集団といえよう。豊年祭は一年の中で最も高揚した行事であり、また作物の収穫と関係し、その成長にそった種々の儀礼の終わりに、歓喜の祭りとして存在するのである。しかし、そうした全体の中の意味づけは別に述べるとし、ここでは豊年祭における機能についてのみふれる。

## 一　五月プラーメ（粟の豊年祭）

小さな豊年祭とか粟のプールという。夏のパツキザル（初行事）である。粟の刈り入れがはじまった頃で、初穂をとって各分担の御嶽に納める。プラーメの少し前から、それまで禁じられていたプラーメの歌が自然と人々の口に出るようになり、この歌を聞くと村人は近づいてきた豊年祭を思って活気づいたものであった。なお、プラーメの歌は旧七月になったらうたってはいけない。

プラーメに関与するのは少年たちのニンズであり、正式のアカマタニンズ（ヤマシンカ）でないといわれるが、この時の子アカマタ、子クロマタ二神の出現には、大人のアカマタニンズが関与するということからすると、この両者の関係は密接である。子のアカマタ・クロマタは別にフサマロといわれるが、フサマロはファフンザアという聖地で出現することになっている。フサマロは各戸を巡遊する。

この祭りの時には、各家で粟の握り飯（アーノイイ）を作り食べる。これを特に神や仏に供えることはしないが、来客にはこれを出す。出嫁した娘はこの時アーノイイを持参し、これに対しまたアーノイイを持ち帰らせる。ツカサはハナゴメ・神酒を持ってオガンに行く。

## 二　六月プール（豊年祭）

プール、ウフプール・フウプール（いずれも大きいプールの意）等ともよばれる。穀物のすべての収穫が終わった頃で、とり残してあるのは小豆くらいである。

辛・壬・癸を選ぶ。最初の日が大事だといわれ、慎重に良い日を選ぶ。祭りは三日にわたって実修される。

**祭費と準備**

祭りにはハナゴメ（祭費）が集められる。ハナゴメはオガンごとに出すのではなく、集落全体で年齢で区分して、各人が負担する。それをアルオガン・イルオガンに分配する。年齢の段階は次のようである。

(1)　ツーファーファ（乳児）。二、三歳以下
(2)　ウツツナアチャ。五、六歳以下
(3)　シザナアチャ。一六歳以下

(4)　ジョウビヒドン(上男)。一七〜五〇歳
　　ジョウミドン　(上女)。一七〜五〇歳
(5)　五〇代(シザナアチャと同じ)。
(6)　六〇代(ウツツナアチャと同じ)。
(7)　七〇歳以上(ツーファーファと同じ)。

すべての采配をふるうのはブセイで、ババモノ(若者)から二人えらばれる。プールの前に、各戸の人数をワラサン(マリニシノサン)に作りなおす。餅米・酒などの量を考えるため、人数がかわる。他所に暮らしている者の分も、ウサンダイとして出す。

ツヅミが鳴ると、用意したハナゴメ(粟や米)を年長の方のブセイの家に持って行く。翌日がブンパル(分配)の日で、ツヅミが鳴る。前日協議しておいた量をアル・イルの両オガンに分配する。アル対イルの割合は七対三か六対四くらいになる。また、各ツカサにも三重の鏡餅やクバンが分配される。

この後、アルのピキはアルドニへ、イルのピキはイルドニに集まり、両オガンのミドンヤクシヤが監督して餅を搗く。ミドンヤクシヤがツヅミで合図すると、それぞれのピキの人が各ドニ(トニモト)で餅を搗く。老人はプールの歌をうたって応援し、ヤクシヤは東西に走って早く、早くとせかす。大変な賑わいである。

**第一日　ウバンパジ(願ほどき)**

第一日目は、ウバンパジ・バンパジリといわれる。この一年の豊年の願いのけりをつけるの意味であるという。昔は、いったんバン(願)をしたものは、解かないとたたりがあるといわれていて、願は一年ごとにあらためるものなのである。そこで、豊年祭の第一日は「願をしたものはすべてかないました」と、願をはずす日であるという。

この日、アルオガン・イルオガン・フウシティにそれぞれ集まって祈願がある。この時は全員が集まるのではなく、主だった人が各オガンに配置される。

### 第二日　フーリンスク

ショウニチともいう。本当の日の意であるという。アカマタ（カームテー＝赤い面の意）、クロマタ（クロムテー＝黒い面の意）の生まれる日である。

この日の明け方、明け寅の刻（午前三、四時頃）にアカマタ、クロマタ（アヲマタともいう）親子四神が生まれる。そのユーウクシの時、ヤマシンカたちが正座して、一同で歌をうたう中で、親と子の四神が生まれるのである。アカマタは男、クロマタは女であるが、夫婦とはいわない。兄弟姉妹ではないかといわれる。子も親も（面以外の）色は同じ。頭にはマーニの葉を飾る。衣にカズラを用いるが、アカマタはなるべく葉の細かいもの、クロマタはむしろ大きなものを用いる。親の顔は、上地のアカマタ・クロマタに似ていて、髭がある。子は人間に似た顔で、髪を結い、上半身に髪を垂らしている。子の方は別にフサマロともよばれる。

ヤマシンカ以外の村人は、午前一一時頃、全員がアルオガンに集まる。他のオガンには行ってはいけないことになっている。

アカマタ・クロマタの生まれるヤマをフウシティという。福木の大木の生い茂るところで、こだまがするくらい、とまっている鳥が小さく見えるくらいの神々しいところであった。島の西方にある。そのフウシティにおいて、ニイレイスクからアカマタ・クロマタが生まれるという。ニイレイスクは地の底、土の中を意味し、遠い遠い、はかりしられぬという表現につかう場合もあるという。

第二日のフーリンスクの夜は、アカマタ・クロマタの各家巡遊がある。この巡遊の順序は次のようである。

(1) カンヤドル。夜ここに陣どっている。
(2) 学校(オーセ。昔の役所のあったところ)。旗をたててアカマタ・クロマタが踊る。
(3) アルドニ(アルオガンのツカサの家)。
(4) イルドニ(イルオガンのツカサの家)。
(5) フウシティのツカサの家。
(6) 他のツカサの家。
(7) ムラムケ(村の役職者)。
(8) ヤマシンカの年輩順。

巡遊の時、ブセイがアカマタ・クロマタの旗を持って歩く。アカマタの旗には長刀、旗布は赤、長刀は白・赤黒に塗られている。クロマタの旗には槍がつけられている。ブセイの中、年長の方がアカマタの旗、年少者の方がクロマタの旗を持つことになっている。なお、翌年ブセイになる者をヤマブセイという。

巡遊の時、四神は親どうし、子どうしが並び、アカマタは東側、クロマタは西側に位置して、一緒に並んで踊る。巡遊が終わり、祭りの最後にアカマタ・クロマタが帰るところは、島の東の方のヤナホウという、海から一〇〇メートル程の、海に近い場所である。二神は、集落の西にあるフウシティで生まれ、集落を巡遊して、東にあるヤナホウに行くのである。神はここでヤンキョレーの歌とともに、ニイレイスクにかくれたという。ヤナホウは普通の人は行ってはいけないところである。

ヤナホウには女の人の墓がある。草原の中にある古い墓で、珊瑚礁を積みあげてあり、広さは四畳半くらい、大きなガジュマルの木が生えている。この墓の中を見たり、動かしたりしてはならないことになっている。

この墓に祀られている女性は、小浜島の人であるといわれている。昔、小浜島でこの女性がユーの神を信じさせようとしたが、誰も信じないのでユーの神をもって下地島に渡った。下地の人々はこの神を信じて、これを祀ったところ非常な豊年となった。一方、小浜島では不作となったので、これは大変なことになったと下地島に使いを出し、女性にもう一度小浜に来てくれるよう頼んだが、ことわられてしまった。そこで、小浜島は小浜島なりに豊年祭をやることになった。その後、小浜島も繁盛するようになったが、津波で人口が減少した石垣島宮良に移住する計画がすんで、小浜島の半分はそちらに移り、同時にこのアカマタ行事を宮良でもおこなうようになったという。

下地のヤナホウにある墓は、この小浜島から祭りを伝えた女性を祀るのである。小浜島では豊年祭のあとにシネノパァという行事があるが、この時の唱え詞は下地の方言であり、これは宮良でもやるといい、このことを小浜島と下地島の関連の深さとして説明している。

豊年祭の一番おしまいに、ヤマシンカ全員がこの墓の前に集まる。墓にはカザリクビン（二、三合入酒瓶）一対、九合ハナゴメ、グンゴウグシ（五合の御酒）、マルクバン（一匹のままのクバン。魚の焼いたもの）一対、ムチ（三重ねのおそなえ餅）一対を供え、墓に向かって豊年祭の終了を告げる。

アカマタ・クロマタの着るカズラの衣は、ヤマシンカが女の墓の前に集まるその前に、一定の場所にぬぎすてられる。つまりここでスデルのである。この衣のぬぎすて場に関して、次のような話がある。

第二次大戦前のことである。下地には小学校の分教場があった。そこにつとめるM先生（沖縄出身）とO先生（上地出身）がある時、二人で島を歩いていると偶然アカマタの着物の捨て場に行きあたったのである。M先生は他所の人だから、面白半分にO先生に対して「君は上地の者だから経験があるだろう。上地と下地ではどっちが大きいか着てみてくれ」といったところ、O先生はそれにつられて着てみたそうだ。下地の方が少し小さかったという。

ところが、これがどういうわけかシマの人に分かってしまい、青年たちが大層怒って、M先生の家は包囲され、物はこわされ、殺してもよいというくらいに騒がしくなった。M先生はとうとう家から出てきて、自分は全く面白半分にやったので悪かったと一同にあやまって、何とかおさまった。ところがO先生の方は、上地の者でおきてを知っているはずなのに、このようなことをしたといって承知しない。O先生は三日間どこかに潜んでいたが、とうとう自ら出てきてあやまるというふうで、大騒ぎとなった。M先生は学校に辞表を出すということになり、校長が両方をとりなして、やっとこの事件は何とかおさまった。

このように、アカマタ・クロマタの秘密に関しては真剣そのものであった。

**第三日　アトヨイ**

第三日のアトヨイは、各戸をまわって歌をうたい、ご馳走を食べることになっている。

上地と下地は、アカマタ・クロマタ祭祀に関し、別個の経路をもって伝播したと伝えられるが、実際には両者はきわめて類似している。たとえば、神の種類についてみても、古見はアカ・クロ・シロの三神、宮良と小浜島はアカ・クロの二神であるが、下地と上地はともにアカ・クロの親子四神であり、その扮装も似ている。

# 第五章　年中儀礼

## 一　旧一月

### ヤマトノショウガツとドウノショウガツ

下地では行事（キザル）は旧暦でやっていたが、学校・役所など新暦でおこなわれることが多くなってから、新旧両方の正月をやることが多くなった。これでは不経済だから、ヤマトノショウガツ（大和正月、新暦の正月）にしようという考えが学校の教員らから出て、父兄を説得するということが熱心におこなわれた。

話し合いの時は納得するのだが、家に戻れば駄目になり、やっぱりドウノショウガツ（自分らの正月、旧暦の正月）になるというふうであった。

そこで、正月につきものは子どもらの凧揚げだということから、新暦一二月になって学校の勉強が終わると、子どもらに凧作りの準備をはじめさせることになった。凧用紙は石垣島四箇から買ってくるのだが、その他は子どもらの手作りだった。特に重要なのは凧を揚げる糸をアダナス（アダンの気根）から作ることで、子どもらは嬉しくてせっせと作る。誰が何尋の糸を作ったというふうに競争で、この糸がたまればたまるほど、正月は近いのであった。元日の一〇日くらい前から用意ができ、凧揚げがはじまる。島の空にはブンブン凧が鳴る。みんな正月の気持ちになった。

そんな努力もあってか、わりと早く下地はヤマトノショウガツになったという。

正月はみんなに待たれた楽しい月だった。ご馳走があり、粗末なものでも新しい身につける物が用意されたから、今でもその時の嬉しさが心に深く残っているという。

### 正月の豚

まず正月につきものは豚で、昔は豚を食べるのは一年の正月というのが普通だった。その家の事情によって、一頭の豚を二軒で分けるとか、あるいは五軒で分けるとか相談して、正月前に豚を殺すのである。その頃はあちらでもこちらでも豚を殺すので、しばらくの間は、どこの豚は何斤だったとか脂がどうだったとか、豚の話題で島が賑わう。まだ正月がこないのにどの家でも豚肉を食べはじめ、正月にはみんなお腹が一杯になるものだった。

豚を殺す方法は、まず屋敷の隅にちょうど豚の入る程度の穴を掘り、中に芭蕉の葉を敷きつめ、この中に豚をしばって入れる。島で上手な人が刀で心臓をつき殺す。湯を十分にたぎらせておき、殺した豚にこの熱湯をかけ芭蕉の葉でくるみ押して蒸すようにする。毛がとれ、皮がちぢむ。適当な時間に取り出して皮をはぐ。湯が順調に隅まで届くといっぺんにとれるが、湯がさめていたり、おさえがゆるいと毛が抜けないところも出る。その時は湯を再びかけて繰り返す。すっかり丸坊主になった豚の足を棒にしばって浜辺にかついでいく。たいてい前泊の浜で、ここで解体するのである。

この時分になると空では烏がいそがしい。豚の解体のおすそ分けを空からねらうのである。ちょうど前泊のそばにはアルオガンがあり大木が茂っていて、その高い木の上に烏がすわって解体の様子をうかがっているのだ。

子どもの多い家などでは烏の見張り手があるが、人手二人くらいの場合は大忙しとなる。解体は干潮の時がよい。腹を切って内臓をとり出す。肉の時は大丈夫なのだが、内臓の時はよく烏にねらわれる。特にハラワタは長いので、これを引き延ばして中をきれいにする時など、一方の端を烏がねらってさっと口にはさみ、舞い上がったりするのである。

ひとしきり烏との戦いがあり、やがて終了し海水で洗いザルに入れる。目方を量って分配する。膀胱はたいてい豚の持ち主のものとなるが、これは子どもがふくらまして風船にする。膀胱は一つしかとれないので、持った子どもは嬉しい。

料理したあとの海辺には、いくらかの骨や肉の切れはしが残り、それに烏が真黒くむらがって食べる。烏どうしのケンカもある。

こんなふうに、正月は人も烏も豚のご馳走にありつき、そしてみんな一斉に年をとった。その後、世の中が豊かになってたびたび肉がほしいということになり、必要な人が組になって、正月以外にも豚を殺したりするようになった。

**トシノフルマイ**

大晦日の晩にトシノムチをザートコに飾る。これは丸餅二段の上にミカンをのせたもので、この前で大晦日の晩にトシノフルマイをする。一年間家族を守ってくれた感謝ということで、一同トシノグシ(酒)を飲む。元旦に飲む家もある。トシノフルマイには必ずビンズー豆、豚の臓物、脂気のない豚肉を入れた煮物が出て、これを食べないと大晦日のフルマイをした気がしないというふうだった。トシノムチは四日まで飾っておく。

**一月一日(グヮンタン)**

元日の朝は忙しい。カドマツを立てる、床の間の飾り(ザーカザリ)をする、拝所のおがみ、親子のニントウ(年頭)挨拶、他家への挨拶などもある。

カドマツを作るのは元日の朝である。島には松がなかったので、西表島から枝を切ってきて、竹の枝と一緒に門に立てる。この下に浜の白砂を敷く。お飾りはない。カドマツを取り除く日は一定せず、ドウノショウガツをやっていた頃は、十六日祭の時もたいていカドマツは残っていた。

ザーカザリには米を入れたカザリ重箱四段重ね、上段には米を山盛りにし、これにコウダキ（赤と白の紙をギザギザに山形に切ったもの）を巻き飾る。山盛りの米の上にミカンと炭を紅白の紙で巻いたもの、コンブをのせる。他に酒も飾る。

ニントウ（年始）の挨拶として、ニガイピトゥ（ツカサ）はハナゴメ・ミキを持って八ヶ所の拝所をおがみに行く。各家では、ザーカザリの前に家族が座り、挨拶をかわす。Ｎ家では、東側に夫、男の子たち、西側に妻と女の子たちというふうに座り、まず妻が挨拶し、次に夫、それから子どもたちが両親に挨拶し、ご馳走を食べ、トシノグシを飲んだ。これで年があらたになったなどという。

それから主人はニントウに出かける。順序は、目上の人からで、自分がカマンガアであればツカサのところへまず挨拶に行く。その他、村の先輩、マガラの先輩（両親、妻の両親、兄姉、妻の兄、姉）などに挨拶する。下の者（たとえば妻の妹）の家にも行くが、ニントウとはいわず、グシ（御酒）を飲みにきたという。

カーノウヤのところにも酒や肴を持ってニントウに行くが、最初の時は緊張して何をいったかわからないくらいであったという。これに対し、ウヤは種々の訓戒を与えた。

ハツオコシ

元旦の未明にハツオコシがある。一五歳になった若者は、男たちと一緒に、新しい一年のハツオコシのため魚をとりに行く。二艘の舟で囲んで網をおろし、魚をとるのである。後には、舟や人手がいるので、モリをもって泳いでとるようになった。まだ海は寒いので、初めての若者は朝から真青になっていた。

とった魚は、ヤクシヤが拝所の供えのものと、皆で分けるものとに分配する。ツカサを先頭に、男たちはナナザオオガンに行く。この時、バスも行く資格がある。普通、オガンに供える魚は乾かすか煮るかしたものであるが、この時は生の魚である。

ナナザオは北の方、海の方を向いているが、拝所内に安置されているザンの骨は東側に置かれていて、礼拝は東を向いておこなう。ツカサ・カマンガアは並んで、ザンの骨の前にぬかずき、特別の祈願をする。大漁、陸の作物の豊作、集落の若者の健康などを祈る言葉があるという。一緒に行った若者たちは、それにしたがい東を向いて、何かいただくように両手を合わせて上を向かせ、高く捧げる。中には、朝早くからの疲れで居眠りする者もいた。いたずらな若者は、そんな居眠りしている者を見つけると、その若者の捧げた手の中に砂を入れたりしたものだった。

ナナザオには、他に、大漁の時も男たちが生魚を捧げる。男たちの中には、ナナザオの中に入るのは恐れ多いといって、拝所の外でオハツの魚を捧げ、拝む者もいた。

ナナザオ神（ピシヤンガミ）は女神である。

**ジュウロクニチ（十六日祭）**

ご馳走（山シシ、海の物などできるだけのご馳走をつくり、重箱に入れる）、あん入餅、酒を持って墓に行く。午前には行かず、午後二時頃から出かけ、午後六時頃帰ってくる。妻の実家の墓にも行くが、遠い時は浜辺にご馳走を供え、その方向を拝む。私のシジュン（真心）だからと拝むのである。その時、その先祖の名のりをあげる。隣の墓は特に思いでもあればお参りするが、他人なら行かない。

**ドウパダニガイ（日取り）**

パダとは皮膚のことで、カネのように強くなれと祈る。

村でやる時は、神ピュールといって神高い日とされる、子・寅・午の日のカネ（庚・辛）の日を取り、神役が八拝所にハナゴメ・ミキを供え、村中の健康を祈る。

各家庭でも日取りを決めてやる。最初、ハナゴメ・ミキをピーヌカン（火の神）にあげる。仏壇は一番あとになる。ピーヌカンが上だからという。また、餅を作り、ザートコ、マリポウフサ（生まれ年の神）、クサティ（生まれ年の神の反対方向の神）などに供え、健康を祈る。

立春を過ぎるとウルズンといって、花は咲き蝶は舞い、鳥はうたうよい季節となる。田草をとる時期である。

## 二　旧二月

**ニンガツヌタカビ（ニンガツニガイ）**

漂流物を追い払うという。大きな鯨、ウランダ船（ウランダは西洋の意）などが来ると災いがあるといい、これが来ないようにと祈る。ツカサ・ソウダイが、グシ（酒）、バン（魚の乾かしたもの）二皿、ハナゴメ二合、線香、塩一つまみをのせた皿二つなどを八拝所に供え、祈願する。昔の人は、フームヌ（大きいもの）、ナームヌ（長いもの）をよせつけないよう祈ったということだ。家では何もしない。旧二月、旧一〇月の年二回おこなう。

**ピンガン（彼岸）**

ご馳走（ご飯・おかず・汁）を作り、仏壇に供える。墓には行かない。

## 三　旧三月

シーミ（清明）
墓に行かず、ご馳走を作り仏壇にあげる。
サニチ（三月三日）
各家で菱形の草餅と丸餅を作る。男女ともにご馳走を持って浜辺に行く。コンジン（個人の守り神。床の間に祀る）・仏壇にもご馳走を供える。

## 四　旧四月

旧四月頃はフサバーの時期といって、作物が花ざかりとなる。特に粟は成長して、早いものは穂が吹き出てくる。穂ばらみの時期である。謹慎しなければならない一番大切な時期とされ、特に音についてきびしかった。太鼓をたたく、三味線をひく、歌をうたう、笑う、口笛をふく、大声を出すなど厳禁であった。下地は地を踏むと非常にひびくのだが、若者や子どもたちはどんどん踏む、大きな声で話をするというふうで、老人たちは、フサバーもわからんで、誰だと追いかけたりすることもあった。そんな時は兼城の家によく逃げこんだものだった。この家は未亡人がいて、ユービー（夜なべ）といって夜遅くまで糸をつむいでいて、若いものがよく遊びに行った家だ。

この時期にヤマドメ（山止め）、インドメ（海止め）がある。

ヤマドメ（山止め）

一週間くらいの深い物忌の期間である。プラーメ（粟の豊年祭）の日取りを決めてから逆算して、ヤマノフツカール（山の口あけ）がプラーメの前になるようにする。ツカサ連中が二合ハナゴメ、二合グシを持って、オガンに籠もって祈願する。口あけの時もオガンに行く。

インドメ（海止め）

一〇日から二週間くらいという。若い女は月のけがれがあるから、海に行くと海の神が波をけたてる。それで作物にさわりが出るから、この期間は海に行くのは止められている。インドメの頃は大潮（ウルブンスー）にあたることが多く、高いところから見ると潮のひいたのがよく見える。いつもなら大潮の時はタコや貝がよくとれるのに、インドメの時は行きたくても行かれない。それでこの時期の大潮を、「ミードン（女）ノウラミズー」とか「ウルズンノウラミズー」などといった。

こうしたフサバーの頃は、あらゆる物（人・鳥・虫…）が謹慎しなければならないとされた。これを、ムヌン・ムヌウ・サウズなどとよぶが、物忌・精進の意と思われる。ムヌンは作物の成長過程でおこなわれるから、非常にたくさんの回数となる。粟のムヌン・甘藷のムヌン・米のムヌン・鼠のムヌン・麦のムヌン・虫のムヌン等々で、一つのムヌンについて、丑の日、亥の日、酉の日の三回ずつおこなわれた。あまり数が多いので、中の亥の日の物忌を抜かすこともあった。

ウルズンノフカサウズ

この中、ウルズンのフサバーの頃の物忌は、フカサウズといって特にきびしくおこなわれた。ムラブセイが各戸から供物を集めてツカサに出し、村中の人が拝所に行って祈願し、ニンガイしたから守らなければならないと静粛にしたのであった。

浜でのムヌン

ムヌンの時は村中が畑作業を禁止され、全員が前泊の浜辺に出て慎むムヌンもおこなわれた。前泊には仮小屋が造られていて、拝所に行って祈願してきたツカサが、老人連中と一緒に籠もって念願する。他の村人も浜辺で念願し、話をすることは許されなかった。一定時間たつと話をすることが許され、昼頃に女連中はご飯やお汁など昼食を運び、一同これを食べ、夕方家に帰るのだった。

ムシノサウズ

虫の被害がひどい時は、ムシノサウズがある。これはフカサウズである。人々は容れ物を持って畑をまわり、虫を集めてムシノワン(島の南の方にある。神役はいない)に集合し、神に虫をお供えし、神の力で虫のなくなることを願った。

昔は、時々、急に虫が大量に発生し、島中が虫で埋まり、甘藷畑を一、二日で喰いあらすということがあった。こんな時にムシノサウズをするのである。しかし、こうした虫の発生も、ある期間を過ぎるとぱっとなくなるものだった。そして、スジのみになったイモカズラから芽が吹き出てくる。この後、甘藷はできるがよくはできない。掘りとって植えなおせばよくとれるのに、それはせず、昔の人は神の力をまった。

プウスクマ(粟の初穂祭)

粟の初穂儀礼のこと。スクマともいう。粟の穂がちょっと垂れるくらいの時期で、まだ食べられない時期におこなう。穂を傷つけられては大変だ、マナモノから傷つけられないようにと、穂のハツをとっておくのだという。

カドの人が村中で二人程きめられる。二四、五歳の男性でトシの合う人である。カドの人は、その日の未明に、家々の畑の粟の穂を三本ずつ抜き、これを家ごとに区別して束ねる。この粟束を村に持ち帰り、それぞれの家の粟穂の束を、その家の軒の内側から刺して歩く。畑に適当な穂のない家の分は、他家の分で間に合わす。

カドの人は、途中で人にあっても、また、刺す家の人とも口をきいてはならない。二人は日中は家に帰らず、飯米を村から渡され、鍋・釜を持って村里はなれたところで過ごし、夕方帰ってくる。

スクマという言葉は、自分の畑の粟の一番最初熟した刈りはじめで、スクマしに行く、スクマしてきたなどと使う。

プウスクマは、ずっと昔(昭和三七(一九六二)年頃に七〇歳くらいの人が子どもの頃)は、粟穂を抜く役は子どもたちであったという。子どもたちが朝早く畑をまわって穂をとり、軒に刺して歩いた。刺し終わって子どもらは鍛冶屋のあった所に行き、一日中サウズをした。そこでご飯も作って食べるのだが、ちょうどその頃はナハスクオガンの木の枝に烏が卵を生む頃で、この卵をとって食べるのが子どもらの愉しみであった。ツカサはオガンに行き、祈願する。

スクマが終わるとマナモノが来ても各自の畑は安全ということになる。スクマの穂はそのまま放っておく。

粟の実った穂を刈ることができるのは、ヤマノフツカール儀礼のあとである。しかし、ヤマノフツカールの前に粟を刈る必要がある時は、穂を天に見せてはいけないといわれ、棒にかけず、穂を肩にのせてその上にイモの葉をかぶせて帰るという。

ヤマノフツカールの時、ツカサはオガンに行き祈願する。しかしこれで全部はらわれたのではなく(ハンハーリという)、プラーメ(粟の豊年祭)に全部はらわれるのだとされる。

**コメノスクマ**

稲のスクマは実った穂をとる。下地の田は西表島のハエミダ(南風見田)であったが、この田はかつて旧南風見村(現在廃村)のものだったので、下地の人が作っていても南風見村の習慣によってスクマをやった。係りの人が各田をまわって、稲穂をピツツカ(三束)ずつとり、これを乾かしてハナゴメを作ってオガンに供え、スクマしましたと祈願する。田の主がやるのではない。当時、南風見村には、イルワン・アールワン・アミスキノワンの三拝所があった。ハエミダ以外の田の場合は、先に実った田に行き、適当に稲穂を刈り、軒に下げた。

## 五　旧五月

### プラーメ(プラメともいう。粟の豊年祭)

小さな豊年祭、夏のパッキザル(初行事)、粟のプールともいう。プラーメの少し前からプラーメの歌をうたうようになる。この歌をきくと、村人は活気づいたものである。

日取りは、お供えに粟が必要なので、粟の出来具合を見なければならない。また、カニミズの日(金か水の日。庚・辛・壬・癸のいずれか)を選ぶが、ショウニチ(正日)がミズの日にあたるようにする。ショウニチにアカマタ・クロマタが出るからで、二神はミズの日に出ることになっている。

粟は、各家で作る粟の握り飯(アーノイイ)と、オガンに供えるハナ粟(粟の粒)になる。アーノイイはザートコや仏壇にあげる。来客が来るとこれを出す。婚出した女性は、アーノイイを持って里方に来る。これに対して、親も自家のアーノイイを持ち帰らせる。ハナ粟はオハツとしてツカサに出すと、ツカサはこのハナ粟や粟酒(ムキ)をオガンに献げて祈願する。

プラーメの時とは限らず、いろいろの祈願をする時、ツカサたちは神に供物をする。供物をして祈願し、少しひきさがっている時、烏がよくこの供物をさらう。すると、カンドリ(神鳥)が持って行ったので、願いが通ったといって喜ぶ。時によっては烏がとらないこともある。すると心配する。烏が目をつけるのは、ハナ粟よりも握り飯・肉・魚などである。

プラーメの時は、子のアカマタ・クロマタが出て各家を巡遊する。

**トメムヌン**（止め物忌）

五月の粟の豊年祭の翌日が、一年間の最後の物忌のトメムヌンで、これから秋の種子取祭までサウズはない。トメムヌンの時は、カドの人といって年回りの良い人が三人えらばれ、プラーメの翌朝早く、各家の畑にサンを刺して歩く。それから、各戸からもらったサウズムヌといわれるニギリを持って西浜に行く。浜に下りて残りのサンを刺し、サウズムヌを食べてトメムヌンは終わる。この三人をサウズピトという。

## 六　旧六月

**プール**（豊年祭）

ウフプール、フウプールともいう。穀物のすべての収穫が終わった頃で、とり残してあるのは赤豆（小豆）くらいである。下地最大の祭りで、三日間におよぶ。親子のアカマタ・クロマタ四神が出現する。

## 七　旧七月

**ソーロン**（盆）

一三日から一五日まで。一五日の夜一二時を過ぎて送る。墓には行かない。

## 八　旧八月

**キツガン（結願）**

第一日　願ほどき。それまでのガン（願）を解く。八ヶ所のオガンにそれぞれクバン（乾魚）、餅、ミキ、ハナゴメなど供え、祈願する。

第二日　踊りや狂言などの余興をイルとアルのトニモトとオーセ（学校。旧村役場跡）でやる。昔は牛を一頭つぶすような大祝いであったという。この四、五〇年の間（昭和六三（一九八八）年頃の話）でも、二、三回は牛をつぶした。今日から来年までのお願いをする日である。弥勒（ミルク）が出る。昔は、弥勒の面に鍾乳石を粉にくだいて塗ったともいわれる。面をつけたのは仲底カメであった。弥勒が現れる時、お供の髭を垂らしたフウシュが、役人に対してモノダニ（粟・稲の穂）をさずける形を演ずる。狂言もやる。最初の狂言は、若者たちが師匠を頼んで習った沖縄方言で演じ、二番狂言は島言葉でやった。

第三日　アトヨイ。一品携帯で、踊り・狂言を練習した家に集まり、ここで歌ったり踊ったりして楽しむ。

**ピンガン**

秋の彼岸。

**ジュングヤア（十五夜）**

南北に分かれて綱引きをする。旗頭を作り、トウロカズラを芯にして藁で綱を作る。北が雌、南が雄といわれ、北が勝つとユーがなおるので良いといわれた。また、東西に分かれてやったともいい、その時は西が勝つと豊年になるといわれ、西が勝つようにしたという。

各家々では、トウキビ（ウブン）をひきわってこれをトロのように炊く。これが十五夜のご馳走で、ご飯のように食べた。台の上に花（ススキ・チカラグサ）を生け、月に向かってハナゴメ、グシ、モチ（丸餅に小豆をつけたもの）を飾って祈る。

十五夜は男の祭りといわれている。

## 九　旧九月

### ヤマニガイ

八日から一〇日の間におこなう。ヤマネコをこわがって、これにあわないようにとの意味があるという。

### 節（シツ）

七月から九月の間におこなうが、舟漕ぎ競争を上地とやるので、日取りは上地との打合せの上で決められる。豊年祭、結願祭とこの節祭は下地の三大祭りであった。「シツ、プールヌタミニ、ヌツンナガライピサール」（節、豊年祭のために命を永らえたい）というほど楽しい、盛大な祭りで、来る年の世乞いをし、舟漕ぎ競争と一同手をとりあっての踊りがあり、誰もがわすれがたいものであった。

節の一週間前から、毎晩、アシエーノヤスクとよばれる場所に集まり、三回くらいジラバ（ジラパ）をうたう。若者は井戸端でツヅミを鳴らして井戸の番をする。他所の国から人が来て水を汲まれると、その年のユガフがとられるから、汲まれないように番をするのだという。この番をする日数はだんだん短縮された。

**第一日　アラピー(初日)**

人々は未明に起きて、争って自分の家のためにバハミズ(若水)を汲んで、庭の甕に貯めておく。晩に、ぬるくなったバハミズで顔を洗い、若返るという。岩の上に生えているカズラをとってきて、晩にバハミズを浴びる頃、家の柱、臼、水甕、杵などにしばっておく。軒にススキ・イバイグサを下げる。

バハミズについて次の話がある。

昔、人間は脱皮して若返っていた。それが若返れなくなったのは、セツカという鳥が、バハミズを入れてある容器をひっくりかえしてしまったからである。バハミズがこぼれて、人間はバハミズをあびられなくなり、若返りは停止した。この罰のため、セツカは大きな鳥だったのに、今のような貧弱な鳥になってしまった。

イモニギリのためのカゴとイビラを海水で洗う。翌日の舟漕ぎ競争の時の米の握り飯を、このカゴに入れる。

**第二日**

舟漕ぎ競争(ハーリー)、世乞いの巻踊り、ミーピカル(目光る)狂言がある。

この日、上地・下地で共同で舟漕ぎ競争をする。この時の舟(ハーリー舟)を神舟(カンフニ)という。神舟はクリ舟ではなく、特別に造られた伝馬舟で、波の模様がえがかれていた。下地の舟は男神、上地の舟は女神といわれ、下地の舟には赤い布の旗の上に長刀をつけたもの、上地の舟には赤い布の旗にマーニの繊維で丸いまんじゅう型にしたものをつけて立てる。舟に乗る人をフナヤクシヤという。フナヤクシヤは次のような人々である。

パテーツク　旗をつく人

トゥズウ　　船頭。かじをとる人

チヂンウチ　太鼓をたたく人

ウーニ　　　舟からあがって最後に浜を走る人

その他漕ぎ手

計三三人が乗り込む。

神舟の神は次のようにおともする。まず、アルオガンにツカサたちやフナヤクシヤ等が集まり、アルのツカサが祈願する。これがすむと、ツカサはアルオガンのイビに入り、そこに生えているクウズ(カズラ)を葉ごと取ってくる。これをフナヤクシヤの頭に巻く。フナヤクシヤ、漕ぎ手は巻踊りをする。巻踊りが終わると、旗を先頭にして歌をうたいながら、行列して西の浜に下りていく。この時、神がおともしているのである。神舟は陸の方を向けてすえてある。舟にフナヤクシヤが乗り、ツカサ連中はこの舟に祈願する。舟の中でフナヤクシヤ、漕ぎ手がそれぞれ席につき、ツヅミ(太鼓)を打つ者の拍子で勇ましく漕ぎだす。

まず舟を漕いでイルオガンの鳥居の見える沖に行き、このオガンを拝み、次のアルオガンの見える沖に漕いで行き、このオガンを拝む。それから上地に向かって出発する。

舟漕ぎ競争の順序

（1）下地の舟がまず上地に行き、上地の浜で三回競漕する。

（2）下地の舟が上地の舟をさそって、下地の浜まで来て、三回競漕する。

（3）両舟が競漕しながら、上地と下地の海の真中あたりのアカイシ(今、この石はないという)のあたりまで来て別れる。この時、互いに別れの歌をうたう。恋人どうしのように送るのだという。

**競漕**

上地で上地の舟と競漕した下地の舟は、下地の前泊の浜で再び競漕するのだが、その前に上地の舟は、下地の舟がしたように、イルオガン・アルオガンを沖から拝む。用意がととのうと、両舟のウーニは、浜辺で見物する村役人や村人の前に座ったツカサの前に進み出て、オミキをいただき、ツカサの合図でとび出して、舟に戻って直ちに漕ぎ出し、沖に立てられた旗をまわって浜に戻ってくる。浜に着くとウーニが舟をとび出し、ツカサのところまで砂浜を走る。ツカサからオミキをもらう。

オミキは、下地ではンクスといって若い女の嚙み酒であった。ンクスは米を煮て、これを嚙んで甕に吐き出す。三日くらいで何ともいえぬ良い味となる。日が経つとすっぱくなる。オミキ(ンクス)を飲む時、歌をうたう。

ワカミズノホウミシヤゴヲ
モトヘソヘナ
スデガレノホウシヤゴヲ
モトヘソヘナ
ヨスクダケモトへ　モトヘソヘナ
イバイダケサカエロ　サカエソエ
ナオレ…

そしてツカサが飲む時、まわりの者が、

パヤシオ、パヤシオ

とはやす。

### 巻踊り

夜、世乞いの巻踊りを踊る。まずツカサの家の座敷にツカサや村の幹部が座り、若者たちが庭に座る。酒、肴が出て賑わう。やがて庭にかがり火がたかれ、人々は円く輪になって、太鼓に合わせて節の歌をうたいながら巻踊りをする。男も女も老人も子どもも、みな楽しく踊る。

次々に各戸をまわって、夜通し同じように巻踊りをし、最後にツカサの家に戻る。

庭にむしろを敷いて一同座す。ミーピカル狂言がある。これは朝日に向かって目をぎょろぎょろさせてやる。希望者がやる。この人が、と思うような人がやったりする。しかし、本人は夢中でまわりのことはわからないのである。

巻踊りの前に、人々はツカサからカンサジィを渡され、はち巻にする。ミーピカル狂言が終わってこれを再び返す時、数が足りない時がある。カンサジィはあらかじめ数を数えてあり、ミーピカル狂言が終わるまではずしてはならず、また、その場を抜け出してもいけないことになっている。これに反すると、たちまち女性たちに探し出され、衣服をはぎとられ海に投げ込まれる。

#### 節の時にうたう歌

（一）ユークイ〔曲が四つある〕

1　ヤー[1]キュガピーガ　[2]コガネピーガ　モトバシ
2　[1]マチヨケタル　クウケタル　コガネピー
3　[1]パナリシツ　[2]バシマシツ　クガネピ
（囃子）ソーエーナヲレ

〔註〕
1今日の日　2黄金日
1待っていた
1新城島の節　2我が島の節

4　パナリムラ　[1]ウヤケムラ　バカモノヨ　（囃子）
5　[1]バカムヌヌ　ニガイヤ　[2]ゲラモヌヌ、ニガイヤ　（囃子）
6　[1]アラフニハ　[2]トゥビヨウセバ　[3]マラシシヨリヨ　（囃子）
7　[1]タルムシユウヌド　[2]ジルヌシユウド　マラシヨウタヨ　（囃子）
8　[1]ダイククシユウド　[2]ティヌマサヌド　マラシヨウタヨ　（囃子）
9　タルムシユウド　ヂリヌシユウド　[1]トヨマスヨ　（囃子）
10　[1]トユズシユウド　[2]マカズシユウド　トヨマスヨ　（囃子）
11　[1]ウブトユウヌ　[2]ハルジャアユウヌ　[3]パルニスィ　（囃子）
12　ハルシヤユウヌ　[1]サコツユウヌ　パルニシ　（囃子）
13　[1]マエリヤアフアヌ　[2]ブドウリヤアフウヌ　[3]パヤブサ　（囃子）
14　[1]マユトゥダキ　[2]イカトゥダキ　[3]ムズマリヨ　（囃子）
15　[1]ミヤルビダキ　[2]ヤグサダキ　ムズマリヨ　（囃子）

（二）

1　ヤーキユガピーガ　コガネピーガモトバシ
2　マチヨケタル　クルケタル　コガネピー

[1]豊かな村
[1]若者　[2]若者
[1]新しい舟　[2]よく走る舟　[3]生れた
[1]誰の主が　[2]どれどこの主が
[1]大工主　[2]手先の上手な主
[1]たたえるか
[1]船頭主　[2]舵主
[1]大漁の魚　[2]さよりという魚　[3]走るように
[1]魚の名
[1]よくおどるこ＊　[2]よく奇抜におどるこ　[3]はやいように
[1]何々というだけ　[2]どれどれという程に　[3]重視されている
（選ばれている）
[1]美しい乙女のように　[2]きれいな乙女程に

〔＊仲間川のマングローブの根の下にいる俊敏な魚〕

3　パナリシツ　バシマシツ　クガネピー
(囃子1)ソーエーナヲレ
4　[1]アガルカラ　[2]フニクントォヨオ
(囃子2)ホハリヨオヌ　トゥンカアナア　サーニヨ　サーニヨ　ユハナオレ
5　[1]ウワルカラ　[2]ミズヌクント　(囃子2)
6　[1]ナウフニティ　[2]タブタル　(囃子2)
7　[1]イカフニティ　タブタル　(囃子2)
8　フナクヤヌ　[1]フネヤルヨホ　(囃子2)
9　ヌリヤクヤヌ　フネヤルヨホ　(囃子2)
10　[1]アワダラバ　[2]マワシワルヨホ　(囃子2)
11　[1]マイダラバ　[2]マワシワルヨホ　(囃子2)
12　[1]ジマノシマ　マワシヲラ　(囃子2)
13　[1]ドキヤノフン　ワタシヨオリ　(囃子2)
14　[1]バカバナリ　マワシヲワリ　(囃子2)
15　[1]クヌシマティ　ワタシヲワリ　(囃子2)

〔註〕
[1]東から　[2]舟がくるそうな
[1]たばるの方から　[2]雨がふったら
[1]何という舟　[2]賜るだろう
[1]いかなる舟
[1]神からいただいた舟
[1]粟俵　[2]運搬してきた
[1]米俵　[2]運搬してきた
[1]どこのシマ
[1]どこの地域に
[1]この島

(三)

1　ヤーキユガピーガ　コガネピーガモトバシ

2　マチヨケタル　クルケタル　コガネピー
3　パナリシツ　バシマシツ　クガネピ
ソーエーナヲレ
4　[1]ウブヌツダ　[2]ギシヤマダヨ
[3]トモルザク　[4]フアヌビキヤヨ
5　[1]ナウヌユヌ　[2]トワラツタヨ
リカヌユヌ　[3]ニングルツタヨ
6　[1]ムンヤムン　[2]ウヤンドヨ
タブヤムン　[3]ツネンドヨ
7　ヤマイラバ　フアノビキヤヨホ
ヤマナカニ　トマリクヨ
8　[1]シクイラバ　マリクバヨ　シクナカニ　トマリクヨ
9　[1]ムンブラバ　フアヌジキヤヨ
[2]ミズムンユ　[3]プリワーリヨ
10　タブブラバ　[1]マビキヤヨホ
[2]アウツルヨユ　プリワーリヨ
11　[1]ヤンネクバ　タブヤマ　[2]クナツクバ　タブヤマ
12　[1]ユヌユダリ　[2]ナリブリヨ

〔註〕

[1]ウブ（地名）の波うち際　[2]石の名
[3]岬の名　[4]子の父
[1]何の度に　[2]友だちになったか＊①
[3]親しくなったか＊②
[1]むん（木の名）の木の山　[2]ために
[3]あるから
[1]山奥に入ったならば
[1]ブンの木の実をつむ時は
[2]みずももから　[3]もぎってきなさい
[1]とるならば
[2]青いものから
[1]来年が来た時　[2]来る夏が来た時
[1]同じ枝の　[2]同じすぢに

[3]ユヌツリヌ　[4]サーリブリヨ

13　[1]シンネムト　[2]サカラバ
　　[3]シジヤパラ　[4]トラバサヨ

14　[1]カスニムト　サカラバヨ　[2]アカバラ　トリヤバシヨ

15　ヤマナカニ　シダシヨウヨ
　　[1]ヌユザラニ　[2]シミキヤンヨ

16　[1]スユフマセ　ミリバド　[2]インフマセ　ミリバヨ

17　[1]ウブヌークバ　[2]マワリクバヨ
　　[3]ピツラーバシ　マワリクバヨ

18　[1]トモルザキ　マワリクバヨ　[2]タンカバーシ　マリクバヨ

19　[1]ナミアラサソ　[2]マワラルヌヨ
　　[3]スウアラサノ　マワラルヌヨ

20　[1]フナグサシ　[2]マワリキヤンヨ
　　[3]ヌリヤグシ　マワリキヤンヨ

21　[1]マイダカバ　マワリキヤンヨ
　　[2]トモダカバ　マワリキヤンヨ

22　マイダカニ　[1]ヌユシヤンヨ　トウムダカニ　ヌユシヤンヨ

23　[1]ジマノシマ　ヌユシヤンヨ

[3]実が　[4]できていなさい

[1]千年も　[2]栄えたら
[3]上等の種を　[4]とりだした

[1]樫の木が　[2]赤い柱

[1]野原まで　[2]近くなってきた

[1]海の潮水に　[2]海に入って

[1]海岸の名　[2]まわってきて
[3]一人で

[1]地名　[2]単独で

[1]波が荒くて　[2]まわれない
[3]潮があらくて

[1]舟をさして　[2]まわってきた
[3]のせる舟をめがけて

[1]前の高いところを
[2]後ろの高いところを

[1]のせましたよ

[1]どこのシマ

[2]ドキヤンフン　ワタシヤンヨ　　[2]いずこの地域

24 [1]クヌシマテ　ヌユシヤンヨ　[2]サフジマテ　ワタシヤンヨ　　[1]この島　[2]さちある島

25 ダイクシユニ　ワタサンヨ　[1]チヌマサニ　トラシヤンヨ　　[1]手の器用な人

26 [1]ムヌイザヌ　ウテヤトリヨ　　[1]文句なしで

[2]フトウイザノ　ウキヤワリヨ　　[2]無言で

27 [1]メタナオキ　[2]バカシヤンヨ　　[1]三枚の板をおいて　[2]作らした

[3]ユウタナオキ　バガシヤンヨ　　[3]四枚の板で

28 [1]パナイカラ　ミウグレバヨ　　[1]先の方から

[2]トモウザサ　[3]ミヤーズサヨ　　[2]艫の方に　[3]力がある

29 トムイカラ　ミアグレバヨ

[1]ピーググサ　[2]ミヤーフニヨ　　[1]前の方が　[2]形よく見えた

30 [1]ナウフネテ　[2]マバチキバヨ　　[1]何舟といって　[2]名をもらったか

イカフニテ　マバチキバヨ

31 [1]ユバイフネ　[2]ナーバチキヨ　　[1]他の島の女のもとにかよう舟＊③　[2]名をつけよ

ミツキヤフニ　ナーバチキヨ

〔＊①トワラ＝女が女の友をよぶとき用いる語〕

〔＊②男女の間のこと〕

〔＊③他島の女のもとに通う舟は、その晩帰らなければならない。したがって、早い舟の意〕

（四）

1 ヤーキユガピーガ　コガネピーガモトバシ
2 マチヨケタル　クルケタル　コガネピー
3 パナリシツ　バシマシツ　クガネピー
　ソーエーナヲレ
4 [1]マージヤ　ミヤラビヌ
（囃子）ヨーメー　シヨウレイノカーナース
5 [1]シエーカ　[2]ミヤラビヌ　（囃子）
6 [1]シルビヤマヤ　[2]マーリアラキ　（囃子）
7 [1]アダニヤマ　マーリアラキ　（囃子）
8 [1]ユナカズバ　[2]カズドオシヨ　（囃子）
9 [1]アダナスバ　[2]ツルドオシ　（囃子）
10 [1]ミーカーフシヨ　サラシ　（囃子）
11 ヨーカゴシ　サラシ　（囃子）
12 [1]サグナサズ　ミリバドヨ　（囃子）
13 [1]ナギナナギ　ミリバドヨ　（囃子）
14 [1]ウフミアンバ　[2]クサヨリヨ　（囃子）

〔註〕

[1]地名
[1]四箇の　[2]乙女よ
[1]防潮林を　[2]まわって歩いて
[1]アダンの林
[1]ゆなの木の　[2]皮をはいで
[1]アダンの根を　[2]たくさん切って
[1]三日ごし
[1]皮のさく人の動作を表す
[1]縄をなって
[1]大きい網を　[2]工夫して作る

15　[1]ヤスミアンバ　クヌヌリヨ　（囃子）　[1]小さい目の網
16　[1]マエドマリヌ　[2]ウルシユヌヨ　（囃子）　[1]前の浜に　[2]おろして
17　[1]イシヨドマニ　ウルシユヌヨ　（囃子）　[1]潮干狩りする浜に
18　[1]イシヨフネニ　[2]ヌヨシヨウヨ　（囃子）　[1]漁業する　[2]舟に乗って
19　[1]ナラフネニ　ヌヨシヨウヨ　（囃子）　[1]自分の舟に
20　クギナクギ　[1]ミリバナヨ　（囃子）　[1]見たら
21　[1]ウシナウシ　ミリバナヨ　（囃子）　[1]後ろの人
22　[1]マージヤフツ　マーリヤアラキ　（囃子）　[1]湾の入口の名
23　[1]シエーカフツ　マーリヤアラキ　（囃子）　[1]四箇の湾の入口の名
24　[1]タテイナタテ　ミリバナヨ　（囃子）　[1]網をひろげて
25　[1]スユピサシ　ミナバナヨ　（囃子）　[1]潮をひかして
26　[1]カメノミヨト　トランテヨ　（囃子）　[1]亀の夫婦
27　[1]ザンノミヨト　トランテヨ　（囃子）　[1]ザンの夫婦
28　（以下不明）＊

〔＊28以下は語らないが、結局、男たちは亀もザンもとることができるのだが、そこに何か鄙猥な歌があるらしい〕

（五）

1 ヤーキユガピーガ　コガネピーガモトバシ
2 マチヨケタル　クルケタル　コガネピー
3 パナリシツ　バシマシツ　クガネピー
　ソーエーナヲレ
4 （囃子）ヨルカヨオレ　ピンノキノモエ
　キユヌヒハモトバシ
　（囃子）ヨルカヨオレ　ピン[1]ノキノモエ
5 （囃子）クガネピハモトバシ　（囃子）
6 （囃子）ウブツンヌ[1]　ナリヨタラ　（囃子）
7 （囃子）バカナツ[1]ノ　ユキタラ　（囃子）
8 （囃子）パイカジ[1]ノ　ウシユウタラ　（囃子）
9 （囃子）フナバイ[1]ノ　サシユウタラ　（囃子）
10 （囃子）パナヨ　ハナ　チクサ[1]　（囃子）
11 （囃子）ナルヨ　ナル　ナルサ　（囃子）
12 （囃子）ナルヨ　ナル　ウテサ[1]　（囃子）
13 （囃子）ミズヌウエ[1]テサ　（囃子）
14 （囃子）ンタヌウイ[1]ウティサ　（囃子）

〔註〕
1 ひるぎ
1 うるじん　春
1 若い夏
1 南風
1 おとなしい南風
1 咲いた
1 落ちた
1 水の上
1 泥の上に落ちた

15　（囃子）　ピ[1]ススノ　イ[2]デイタ　（囃子）
16　（囃子）　ピススノ　サ[1]ンカレ　（囃子）
17　（囃子）　[1]ピーヤクシ　サンカーレ　（囃子）
18　（囃子）　[1]ユニヤクシ　サンガーレ　（囃子）
19　（囃子）　[1]ナンノバタ　ムマレ　（囃子）
20　（囃子）　[1]サイノバタ　モマレテ　（囃子）
21　（囃子）　[1]ンツスヌ　[2]イルタ　（囃子）
22　（囃子）　ンツスウニ　サガレ　（囃子）
23　（囃子）　[1]ユヌミナト　イルサ　（囃子）
24　（囃子）　[1]ユヌヤラダニ　イルサ　（囃子）
25　（囃子）　[1]カンヌヤーバ　ヤーバシ　（囃子）
26　（囃子）　[1]ンタヌミイバ　ヤーバシ　（囃子）
27　（囃子）　[1]ンカラヌ　ピンノキ　（囃子）

（六）

1　ヤーキユガピーガ　コガネピーガモトバシ
2　マチヨケタル　クルケタル　コガネピー

[1]ひき潮が　[2]出たら
[1]ひかれた
[1]暗礁の後
[1]＊ユニの後
[1]波の腹
[1]舟に押し寄せる白い泡の波
[1]満潮が　[2]河に入ったから

[1]同じ港
[1]河に入ってどぶどぶの場所に
[1]蟹の穴
[1]泥の中
[1]この河の

〔＊ユニ＝砂が打ち上げられて島状になったもの〕

3 パナリシツ　バシマシツ、クガネピー
ソーエーナヲレ
4 オーフニヤモエ　フミリヤエ　コイナ
5 フミリヤキ　バウルシエ　コイナ
6 ダキヤジ(ズ)キバ　ウルシイエ　コイナ
7 ジマムイタ　フミリヤエ　コイナ
8 ドキヤ　サシユタ　ダキヤズエ　コイナ
9 パルミチニ　ムイエタ　コイナ
10 ユクミチニ　サシユタ　コイナ
11 ウルズンノ　ナリユタエ　コイナ
12 バカナツニ　ユクタエ　コイナ
13 パナエ　パナ　チユクサエ　コイナ
14 ナルヨ　ナル　ナルサエ　コイナ
15 マタバフミ　ヌグリエ　コイナ
16 ユダバフミ　アコリエ　コイナ
17 パナヨ　パナ　ボルサエ　コイナ
18 ナルヨ　ナル　ブロサエ　コイナ
19 ブナリヤマン　ワタサン　コイナ

〔大意〕
大きく生えたみかんの木
みかんの木を植えた
かおりのよい木を植えた
どこに生えた、みかんの木
どこに茂ったか、香りのよい木
行く道に生えた
行く道にしばった
春になったら
初夏がきたら
花が咲いて
実が数々なった
木の股をふんでのぼり
枝をふんであがって
花をもぎとり
実をむしる
姉妹にわたす

20　カヌシヤマニ　トラシヤエ　コイナ　　可愛い方にとらした
21　ブナリヤ　カザンシユマシエ　コイナ　　姉妹の匂いも染め
22　カヌシヤ　カザン　シユマシエ　コイナ　　可愛い乙女の匂いも染め
23　オキナジマ　ヌユシエ　コイナ　　沖縄に御用の時みかんを入れて
24　ミヨマヨジマ　ヌユシエ　コイナ　　沖縄にいかす
25　ミヤコクランカラーヤーエ　コイナ　　都のとまり場所は瓦葺きで
26　ヨーライクラン　カーラヤーエ　コイナ　　集まりの場所は瓦葺きの家であった

(一)～(六)の歌の中には、必ずしも節の時とは限らない歌も含まれている。転用が可能のようである。この他、『八重山古謡　下巻』の中にも、二、三掲載されている。[1]

**シマフサレー**

伝染病の予防のためという。集落の入口に、山羊の血をつけたワラを下げたシメ縄を張る。

**タナドル(タニドリ。種子取祭)**

八月から一一月の間に日取りしておこなう。粟の種子の蒔きはじめだから、深い祈りを捧げる日であるという。この日はサウズであるから、大人たちは家の中で静かに慎まなければならない。

子どもたちは外に出して、集落から浜に出る道のはずれのかたわらにあるガジュマルの木に、各人がブランコを用意し、振らす。子どもらは、歌をうたってブランコをする。

歌は、

ドウノファヤ　カズメメ　ピトゥノファヤ　ケカイトシ
（自分の子は大事に、他の人の子は使ってやる）

など。ブランコする木の前が漢那家であったので、ブランコを勢い良く振ると、この家の方まであがりそうになったものだ。

### タナドルの粟のイバチ

家々では粟のイバチ（イバツ・イハチ）を作る。

女たちは、餅粟を鍋で煮る。餅粟のみでは出来が悪いので、餅米も入れる。

まず、煮る前に材料を水に漬けておく。鍋に水を沸騰させて、これに水気をきった材料を入れる。沸騰がとまる。火を燃やすと、また沸騰がはじまる。これにユラシというカゴをつっこんで、汁を汲み出す。火を弱める。中身の形をととのえ、芭蕉の葉を中ぶたにかぶせ、火をひく。しばらくするとご飯になる。ふたを取る。下の部分は煮えているが、上の部分は煮えていない。そこで上下して、またしばらくおくと出来上がりとなる。よく出来たイバチは、軟らかくもなく硬くもなく、粘り気が強く、味が十分に出ている。

イバチは、ウフイバチとタネノイバチ（小さい）の二種を作る。ウフイバチは三つ重ねになるが、上の二個分は、必ずブナリ（姉妹。長女ともいう）にあげるのであり、他の誰にもあげてはいけないといわれた。ブナルガン（姉妹神）は高いので、尊敬する意であるという。

一番座のザートコの前に台を置き、それに粟殻を切って敷き、その上にウフイバチをのせる。粟の穂一本、鎌、ヘラを飾る。コンジンにはグシ・ハナゴメを供える。ザーカザリという。タナドルの酒は粟で作る。

### 第一日

未明に家の主人は、そっと起きて畑へ行き、ヘラ・カマなどで畑の隅を片づけ、粟の穂を一本揉んで蒔き、これにススキのサンをのせて、陽のあがらぬうちに帰ってきて、そっとまた寝る。家に帰る途中で人に会ってはいけないということになっていて、人が来たら音をたてて存在を知らせ、会わないようにする。陽があがると起きてコンジンを拝み、タネノイバチを食べる。この人が、飾ってあるイバチを油をひいた包丁ではじめて切り分ける。これを塩で食べることになっている。それから家族も食べることができる。

別にイバチをもう一鍋つくる。女たちが三角形の握りにする。三角形の山形は、山盛りの意味で良いという。このイバチは、婚出したブナル（姉妹）も食べる。婚出した姉妹は必ず来るが、その時、婚家からもイバチを持ってくる。分家した男は、ヤームト（本家）にイバチを持っていく。

ツカサはオガンで祈願する。

**第二日**

夜、人々はトニモトに集まり、コンジンを中心にミシヤゴを飾って手を合わせる。酒を飲みかわす時、若い女二人、若い男二人が歌をうたいかわし、歌合戦のようになる。

**第三日　ザーサギ**

あとかたづけの日。

**米のタナドル（種子取祭）**

粟のタナドルより少し遅れた日取りでおこなう。ナース（苗代田）はハエミダ（南風見田）の水源地のところ一ヶ所にまとまっていたが、以前はめいめいのナースがあり、そこに播種に行き、タナドルの祭りをした。

当日は、前の日に作ったタネオロシノカゴにクワズイモの葉を二枚程敷き、種子を入れてナースに行く。種子をおろし終わると、ナースのそばのビジュルに、香・ハナゴメ・ミキ・イバチ等を供え祈願する。ビジュルは山石でなく、フウ石(大きな石)の形のよいものをナースの十字路のようなところに埋めてある。ビジュルのないナースもある。そのような人は、ミズムトに向かって拝んだりする。ビジュルは田の神であるという。

ビジュルは昔からあり、これのある田をマツルタアとよぶ。祈願は、口々に、自分のおろした種子を満作にして下さい、守って下さいというのである。次に先輩の人が「サウズしよう」というと、みんな田の畦に眠る。やがて一人が鶏の鳴き声をクウクウとすると、サウズが終わったということで起きあがり、祭りは終わったことになる。それから田小屋に帰り、種子をおろした人はまたサウズをする。サウズをするというのは、寝ることであるという。サウズしてからタネノイバチを食べる。念願の深いほどフカサウズといった。

このあとみんながより集まり、タナドルの歌をうたって各田小屋をまわる。タナドルの際は、女たちも田小屋に来る。とても賑わうので行きたくしていた。マラリアのない季節である。ブナリ(姉妹)が来ない時は、イバチを島に持ち帰って食べさせたりした。ブナリに食べさせるのは、三つ重ねの握り飯の上の二つの部分である。タナドルの日に島に帰れなくなった時など、帰る日の朝、イバチを土産分に作ったりした。イバチは、小さいイバチ、大きいイバチ、タネノイバチが作られた。

タナドルが終わったあとのビジュルのそばには、ススキのサンを刺しておく。タナドルが終わった印で、悪いものが入らぬということになる。

米のタナドルの時には、ツカサの祈願はない。米のタナドルは集落の祭りではなく、各戸で神棚、元祖の前で祈願をするものだという。

マツルタアのビジュルには田植えの時にも祈願がある。田植えのあと、田の持ち主の男がこのビジュルにグシ・ハナゴメ・ご馳走・米の握り飯を供える。ご馳走は棒でかつぐのだが、この棒は稲のとり入れの際、家にかつぐ時の棒で、ご馳走をかつぐのも、稲の豊かな収穫があるようにというまねの意味であるといい、重そうにするといわれる。

## 一〇　旧一〇月

**ジュンガツタカビ**

火の用心のためにやるといわれる。八ヶ所のオガンに、ハナゴメ・酒・クバンを供え、火事がないように祈る。

## 一一　旧一一月

**フイゴマツリ（七日）**

フクマツリ・カゼーノマツリともいう。鍛冶屋の祭りである。

## 一二　雨乞い

ツカサは、マーニの枝を持ってマラパヤ・アルオガン・ツドマリヤをまわる。崎はカンダハサン（神高い）といって、崎々で歌をうたい祭りをする。

また、東にあるフツカーメという水の出る洞穴で祈願する。集落中のオガンに籠もり祈願するが、サーフン（水入れ)に水を入れ、アルオガンの境内に集まって、この水にクバの葉を浸し、雨たぼれ、雨たぼれと唱え、水をふりかける。巻踊りをする。

下地・上地の一年の祭祀儀礼の主要部分が、農耕暦の上に成り立っていることは明らかであるが、その農耕暦の中心が粟であることは注目される。このため、両島とも少なからず粟の儀礼、あるいは粟に関連をもつものの存在が見いだされる。たとえば、旧五月におこなわれる豊年祭(プラーメ)は、粟の豊年祭であり、翌六月の豊年祭(ウフプール)は、稲のみならず、粟も含めてあらゆる豊年や人間の繁昌を祈願するのであり、粟のハナゴメ、粟の嚙み酒(ンクス)、粟穂、稲穂が飾られ、豊年祭の歌にうたわれる作物も、粟と稲である。さらに、一年の行事の始まりは粟の播種祭であり、年の改まりを意味する節(シツ)祭は、盆の後、粟の種子取祭の前に日取られる。物忌・精進の始まりは粟の種子取祭のすんだあとから、そして、最後の物忌・精進は五月粟の豊年祭の前である。

この粟の儀礼とともに稲の儀礼も並行しておこなわれるが、こうした島は新城島以外にも多い。かつて稲を相当作っていた波照間島でも、一年の始まりを粟作との一致としてとらえている。このように、農耕、あるいは農耕儀礼において、必ずしも稲が支配的でないという傾向は、宮古島はもちろん、沖縄本島においても見いだせることである。

註

(1) 喜舎場永珣　一九七〇『八重山古謡　下巻』、「二月ジラバ」二八二～二八九頁、「儀式ユンタ」三〇八～三一〇頁、「パーレー唄」三一七～三三二頁、沖縄タイムス社。

# 第六章　人の一生

## 一　産育

昔は、産婆はおらず、上手な人を頼んだ。南風見家の人がよく頼まれたものだった。産室は裏座である。産室のことをシラ・シラヤとよぶ。出産の前までに、産婦をあたためるために用いるイロリを作る。木の四角の箱様のものに泥や灰を入れ、それに火をもやした。それで、木をわる音がすれば、どこかで生まれたなと思うようだった。この火でカワラ(パナリ焼き)をあぶって布につつみ、産婦の腹をあたためたり、赤子もあたためた。

### ピャーク

オギャーと泣いて子が生まれると、一人がカマドにかけて行き、鍋のススで赤子のひたいにピャークをつける。生まれてすぐにおこなう。これは赤子をねらう魔物から守るためのもので、四、五日たつとうすくなるので、また黒くつけなおす。一方、老人はすぐスピヅナをないはじめる。これは、縄の途中に決まった数のわらのスヂをたらしたもので、これを産室にまわす。入口のところには、古いわらじを紐をつけて下げる。「フツ(わらじ)を下げたかー」という。わらじは新しいものではだめである。

また、ザートコや仏壇に、出産できたからと手を合わす。産着、おしめはない。

湯をつかわせるが、誰でもよい。たいてい産婆役の人がやる。

ナーツキ

ワラビナー（童名）をつける。男は四日目、女は三日目にやる。男の子の場合、一番目は父方の祖父の名、二番目は母方の祖父の名を、女の子の場合は、一番目は父方の祖母、二番目は母方の祖母の名をもらうのだという。この日は、ファーナツキイワイといって賑わう。米あるいは粟の、丸い形の握り飯をつくる。これをアイズ（スナイともいう。野菜の味噌和え）と一緒に、仏や神に供えて祈る。

この握り飯をザルに入れ（この握り飯をアカゴノイズウという）、赤子を布に包んで適当な娘が抱き、浜に下りる。生まれてはじめて世界を見るので、「タウ、ヤマトンテラー」（唐や大和を見なさい）ということだという。娘の一人は波打ちぎわでナーライシ（小石）を三個を拾ってきて、赤子の胸のあたりに抱かせる。握り飯を食べる。オガンには行かない。男の子も女の子も同様におこなう。

浜から帰ってくると、各戸から握り飯を持ってお祝いにくる。握り飯は米とか粟の握り飯だが、それと何かつきそったものを持ってくる。祝いに来た客にこれらを分けたり、土産に持って返したりする。

ナーライシは長らくそのまま大事にし、枕の引きだしに入れておく。その後はどうにかなる。

トウジラ

産婦は一〇日たつとトウジラといって、シラから出ることができる。用心深い人はもっと寝ていることもある。

カニの日（庚・辛の日）に赤子の髪の毛を三ハサミ切り取り、大事にしておく。ヘソノヲは枕の引きだしに入れておく。

トウジラには、母親や赤子をつれてヤームト（実家）に行き、仏壇を拝む。

アトザンは産婆役をした人が家のうしろの軒下に穴を掘って埋め、その上にギラ(シャコ貝)の貝殻をかぶせておく。次の子の時は並べておく。

一年目はタンカーの祝い、十三の祝いもするが、それほどさかんにはやらない。

子守をファムリヤという。年上の子が次々に子守をするが、他家の子を頼む場合もある。自分の娘のように大事にする。特別な例だが、Aさんの祖母は、ムリ(守り)をした家から、恩義だからとオハラダ(大原田)の二段五畝をもらったということで、これは嫁入りの時に持参したという。

## 二　婚姻

昔は、結婚の決定に親どうしの力が強かった。親が反対したため、当人どうしがシマを逃げ出したということもあった。申込みは男の方の家からする。親が行くこともあるが、他の人(伯父など)を頼む場合もある。まず一度では返事をしないのが普通で、二度、三度は行くことになる。この時は何も持っていかない。良いか悪いかは顔つきでわかるという。いよいよ良いということになると、なるべく近いうちに男の方から女の方へ、ムスビといって、餅・酒・ご馳走を重箱に詰めて持っていく。行くのは男、男の両親、頼まれた人、親戚などである。女の家でも親戚が集まっている。持参した餅・酒・ご馳走などは仏壇に供え、先祖に結婚の報告をする。それから一同で食べる。

ムホツカイ

ムスビがすむと、男は女の家に泊まりに行く。男は布団は持っていく。たいてい子が二人程できるまで通う。婿は女の家の手伝いもするが、これを利用して女の親が薪を割らせたり、水を汲ませたりして働かせることもある。これを「ムホツカイ」といった。生まれた子は女の家のものを食べて大きくなるが、着物は男の方で着せる。夏の収穫があったあと、男は米や粟などをいくらか持っていき、日頃の気持ちをあらわす。

母方で生まれた子は、母方のオガンに行っている。祭りの時の子のハナゴメは、男の方で出す。

**ニービキ**

女が男の家に移ることをニービキ・ニーピッキという。二、三男の場合も必ず親と一緒に住んでから分家する。だから、家によっては三夫婦も四夫婦も一緒の家にいて、一家一七人などというのもあった。

ニービキの日は男の家から仲人をたてる。女の家へ、男の方の仲人がもらいにいき、女を男の家につれていく。女の親は行かない。この時、女の荷物が運ばれる。女は男の両親に手をひかれて一番座の縁から一番座に入り、盃をとりかわしてから裏座へ行く。裏座には女の方の友だちが来ていて、男の方の友だちは宴席に出ている。女が他のシマに嫁に行くのを嫌うが、そうした時、酒を出すというようなキムトリ(気持ちとり)はしなかったという。

結婚はなるべく血の遠い者どうしがよいといい、女の子ばかりの時は入婿をとるが、婿はなるべく他人からとるという。しかし、入婿の場合の位牌の祀り方について、最近ユタの言葉などによって変化がおきている。

ある男性は、入婿の父と母、父の父母の位牌を祀っていたのに、ユタの言葉により自分は母のマリピク(ピキ)であるから父の父母の位牌は祀るべきではないとして、父の父母を己れの元祖とすることをやめたという。インキョはない。

## 三　葬式

死の知らせとして、ピッーダマが出る、坊主の鈴が鳴る、念仏かねが聞こえる、墓場の方向に火玉が落ちる、シクシク人の泣き声が聞こえる等がある。

死者の枕は西南の向き(サンノハアマクラ。申の方向)にする。サンノハアマクラの向きは琉球王の枕の向きだという。最後だけでも王のようにさせる意味があるといわれている。死者は水を浴びせ、着がえさせる。この水は、水の中に湯を入れるというふうに、普段とは逆のことをする。枕もとに香炉を置く。

**死者に持たせるもの**

①針を紙に縫いとめたもの。これは後生に行くと針で食べるといわれているから。

②種子もの。死者が生前つくっていた種子は、全部持たせる。粟・黍・高黍・米等で、種子もの袋に入れる。

③煙草・酒。

ご馳走は持たせない。

クワン(棺)は大工がつくる。たいていは四尺四寸の長さの棺である。奇数は余りがあるので不幸を招くといわれ、四、四などの偶数をとるのだという。棺に死者は足を立てて入れる。蓋をして紐でしばる。釘は打たない。この棺をシマ所有の龕に入れる。行列して墓場へ行く。

**葬列の順序**

①テンガイ。竜のような形をしている。誰もこれを持ちたがらないので、村にいる特別ひょうきんの人などに、酒

**写真 3-1　墓**（ヌウエ墓。上地、1962 年 8 月）

を飲ませて持たせる。

②棺。

③かね打ち。昔は坊主がいなかったので、念仏かねを打つ人を決めてあり、この人が墓場へ行くまでかねを鳴らしていく。

④位牌持ち。あとつぎが持つ。男である。ない時は一番近い人が持つ。妻が持つことはない。位牌は二つ作り、一つは仏壇に、一つは墓に持っていき、棺の中に入れる。

⑤身内の者。笠をつけ着物をかぶる。遠い人は風呂敷をかぶる。他人でもタオルくらいはかぶる。泣き人はいない。

⑥龕。前後四人ずつ、八人でかつぐ。若い者が選ばれる。途中で休んではいけないという。服装は特にかわらない。

⑦一般の人々。

**墓**

墓は小字「長間（ナーメ）」にある。「グソノムラはナーメだ」といい、人が死ぬとナーメに行くという。沖縄式の墓を持つ人もあり、持たぬ人もある。持たない場合は、土の上に石を積み、棺を入れて屋根を葺く。ヌウエという。香炉、酒一対、ハナゴメ（四合）を飾る。一同で拝んで、身内の中の近い人が代表として一同に挨拶する。これで帰る。昔は浜に下りて、手・足・顔を洗い、身をきよめた。波打ちぎわに立って、サイノパナ（サイは波のこと）といって、波がくだけたところを七回かける。これで魔物を払うという。死者の家の者はやらない。死者の家では、賑わう場所へ一年くらいは出ない。

家に帰った身内の人は、死者の家の者をなぐさめる。四九日の間は、ご飯の初を三食仏壇にあげる。そして毎日墓参りをする。神ピュールに当たる日は行かない時があるが、これは非常にさかんな神の吉日であるから、不幸なことには関係するなということである。また、タツノヒノエ、ヒノトの日はマジモン(魔物)がさかえる日であり、自分の魂がつかまえられるから行ってはいけないという。

昔の墓は、多くヌウエのような粗末なものだったので、臭いが出たり、犬などがやぶって中を喰いちらすこともあった。それで泥を塗った(写真3−1)。

# 第四部　来訪神信仰とその儀礼

# 第一章　新城島の祭儀生活

## 一　自然と生活世界

### 1　はじめに

沖縄の民俗宗教についてこれまでさまざまのアプローチが試みられ、多くの成果が蓄積されてきた。(1) 聖杜(御嶽)をめぐる滞在神・来訪神、女性司祭者制や民間呪術者ユタ、複葬制や親族組織の上に成り立つ祖先観、これらを踏まえての象徴主義・構造主義的研究等々、それは沖縄文化の独自性とともに、東アジア全域を視野に入れるべき問題の提示であった。こうした中で、沖縄の民俗宗教の理解に欠かせない豊かな年間の祭儀については、これまで年中行事の研究として膨大な資料の蓄積と考察がなされてきた。これらは大別して、①儀礼の詳細な記述、②特定儀礼の多面的理解をめざす分析の二つがあると考えられている。両者は互いに相補的関係にあるが、これまで必ずしも二者のバランスは十分ではなく、自然や生業との関連も少なかったのであるが、いくつかの一般化・モデル化に関連する研究がみられている。(2)

本章は、八重山諸島の一孤島、新城島(上地・下地の二島からなる)の年中祭儀を通して、人々の祭儀生活の全体像を考察するとともに、沖縄の民俗宗教の理解に近づこうとするものである。後で述べるが、新城島は粟を中心とする畑作の島、人頭税のため西表島に稲を通耕していたが、村の祭儀の中に稲の儀礼はほとんどないという、畑作農耕儀礼を中心とする生活であった。植松が調査を始めたのは一九六二年夏であるが、当時上地二二戸、一二四人、下地は一戸、一人の居住であった。下地はその年の秋廃村となり、上地は現在数人の島となり、ムラとしての自立性は失われた。したがって本章で用いる資料の中心は、下地については旧下地島民からの聞きとり、上地は現在まで続けている島民からの聞きとりと参与観察によるものである。このようなことから、ここで述べる新城島の生活はすべて過去となった。特にことわりがなければ上地の資料を示し、暦はすべて旧暦(太陰太陽暦)で示している。

## 2　閉じた島

日本の最西端、琉球列島の南西に位置する八重山群島は大小三一ばかりの島で成り立ち、その地域差は大きい。自然地理学では、沖縄の島の地形を山地主体の「高島」と低い台地の「低島」に分類しているが、八重山では独自にタングンシマ(田国島)、ヌングンシマ(野国島)の分類があり、このタングンシマが高島に、ヌングンシマが低島に相当すると考えられる。(3) 新城島は山も川もない雨にたよる野ばかりの低平な珊瑚島で、地表はわずかに石灰岩土壌でおおわれている、典型的な低島＝ヌングンシマということになる。島は上地(カンジ)・下地(シムジ)の二つの小島からなり、両島とも周囲約四キロメートル、面積約一・六平方キロメートルで、古くから両島あわせてパナリとよばれていた。二島間はクリ舟で通交していたが、干潮時には干瀬(ピー)を歩いて渡ることができた。このように、自然状況からすればきわめて近接し行政上も同じ新城村(島)であった上地・下地であるが、それぞれに一つのムラを形成していて、下地が一九六二年に廃村になっても上地のムラがそれによって影響を受けることは少なかった。一年の祭儀生活もそれぞれ独自におこなっていたし(節(シツ)の舟漕ぎ競争は合同でやっていた)、これほど近接しているのに、アカマタ・クロマタの来訪神は上地は西表島古見に由来し、下地は小浜島からと伝承されていた。

一九六九年に悲願であった桟橋(一〇メートル)が上地にようやく出来たが(しかしこの長さでは干潮時に船は接岸できず、一方、過疎化は急激にすすんでいた)、それまで船はすべて沖がかりであった。石垣港から西表島行の運搬船に乗り、上地の沖で汽笛を鳴らし、迎えのクリ舟に乗り移って島の海岸の渚の海中へ下り立つというのが通常であったが、その運搬船もやがて寄ってくれなくなった。八重山で最も不便な島ということで、戦前の教員がいちばん恐れていたのは新城島への転勤で、それは左遷をも意味していたというほどだ。一九三一年にこの島に赴任したT先生によれば、[4]当時は新聞・ラジオはなく、船便も稀で、五〇日間クリ舟一艘出入りしない時があり、世の中がどうなっているかさっぱりわからず、役所の通知が間に合わないこともしばしばだったという。こんなふうで、人々の生活は島外とかかわること少なく、自己の島の自然と固く結びついて営まれていた。当然、基本は自給自足である。

### 3　自給自足の概況

島の石灰岩土壌は非常に薄く石が多いため鍬や鋤は使えず、ヘラでかがんで耕作するという苦しい状況であった。すべて天水にたよるので、作物の根の成長が不十分で干魃をうけやすい。夏は相当の雨量があるが不安定で干魃もあり、台風も襲来する。そのようなことから耐干性作物を選択し、冬季は比較的曇天湿潤であったことから、結果として焼畑による粟その他の雑穀冬作物を巧妙に輪作していた。[5]雑穀の種類は、粟・麦・胡麻・青豆・黍・高黍・赤豆(小豆)、そして甘藷(ン)などである。焼畑は数年で放棄され原野に戻される。焼畑は毎年九月頃おこない、焼いて初年度の畑(アーラスパタイ)には粟が良くでき、古い畑(フージ)には麦が適するというふうに、畑の程度で作物が工夫された。粟は初年度の焼畑に播種する印象深い作物で、早播・晩播・粳・糯など多くの品種があり、粒のまま炊いて食べられ、餅にもなり、日常食・晴食として、また酒や味噌の原料となるばかりか、近世においては米とともに貢納品でもあった。甘藷は近世以後の新作物であるが、一年中常食として欠かせないもので、年間いつでも収穫があるよう工夫されていた。このようにして新城島における主食は甘藷と粟で、米はほとんど食べなかった。粟もご馳走の類だった。

焼畑は、主としてムラをとりまく共有地の原野を焼くのであるが、原野は生産地として重要であるばかりか、海浜地帯とともに人々の生活を支える、無くてはならない自然物の採取地である。野菜は家や畑の周囲に少し作ったが、ほとんど次々と原野に生えてくるニガナ・ツノナ・チョーメイグサなど野草を利用し、オキナワシャリンバイ、シーカーサーのジュース、バンシュロ、パパイヤの果実を食べるのも楽しみであった。またアダン・チガヤ・クバ・蘇鉄・竹などの葉・枝・気根から筵・縄・袋・草履を編み、屋根を葺き、日用小道具（笊・籠・笠・柄杓・鍋蓋等々）などあらゆるものが作られた。以前は鍛冶屋もいたという。醤油・塩・食用油は購入したが、味噌は粟や原野で共同管理した蘇鉄の実で、酢は甘藷から作れた。薬草も種々あり、牛・山羊の飼料も原野の草でまかなえた（当時、牛は原野で、山羊・豚は各家で飼われていた）。祭儀用の聖なる植物（マーニ・エビヅル・ヤエヤマハギカズラ等）は豊富にあり、鳥が供物を盗みとることさえ神の啓示であった。一九七〇年代この島で植物民俗の研究をおこなった玉置和夫によれば、島民の植物についての知識はきわめて豊富で、当時何らかの形で利用された植物は二〇一種中九七（四八パーセント）であり、かつてはきわめて高度の利用があっただろうと想像している。(6)

さらに島をとりまく礁池（フムル）と干瀬（ピー）は交通の障害であったが、一方、豊かな海の恩恵をもたらした。干瀬は激烈な台風をやわらげ、干潮時には女性らが、魚・タコ・イカ・貝・海藻などを採る格好の場となり、礁池は天然の水族館ともいわれ、さまざまの魚群が集まり、通路ともなり、魚垣や銛・網・カノスなどを用い、あるいは男性

**表 4-1　自給自足の概況　新城島**

| | | ムラ | 原野・海浜 | 礁池 | 干瀬 | 海・他島 | 購入 |
|---|---|---|---|---|---|---|---|
| 食用 | 主食 | | 焼畑（甘藷、黍、高黍、粟、麦、豆）<br>採集（蘇鉄、テッポウユリ） | | | 米(西表島通耕)<br>儀礼用、換金、<br>(貢納) | |
| 食用 | 副食 | 卵<br>豚<br>山羊 | 焼畑（豆、胡麻）<br>採集（アオビユ、ノゲシ、スベリヒユ、ハマダイコン、フツン、チョーメイグサ、ニガナ、ヨモギ、ツノナ…、パパイヤ、ホソバワダン…）、ヤシガニ、牛 | 魚 | 魚<br>貝<br>タコ<br>海藻 | 貝、魚、海藻はいくらか換金する<br>魚(外海) | ソーメン |
| 食用 | 味噌<br>酢<br>砂糖<br>茶<br>酒<br>その他 | | 焼畑（粟)、採集(蘇鉄)<br>焼畑（甘藷)、ヒラミレモン<br>サトウキビ(黒砂糖)<br>コエビスグサ<br>粟<br>ジュース(シーカーサー、オキナワシャリンバイ) | | | 米(西表島) | 醤油<br>塩<br>油<br>酒<br>茶 |
| 薪・燃料 | | | アダン、チガヤ、蘇鉄、胡麻殻、枝 | | | 松根、ワラ(西表島) | |
| 建築 | 柱・床<br>屋根<br>舟 | | 竹、カヤ、アダン、シイノキカズラ、シマグワ | | | 木材、ワラ(西表島) | |
| 道具 | 莚・蓑<br>団扇<br>笠・籠<br>袋・綱<br>筵・桶<br>鍋蓋<br>薬缶<br>箒・箸<br>草履 | パナリ焼 | アダン、クバ、芭蕉、カヤ、蘇鉄、クワズイモ、粟殻、竹… | | 貝類 | ワラ(西表島) | 金属製農具、<br>漁撈具<br>瓶<br>食器 |
| 燈 | | | | | | 松根(西表島) | 石油 |
| 衣 | | 機織 | 芭蕉、カラムシ | | | | 衣類 |
| 薬 | | | 薬草 | | | | 薬 |
| 飼料 | | | トベラ、ハマセンナ、キダチハマセンナ、ハマアズキ、アカメカシワ、オオハマボウ、甘藷、チガヤ | | | 牛、豚換金(石垣島) | |
| 祭儀関係 | | | マーニ、エビヅル、ヤエヤマハギカズラ、チョーメイグサ、ヤシガニ、粟 | 魚 | | 米(西表島) | 線香<br>マッチ |
| その他 | | | | | | | 煙草<br>学用品<br>紙 |

が潜って海の幸を採取した。しかしほとんど自家用であった。貝殻は容器として利用された。昔は稀にザン(海馬・人魚とも)がとれて貴重な貢納品となっていたこともよく知られている。島の諺に「イントヤマ　ムククドド　アサル(海と山は足繁く通えば収穫がある)」というように、自然の恵みを足と手でとる毎日であった。

島の鶏は放し飼いで、卵はあちらこちらに産み、夜は高い樹の上で眠り、一番鶏の鳴き声は明け寅の刻(午前四時頃)を告げる。太陽の上り沈み、日影の移り代わり、干瀬を渡ってくる風音、波音、月の満ち欠け、干潮・満潮、井戸の水位(潮の干満により変化した)、鳥の鳴き声、草木の芽ばえ、開花、結実、激烈な潮風、干魃、台風など、人々をとりまく自然の具体的事象のすべての変異が時を示し、季節を告げる生活であった(表4-1)。

新城島での困難の一つは飲み水であった。井戸は家々に掘られていたが潮水で、比較的甘い水の出る集落の井戸が一つあったが、飲み水は家々で雨水を貯めて用いていた。多くの家がカヤ葺きの屋根であったので、茶色に染まった水であることも多かった。しかし雨が全く降らないこともあり、一九七一年の大干魃の時は舟で飲料水を運ぶこと三ヶ月に及んだ。こうした苦しみは新城島のみのことではなく、他のヌングンシマ(鳩間島・黒島・波照間島・竹富島)でも同様であった(一九七四年、西表島からの海底水道により数百年の水の苦しみから解放された。しかし過疎化は進み、一九七五年、小学校廃校)。

## 4　外界とのかかわり

このように新城島は閉じた生活であったが、島から外に出る必要もいくつかあった。その重要な一つは、近世の人頭税を納めるため西表島へ舟で通って稲を作ったことである。西表島は山あり川ありで、水は豊富、肥沃な土地がある沖縄第二の大きなタングンシマ(高島)であるが、同時に悪性マラリアの有病地であった(7)。新城島は川なく水田なくであるが、そのため蚊のいない健康地である。しかし人頭税を納めるため、人々はクリ舟で西表島に出かけ稲を作った。そうして誰もが一度はマラリアにかかったということだ。旧暦の正月頃は在来稲の田植えの最中で、島の男たちは一人残らず西表島の田小屋に泊まって農仕事に励んだ。人頭税廃止後(二〇世紀)、米は重要な換金作物となり、とれた米の大部分は石垣島で換金し、帰りの舟で、購入した必需品を持ち帰った。あるいは借りた金を返したりした。購入品は、石油(ランプ用)・食用油・煙草・塩・醤油・ソーメン・学用品・衣類・金属器・農具・漁撈用具などであった。西表島には、稲作の他に、家や舟を造る木材を採るための新城島の山があり、そこに寝泊まりして木を伐り出していた。このように西表島は主に貢納のための労働であり、その後は、自給自足の生活に貨幣をもたらす重要な役割を担うための領域となった。

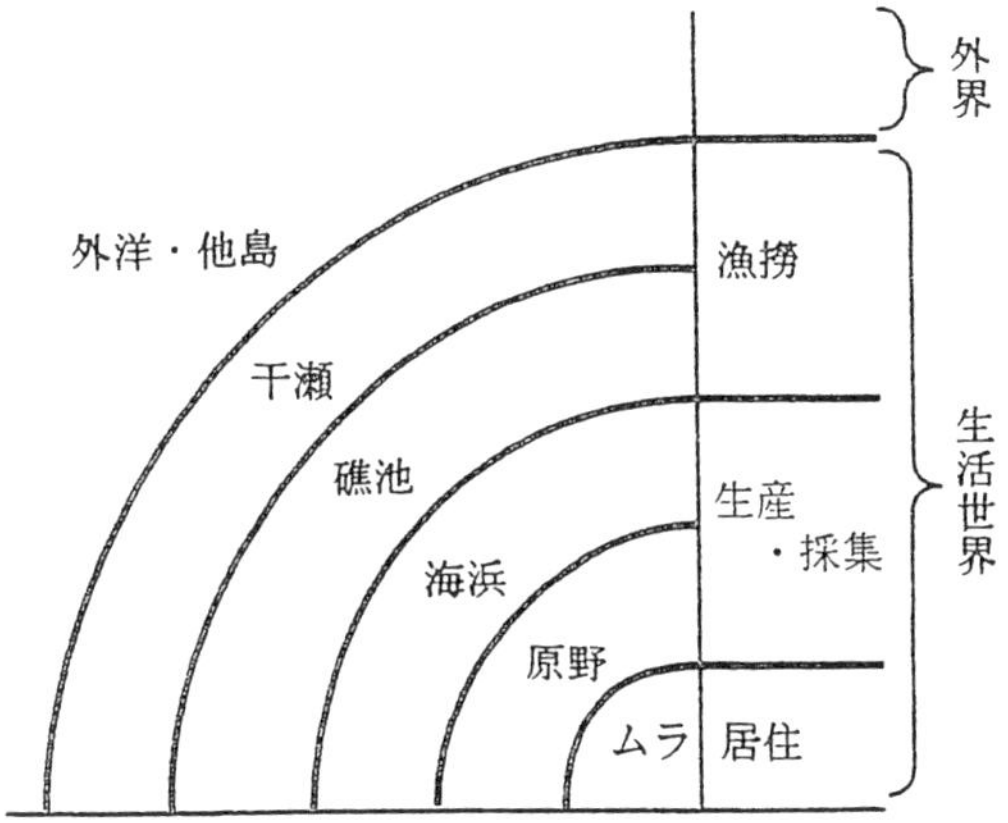

図 4-1　新城島の領域

このように、新城島の生活世界は、島およびそれをとりまく礁池および干瀬にあり、それらはいくつかの部位に分かれる。人々の住むムラは、上地も下地も島の北西端に一つあり、上地は南(パイ)・北(ニス)、下地は東(アル)・西(イル)に二分され、それぞれに草分宗家(トニモト)がある。ムラから海浜・原野に出る端々は、九月頃おこなわれる悪霊退散儀礼(シマフサレー)の時、山羊の血を塗った綱を下げる場所で、ここより内に悪霊が入らないようにとする意味があり、ムラが第一の閉じた領域であることを示している。宗教生活に重要な聖杜(御嶽)は、ヤマ・オガン、ワンなどとよばれ、上地では、アルオガン、ナハヤマ(美御嶽)、イリオガン三社が、ムラが原野・海浜に接する境の場所にある。ムラの外側の原野と海浜は焼畑をおこなう生産地であり、牛を飼い、また自然物を採取する非常に重要な場所である。島の外は漁撈をおこなう礁池・干瀬がとりまいている。このように、自然に強く依拠する自給自足の生活は、定住地としてのムラ、生産地・採取地としての原野・海浜、そして漁撈する礁池・干瀬が、丸ごと一体となって営まれたのであり、島の祭儀生活もこれらの上に成り立っている。干瀬の外側に広がる海、他島、さらにその遠方は外界であり、祭儀に出現する来訪神もそこからやってくると考えられている（図4-1）。

## 二　祭儀の諸相

### 1　祭儀の期日

新城島の年間祭儀をみると、複雑な手続きを経てその都度期日を決めるものと、定日におこなわれるものとに大別される。上地の場合、定日の祭儀は旧暦で元日（一月一日）、十六日（一月一六日）、サニチ（三月三日）、盆（七月一三〜一五日）、十五夜（八月一五日）、クニチ（九月九日）、鍛冶屋祭（一一月七日）、火の神祭（一二月二四日）などで、これらは沖縄全域にみられ、『琉球国由来記』（一七一三年）の中の祭儀とも重なり、さらに本土の年中行事とも共通するものが多い。

一方、その都度行事（キザル）の良い日（神ピュール）を勘案する場合も、旧暦を用い、干支、五行、星座、そして農耕暦などさまざまの考慮がはらわれ、ツカサら神役と村の代表などの協議により決定される。近世には首里王府によって祭日の特定化や内容の規制、さらには禁止などがあった。家々では、旧暦や干支が記されている日めくりの太陽暦の暦を使って、農事の開始、漁撈、舟の出入り、造舟・墓・家の着工、祝事、祭儀などにふさわしい干支、五行、潮の干満などの日時を見る。一般に満潮時に祝事、干潮時が葬式を出す時とされ、農業関係には庚辛(金)、壬癸(水)が、また寅・卯の日、寅・卯の刻なども神事に重要な時刻として考慮された(8)。祭儀の始まり、終わりには明け寅の刻(午前四時頃)が重要で、一番鶏の鳴き声がその時刻にあたり、実際に闇をけたてて鳴く声に合わせて儀礼が進行したし、あるいは夜の儀礼を昼間おこなってその終了を人が鳥の声を擬声で告げることもする。年間の祭儀には前後関係があり、たとえば粟の播種儀礼の前に節儀礼がおこなわれるというふうに、農耕暦と深くかかわっている。日常生活が太陽暦の暦や時計の時刻に律されるようになった現在も、キザルのほとんどは旧暦によっている。

このように祭儀の日取り(ピュール)にさまざまの考慮をするのは、良い日を選ぶこと自体に宗教的意味があったからで、王府の官制の中にも専門家がいた。新城島の祭儀に定日のもの、そうでないものの両者があるのは歴史的経緯によると思われるが、本章でとりあげるのは、主としてその都度日取りする祭儀であり、この祭儀が焼畑農耕暦に対応し新城島の生活の基底をなすものと考えるからである。

## 2　聖杜(御嶽)と神役(9)

聖杜は、ヤマ・オガン・ワンなどとよばれ、上地は三ヶ所(ナハ＝美御嶽、アル、イリ)、下地は八ヶ所(アル、イル、ナハ＝フウシティ、ナナザオなど)で、それぞれ異なる性格や由来がある。上地のナハ＝美御嶽、下地のナハ＝フウシティはそれぞれアカマタ・クロマタ来訪神にかかわる聖杜であり、上地のアル、下地のナナザオはザンに関係する海の神の聖杜である。上地のナハヤマのイビ(至聖所)に通ずるアーチ型の中門は白く塗られ、赤い太陽と三日月がえがかれている。人々は、上地では前記三聖杜に、下地ではアル、イルの二聖杜に分かれて所属し、祭祀集団を形成している。聖杜には女性神役ツカサ（一人）とこれを補佐するカマンガア（男性一人）、バキ・フンバキ（いずれも女性、数人）などがおり、年間の村の祭儀を執行する。下地はもともとアル・イルの二聖杜にツカサがいたが、一九一〇年代に神がかりした女性らによって、一時に他の拝所にまで神役が誕生した。神役の継承は世襲的に出自をたどっておこなうと考えられているが、人口が減少しこの方法は困難となり、カミクジをひくこともある。

### 3　一年の始まりの祭儀―節（シツ）―

新城島の一年は、一月からではなく、夏から秋にかけておこなわれる作り始めの節（シツ・セツ・シチィ）の祭儀からはじまる。新城島での節の日の取り方は、七、八、九月の三ヶ月中の、盆のあと、タナドル（粟の播種儀礼）の前の、戊の戌あるいは己の亥の日からはじまる三日間とされる。七月は仏事の月とされ、神行事がおこなわれないのが一般であるが、新城島では、盆の後とはいえ七月に節がおこなわれてもよい月であることは注目される。実際、植松も盆の直後におこなわれた節に参加したことがある。節は豊年祭とともに「シツ、プールヌタミニ、ヌツンナガライピサール」（節、豊年祭のために命を永らえたい）というほど、嬉しい楽しい忘れがたい祭儀であった。

概要

一日目　戊戌　若者が井戸の番をする。旧村役場跡（オーセ）で巻踊りをする。

二日目　己亥　バハミズ（若水）を浴び、麻糸を手首に結ぶ。家の内外の掃除。シチカザ（ヤエヤマハギカズラ）を柱や道具に巻く。巻踊りをする。

三日目　上地と下地の舟漕ぎ競争。ミーピカル（目光る）狂言。巻踊りをする。

井戸の番は戊・亥の二日間する。水は豊穣のシンボルで、他村の誰かに盗まれると豊穣が失われるとされる。巻踊りは「世」(豊穣)を巻きとる踊りとされ、三日間、繰り返し踊る。この時うたわれるジラパは、特定の家でうたわれる厳粛な「キユガピー」や、かなり猥雑な歌など、多くの種類がある。歌の最後には繰り返し「ユワナオレ」とうたう。ユワナオレとは稔ること、世が直る、変わることを意味する囃子言葉である。踊りは、三日目の舟漕ぎ競争の時の神旗を中心に円をえがき、アンツクノフッィとよばれる先導者にしたがい、人々は互いの肩をつけ、左右の人の腕をかかえこみ、指をからませて組み、握った手を前後についたり引いたりしながら、太鼓に合わせ合唱しつつ円にそって左へ左へと足を進める。(10)

二日目に注意されるのは、一番鶏の鳴く未明に起きて特定の井戸からスデ水＝バハミズを汲み、この水をこの夜浴びることである。スデルとは、蛇や蟹のように脱皮・脱穀して生まれ変わる意味があり、バハミズ、スデ水はともに生まれ変わる水、若返る水であり、節はこの水を浴びて人々が再び若返る祭儀なのである。(11)「キユガピージラパ」の歌詞には「今日の日、黄金の日を基にして、待ちに待った、願ってきた今日の日、七、八月がたったので、我が島パナリの節は今日の日、若水、シディ水がほしい、若返りシディ返りしたいのだ、我が島人みなの願いだ、どのような世を祈るか、来年来夏の豊年を祈るのだ、豊作、弥勒の世を祈るのだ、そのとおり、そのままを祈るのだ、パナリは富み我々の誇りだ…ユワナウレ、ナウレ」の意がうたわれ、節が若返りの日であり、来る年の豊作祈願をする日であることがわかる。

スデ水に関しては古くから論じられているが、(12)このスデ水を浴びる節に関する祭儀は、奄美・沖縄地域に広くみられるもので、その年の更新を意味することから正月小(小さい正月)ともよばれている。(13)西表島祖納では「年の夜」と称してご馳走を食べるが、新城島でも家の内外を掃除し、夜、ご馳走を食べる。スデ水は聖なる明け寅の刻を知らせる一番鶏の鳴き声を合図に汲まれることからも、人が若返ると同様に新たな年に切り替わった聖なる第一日ということになるだろう。「八重山島諸記帳」(一八世紀初期)に「七八月中己亥日節仕候。是ハ年迎トシテ家内外掃除仕家蔵之辻ヲ改芝ヲ結若水ヲ取浴申候也」とある。[14]この夜は新たな年の不幸や死の予兆を見るため、物見台に登って原野や墓のインネン火(化物の火)を見に行くこともする。柱や道具類にシチカザの蔓草を巻きつける。

三日目の舟漕ぎ競争は、神舟(上地女神、下地男神)の競争で、龍宮の神による世果報(ユガフ。豊穣)の招来とされる。舟には眉・目・波がえがかれ、シチカザを巻きつけ、神旗(上地—赤旗。草の繊維で作った髷様のものが飾られる。下地—赤旗。刀が飾られる)を立て、男性乗手(上地——白・黒のねじりはち巻、女装。下地——白・赤のねじりはち巻、男装)のはち巻の中には、ツカサから授けられた聖なる葉が封じこまれてある。競争はツカサら神役、村役、ムラ人全員が見守る中を、両舟はまず上地の海岸で、次に下地の海岸でおこなう。最初男神である下地の舟が上地にやってくることを、婚姻の際、まず男性が女性の家を訪うことになぞらえて説明する人もいた。大切なのはこの競争の際、舟の中にたまった海水(アカ)で、これは豊穣のシンボルとして大切にあつかう。舟が海岸に向かって漕ぎ戻ってくる時は、海岸で見守るツカサら女性たちは喜び踊って迎える。このあと聖杜での祈願や各戸巡遊して巻踊りをし、飲んだり食べたりしたあと最後に全員が夜明けまで繰り返し巻踊りをし、眠ったりした不心得者は裸にされ海に投げ込まれる。ミーピカル狂言(朝日に向かって目をぎょろぎょろさせる)がある。節の期間中は島から舟を一艘も出させず、人々は閉じこめられる。舟が出ると「世(ユー)」が島から失われるとするからである。

「世」の語は琉球全域に広く使用され、それは「作り世」「大和世」などのように一つの期間としての意味と、「蒲葵世(クバユー)」「弥勒世(ミルクユー)」「世乞い(ユークイ)」などのように、豊穣・幸福・安寧などの意があり、前者は繰り返さない時間(不可逆的時間)、後者は繰り返す時間(可逆的時間)に関連するとする。[15]新城の節では、繰り返し後者の「世」が求められている。

三日間にわたる新城島の節は、新しい年の更新、人々の若返りが求められている。さらに来る年の豊年が祈願され、もたらされる豊年をまさしく我がものとするため、繰り返しユークイの歌をうたい巻踊りを踊る。「世」のシンボルであるスデ水、井戸水(産水でもある)、舟のアカ、ツカサから授かる粟の神酒、特別なご馳走、遥かなる海の向こうの龍宮から男女神の来訪、神舟、魔除けのシチカザ(節蔓)、手首に巻く麻糸などなど、神の印が満ちて、老若男女、松明のもと楽しい忘れがたい高揚した時を過ごす。

節がおこなわれるのは、原野を焼いて焼畑が開始される頃である。焼いて最初の畑に播種されるのは粟であるが、節はその粟の播種儀礼の前に来るようになっていて、播種儀礼をうながす。節の日取りの原則からすると、同じ干支は六〇日の周期でまわってくる。このため最も早い節(前ピュールをとる)と、遅い節(後ピュールをとる)との間に六〇日の差があることになる。このことから節という年の始まりが地域によって異なり、節から節までの一年が必ずしも三六五日とは限らない。一九六五年、新城島の人々の移住地西表島大原の節は、種々の事情があって前ピュールをとって七月一六日、上地の節はその六〇日後であった。

## 4　粟の播種儀礼(タナドル・種子取祭)

節のあと、八月から一〇月頃の子、丑のツチノエトにおこなわれる。南下するサシバ(鷹の一種)の群れが空を舞う頃である。タナドルは実際の焼畑に播種するのではなく、儀礼的に、模擬的に播種するのであり、これがすむと各家は自分の焼畑に粟を播種してよいことになる。このように、粟を播くのにはその前に播種儀礼がおこなわれていなければならない。タナドルの概要は次のようである。

一日目　各家で粟の播種儀礼をおこなう。粟のウフイバチ(餅様握り飯)作りと共食。

二日目　聖杜で祈願する。タナドルの歌をうたう。

三日目　遊ぶ。

粟の播種儀礼の日は、播き始めだから深い祈りを捧げる日だとする（下地では大人たちは家の中で謹慎し、子どもたちは、浜辺に出る道の傍らのガジュマルの大木でブランコをする）。この日の未明、家の主人（男性）は、自分の焼畑に出かけ、その片隅に土を盛りあげ、粟の穂をもんで播く。播いた上に魔除けのサン（ススキ）を立てる。帰途、人に会ってはいけないとし、石を鳴らしながら帰る。帰ってそっと寝て、太陽があがると起きだす。

粟のイバチ（イバツ・飯初）作り。

糯粟を煮て直径三〇センチメートルくらいの大きなシラマズンの形（粟の収穫は穂刈りし、それを家の庭に積む。その形）の握り飯を作り（ウフイバチ）、さらにこの上に小さな握り（タネノイバチ）をのせ三つ重ねにする。一番座（家の東側座敷）に台をすえ、これに粟殻を敷き、イバチをのせ、粟穂・鎌・ヘラなどを飾る。この日イバチを共食するが、婚出した女性たち（姉妹叔伯母）が帰ってきてこの席につらなる。女性らの儀礼上の役割はないが、下地では三つ重ねのイバチの上二箇は姉妹に必ず贈ることになっていて、姉妹以外には贈ってはならないとする。姉妹神（ブナルガン）は尊いからといわれており、オナリ神信仰[16]が背景にあると考えられる。上地では、播種した男性がイバチを初切りし、食べる。別に三角形の小さいイバチをたくさん作り、姉妹らにもたせる。

ツカサらによる聖杜での祈願があるが、上地ではツカサの家、下地ではトニモト（草分宗家）に集まり、タナドルの長い歌をうたう。

このように、播種儀礼は、新しい年の新しい焼畑への最初の作物、粟の播種が開始される儀礼である。この儀礼的播種行為は、家々の男性によって秘かに、神の時間に、聖なる者の如くに実施される。石の音は警蹕であろう。ここでも、「世」のシンボルとして大きなシラ状の粟のイバチ、粟酒、粟穂、そして豊年の期待をこめて姉妹叔伯母へのイバチの贈与、粟の生育過程をうたっているらしい(一部不明)タナドルの歌などがみられ、台に飾られた粟の農具、鎌やヘラとともに、いよいよ始まる農耕期間、「世」を願って神々と対峙する物忌・精進の開始を示す。

粟播種儀礼の日から物忌・精進がはじまるが(ウクスムヌウ)、この生活は翌五月、粟の豊年祭の後の止め物忌(トメムヌン)までつづき、あらゆる精進につとめて作物の無事生育と豊年を祈る。実際の粟播種は早播粟が一〇月頃からはじまり、ずっと一二月頃まで続く。バラ播き、無肥料、高黍や小豆もたいてい粟とまぜて播く。この間に甘藷の苗植えもする。加えて西表島での稲作のため、水田の準備やナース(苗代田)への籾の播種などがあり、非常に忙しい日が続く。粟の除草、高黍・小豆の間引き、二期以後の古畑への播種・管理、そして正月が終わった頃は西表島での田植えが最盛期となり、島の男たちは一人もいなくなる。

## 5　物忌・精進(ムヌウ・サウズ)

音の禁止。三月、四月頃は若葉が萌えはじめる季節で、粟や稲も花ざかりになってくる。非常に大事な時期として人々に禁じられたことの中で、特に音についてきびしかった。太鼓、蛇皮線、口笛、歌をうたう、高笑い、大声、下地では地面を強く踏むと大きく響くのでこれも禁止であった。

海止め(インドメ)。一定期間海に行くことを禁止する。特に、汚れた若い女性は海の神を怒らせて、風を吹かせ波をけたてるといわれ、この間、絶対海行は禁じられ、干潮でも干瀬に魚貝をとりに行けなくなる。

山止め。海止めのあと山止め(ヤマドメ)があり、木を切ると神が怒って風が吹くといわれた。

特別の物忌・精進としては次のようなものがある。

ウルズンノフカサウズ。粟がいよいよ実る時期になると、聖杜にツカサら神役、ムラ人が集まって祈願し、畑仕事を禁止し、全員海辺に行き祈願し、一定時間話をすることも禁じられた。

虫。虫が大量発生すると、虫を集め芭蕉の葉の舟に乗せ、海に流して祈願し、全員が浜辺で謹慎・沈黙・祈願した。鼠の精進もあった。

新城島には猪がいなかったので猪害は免れたが、虫・鼠・風などによって、たちまち作物が喰い尽くされたりして、低平な島全体が潮風によって赤く枯れ果てるというふうに、自然の災害が常に身近にあった。

### 6　粟の初穂祭（プウスクマ）

粟がようやく穂を出しはじめた頃の儀礼。ムラで年のあう人を選び、未明に各家の畑の粟穂を抜き、それぞれの家の軒に下げる。この人は人里はなれたところで一日謹慎する。これで各自の畑は魔物にとられることなく、安全ということになる。

ヤマノフツカール（山の口あけ）。ツカサらによる山の口あけの祈願がすむと、いよいよ粟を刈ってよいことになる。ヤマノフツカールは、粟の豊年祭の前に来るように日取りが考えられてある。

### 7　粟の豊年祭

粟の実りぐあいを見て五月のミズの日を選ぶ。粟のプール（アープール）・プラーメなどとよぶ。粟の刈り入れがはじまった頃である。

家々では、初粟で粟の握り飯（アーノイイ）、ハナ粟（粟の粒）、粟酒を作り、各家の神前や仏壇に供え祈願する。聖杜にはツカサによって供えられ祈願される。少年たちによってアカマタ・クロマタの子神二神が出現し、各戸を巡遊する。下地ではこの子神をフサマロともよぶ。フサは草の意である。

### 8　物忌終了（トメムヌン）

粟の豊年祭の翌日が、一年の最後の物忌（トメムヌン）で、このあと秋の播種儀礼まで物忌・精進はない。トメムヌンの時、下地ではサウズピトが三人えらばれ、各家の畑に魔除けのススキを刺し、浜辺で一日中謹慎した。

### 9　豊年祭（プール・ウフプール・フウプール）[17]

六月のこの時期は、最も重要な粟をはじめほとんどの畑作物は収穫され、西表島で作っている稲も収穫し、まさしく農耕期、物忌・精進が終わって豊年を祝う祭儀となる。豊年祭は、前年九月頃に年の始め、農耕の始めとして豊年、若返りを祈願した節と対応する終わりの儀礼で、かつ、次の節までの約三ヶ月の何もない期間の始まりでもある。豊年祭は節とともに島最大の祭儀であり、この時、あらゆる「世」を授けるアカマタ・クロマタとよばれる仮面草装神が出現するのはまことに意味深い。

六月豊年祭の概要

一日目　願ほどき（ウバンパジ）。神迎え（カンダス）。獅子舞。

二日目　アカマタ・クロマタ誕生。アカマタ・クロマタ秘儀集団への新加入（アライリ）。夕方、ナハヤマ（美御嶽）の広場にアカマタ・クロマタ出現。巻踊り、神々の各戸巡遊。

三日目　明け寅の刻にアカマタ・クロマタとの別れ。巻踊り。あとのお祝い（アトヨイ）。

祭りの一日目は、今年の願いをはずすことである。願いはそのままにすると災いがあるとされる。次に、夕暮れ時にナハヤマに近い浜（マフブネノハマ）で神迎えがある。松明、酒、米（ハナゴメ）、乾魚（クバン）、稲穂、線香などを供え、ツカサら神役、村役、ヤマシンカ（秘儀集団のメンバー）らが一列に並び、西表島古見の方向に向かって祈願し、豊年祭の歌をうたう。浜から「世」をおこすという。夜、ナハヤマで雌雄の獅子舞があり、その戯れの様子で来年の豊作の意を知るという。この夜、神役やヤマシンカ全員がナハヤマの聖域ミラヤアに集まって、夜通し太鼓をたたき歌をうたって神々の誕生を待ち望む。ヤマシンカ以外はすべて外出禁止である。下地では、フウシティ（ナビンドウとも）とよばれるムラから少し離れた聖杜にヤマシンカは集まる。

二日目は聖杜内のミラヤアでの徹夜の祈願の後、明け寅の刻に、アカマタ（男神）・クロマタ（女神）の親子四神が、ニイレイスクという深い土の底からスデルことになっている。この日、新しいヤマシンカ加入の審査がある。一五歳以上の男子、島生まれの品行方正の在住者に申請の資格がある。

夕方、島人全員が集まるナハヤマの広場に、アカマタ・クロマタ親子四神が太鼓の音とともに姿を現す。

親神　全身蔓草（エビヅル）の衣。頭に数本のマーニ（クロツグ）の枝を立てる。両手に棒。仮面はアカマタは赤色（紅がらといわれる）、クロマタは黒色（墨）。独特の隈どり、髭、菜種油やポマードを塗る。目は夜光貝で光っているよう見うけた。

子神　全身蔓草（エビヅル）の衣。頭に一本のマーニの枝を立てる。右手に長い笞、左手に棒。面の色は親と同じ。隈どりは異なる。

子神、親神に続いてそれぞれのヤマシンカが行列して従う。アカマタヤマシンカは赤いはち巻、クロマタヤマシンカは白いはち巻をしている。先頭に旗持ちが旗を持つ。アカマタ旗には太陽がえがかれ、その先に刀・粟穂・稲穂が飾られる。クロマタ旗には三日月がえがかれ、その先に二股鉾・粟穂・稲穂が飾られる。広場に勢ぞろいして後、島の男女全員が神々と入りみだれて巻踊りを踊る。人々は昂奮し、うたい喜び、走り踊る。

各戸巡遊。家々の前庭で四神、ヤマシンカらは女たちと太鼓に合わせ合唱し、足を地面に打ちつけ激しく踊る。明け方近く、四神との別れの時が近づく。ムラはずれの十字路(別れの十字路)に島人が集まり、別れがたい思いを合唱する。明け寅の刻を告げる一番鶏の声を合図に、別れの時がくる。太鼓がやみ、四神はミラヤアに姿を消す。全員巻踊り。下地では、最後に四神やヤマシンカが集まるのはヤナホウとよばれるところで、ここに小浜島からアカマタ・クロマタ祭祀を下地に伝えたとされるツカサの墓がある。

三日目のあと祝いは、各戸を巡遊しうたい、踊り、飲食して楽しむ。

新城島の豊年祭は、このように五月粟の豊年祭と六月豊年祭の二重構造をなしている。六月豊年祭は稲の豊年祭ともいわれるが、アカマタ・クロマタの旗に粟や稲の穂が飾られること、供物に元来は粟酒、ハナ粟などもあったということから、必ずしも稲の豊年祭とは決められない。一九六三年六月豊年祭では、稲の穂はなく粟の穂のみが旗に刺してあった。上地のアカマタ・クロマタは、稲作のさかんな西表島古見から伝わったとされているから、上地の豊年祭が稲の性格をもつことも当然ともいえる。しかし農耕暦からすると、この時期は粟・稲そしてほとんどの畑作物の収穫が終了しており、巻踊りの歌詞に「粟酒を醸し、米酒を醸し」とか「世(ユー)を持ってきて下さい、来年の世を持ってきて下さい」とあるように、粟・米など、あらゆる世を期待するかのようである。新城島では、稲の農耕暦に従う儀礼のほとんどは西表島の耕作地でおこない、新城島のツカサらの関与もほとんどない。また五月の粟の豊年祭で物忌も終了することから、畑作の新城島ではもともと五月豊年祭が重要な区切りの時ともいえる。

物忌・精進した農耕期間が終了し、次の農耕期の始まりまでの間に、可視の仮面草装神が出現し、人々に来る年の豊年、あらゆる世が与えられるとする祝福・確信の至福の時間が展開する二日目の夕方からの数時間は、昂奮と歓喜、神秘に満ちている。この仮面草装神が、女性神役らによるのではなく、男性のみの秘儀集団によって演ぜられ、この一日は男性対女性・子どもの対峙となる。秘儀集団への加入はムラの男性の一人前を意味し、その加入儀礼がこの日におこなわれ、秘儀集団の内部が更新される。

仮面草装神は明け寅の刻に深い土の底ニイレイスクから生まれ、翌明け寅の刻に再びニイレイスクに戻るとされる。このアカマタ・クロマタは、別にニイルピトゥ（ニイルの人）といわれる。ニイルは沖縄諸地域でいわれる海上他界ニライ・カナイと同系の語であろうと考えられるが、これらアカマタ・クロマタに関しては人が演じていることも含め絶対語ってはならない秘密であり、人々は固く守っている。しかし種々の説明がされており、神々は深い土の底から、西表島古見の方向から、海原から来訪するなどで、秘密の聖域ミラヤアは海岸からやや離れたナハヤマ奥深くにあり、宮良賢貞によれば、ミラヤアの中にある海の白砂を三角錐状に盛りあげたところが神の上陸地点であるという⑱。アカマタ・クロマタ四神には祭儀上、赤—黒、男—女、東—西、優—劣、太陽—月、刀—鉾などの二元対置がみられるが、これらは他地域の農耕儀礼にもみられるもので、種々論議されてきた⑲。

**10　七月　盆（ソーロン）、一三〜一五日**

仏壇を飾り供物をする。墓参はない。一五日に獅子舞（雌雄）がある。先祖（ウヤピトウ）を送るのは一番鶏の鳴く前までである。家ごとにおこなわれる。

**11　八月　豊年感謝と予祝儀礼　結願（キツガン）**

一年の豊作の結びと来年の祈願を女性神役らによっておこなう。
一日目　願ほどき。
二日目　来年の豊作を祈願する。踊り・狂言をする。ナハヤマの広場で仮面（大きな布袋の仮面）をつけた弥勒（ミルク）が現れ、村役に「世」を授けるとして物種子（粟・稲の穂）を渡すことを演ずる。
三日目　全員が余興し飲食して愉しむ。

**12　八月十五夜**
家ごとに、台に供物を供え祈願する。綱引きがある。上地では南北に分かれて引き（ムラが南北に二分されている）、北（雌綱）に勝たせる。下地では東西に分かれて引き（ムラが東西に二分されている）、西が勝つと豊年とされる。

## 三　若干のまとめ

以上みてきたように、新城島の年中祭儀は冬作粟の農耕暦が重要な意味をもっており、粟の農耕儀礼によって時が刻まれている（表4-2）。畑作の農耕開始時期が一年の始まりで、節（シツ）はその儀礼である。家をきよめ、若水を浴び、ご馳走を食べ、来る年の予祝の舟漕ぎ競争など、人も年も更新するこのシツ正月は、宮古八重山地方で広くみられるものである。毎年焼畑が拓かれ、初年度の焼畑での粟の農耕暦にそって農耕暦が展開するので、毎年同じ順序の内容で繰り返されることになる。

粟の播種儀礼を経て五月粟の豊年祭までの約九ヶ月間は、神々に生育と豊年を祈願する物忌・精進の日々で、それ

表 4-2　新城島の農耕暦と祭儀のあらまし(旧暦)

| | | 9 | 10 | 11 | 12 | 1 | 2 | 3 | 4 | 5 | 6 | 7 | 8 |
|---|---|---|---|---|---|---|---|---|---|---|---|---|---|
| 農耕暦 | 新しい焼畑 | 原野を焼く | 粟を播く→ | | | | | | | 収穫 | | | |
| | | | 高黍を播く→ | | | | | | | 収穫 | | | |
| | | | 小豆を播く→ | | | | | | | | 収穫 | | |
| | 古い畑 | | 麦を播く→ | | | | | 収穫 | | | | | |
| | | | | | | | | 胡麻を播く→ | | | 収穫 | | |
| | | | | | | | | | 青豆を播く→ | | 収穫 | | |
| | | | | | | 黍を播く→ | | | | | 収穫 | | |
| | | —甘藷　年中苗植，収穫— | | | | | | | | | | | |
| | 西表島 | | 田耕作・稲播く→ | | | | 田植→ | | | | 収穫 | | |
| 年間祭儀 | 日取り | 節<br>悪霊退散儀礼 | 粟播種儀礼<br>物忌始まり↑ | | | | 悪物退散儀礼 | 若葉の精進<br>海止め<br>山止め | 鼠精進<br>虫精進<br>穂精進 | 粟穂祭<br>山の口あけ<br>粟の豊年祭 | 物忌終了↑<br>大きい豊年祭 | | 結願 |
| | 定日 | 9 クニチ | | 7 鍛冶屋祭 | 24 火神祭 | 1 元旦<br>16 十六日 | | 3 サニチ | | | | 13–15 盆 | 15 十五夜 |

が新城島の農耕期間、日常の時となる。あとの約三ヶ月は、物忌・精進そして農耕生活から解放されて、音は解禁となり、太鼓はたたかれ、大声で歌をうたい、足を踏みならして踊る喜びの期間となる。(20)

解放された三ヶ月の中で祭儀が次々とおこなわれ、その最高潮は、粟・稲その他ほとんどの収穫が終わった時期の、大きい豊年祭(六月豊年祭)である。この時、あらゆる「世」(豊穣)をもたらした神が可視の形をとり(アカマタ・クロマタ)、人々の前に出現し、神話的時が展開するのである。石垣島川平の事例から、湧上はこの解放の期間を「空いているノーカウントの期間」とよび、波照間島を調査した住谷・クライナーらは「カオスの時」ととらえている。(21) 境界的時間(期間)ともいえる。

この期間に、五月粟の豊年祭、六月の豊年祭のあと八月頃の結願があり、その間をぬって農耕儀礼ではない定日祭儀の七月盆、八月十五夜、九月九日などがある。その折にも予祝があり、やがて再び一年の始まり、節(シツ)を迎える。

これらの祭儀では、繰り返し「世」(豊穣)が求められる。

豊年祭には仮面草装神、アカマタ・クロマタが来訪し獅子が舞い、盆には祖霊が来訪、獅子が舞い、結願には仮面をつけた黄衣の弥勒から、豊穣のシンボルとして種子(粟・稲の穂)が授けられる。十五夜には綱引きによる豊年予祝、やがて迎える節(シツ)でも神舟(龍宮・海)による豊穣予祝があり、「世」を巻きとる巻踊りが繰り返し踊られ、そして再び物忌・精進の期間が始まる。一年はこのように始めと終わりをもち、反復し繰り返される。

八重山の祭儀の多くに三日構成をなすことがみられるが、新城島の豊年祭、節、結願なども同様で、その一日目は今までとの訣別(願ほどき)、二日目は日常みられる女性による宗教的リーダーシップが排除され、男性による神が出現する境界的状況、三日目は俗的時への戻りといえよう。鈴木は、豊年祭や節などの祭儀を時間論の上から「「世バナウル」時とし連続的時間が断ち切られて、それと異なる非連続的な時間認識が生じてくる」とし、その非連続の裂け目を通して神々が訪れるとする(22)。

沖縄と日本本土の文化との関わりを考察するにあたって、稲作文化は重要な手がかりとされ、また沖縄の年中行事も稲作儀礼を中心に構成されると考えられてきた。しかし沖縄の稲作儀礼は、本土に比較し田植え儀礼の未発達や畑作との複合的性格をもつことが指摘されている(23)。農作業上からすれば、稲と、粟・麦など畑作物との相違は、苗を移植するかどうかのみであることから、移植儀礼を除けば稲や粟、麦の農耕儀礼は同じ過程をたどることになる。八重山諸島は沖縄における米の生産地として知られ、タングンシマの西表島や石垣島は稲も作る島であるが、一方ヌングンシマの新城島のように、年間祭儀が粟の農耕暦に依拠する、比較的単純な構成をとる島もある。

同様に稲は作らず、粟・麦の畑作(現在はサトウキビ)の宮古諸島は低島で、年間祭儀は畑作儀礼を中心とするが、ムラムラの偏差値の差が著しく、概括化がむずかしい。

高島である沖縄本島とその周辺離島では、かつてサトイモ・粟の焼畑がおこなわれ、麦・稲とともに重要な作物であった㉔。明治期の畑地面積の総耕地面積に対する割合が、たとえば八重山六五パーセント、沖縄本島南部（島尻間切）八三パーセント、宮古九九パーセント（明治三四（一九〇一）年、『沖縄県統計書』による。本書一三七頁）とあるように、沖縄本島の畑地面積比は相対的に高い。しかし、近世には首里王府は稲と麦の作物を重視し、稲・麦の祭儀を公儀とし、王城でもまた地方においても、公儀司祭者ノロによって執行させた。王府の開明政策によって祭儀の定日化や再編成があり、暦法が整備され、薩摩支配や中国との冊封関係、その後の廃藩置県など、多様な政治的文化的影響をうけたが、その影響は遠く離れた宮古・八重山に比べ沖縄本島は強かった。現在は栽培作物の変化も大きく、それにともなって祭儀は消滅・改変・創造を経過し、複雑な様相を呈している。しかし祭儀のリズムの根底には、自然の認識、かつての農耕暦が印づけられていると考えられる。

## 註

（1）たとえば、伊藤幹治・渡邊欣雄　一九八六「南西諸島（民間信仰）」日本民族学会編『日本の民族学　一九六四―一九八三』、弘文堂。

（2）コルネリウス・アウエハント　一九六七「波照間島の神行事について」『沖縄文化』二三。住谷一彦、クライナー・ヨーゼフ　一九七五「パティローマ」『思想』六月号、一〇月号、一二月号。湧上元雄　一九七六「祭祀・年中行事の位相」九学会沖縄調査委員会編『沖縄　自然・文化・社会』、弘文堂。鈴木正崇　一九七九ａ「八重山群島に於ける時間認識の諸相」『南島史学』一三。鈴木正崇　一九七九ｂ「来訪神祭祀の世界観　赤マタ・白マタ・黒マタ再考」『社会人類学年報』五　など。

（3）八重山諸島の田国島は西表島・石垣島・与那国島・小浜島、野国島は竹富島・波照間島・鳩間島・黒島そして新城島である。

(4)　竹原孫恭　一九八四「想い出の島・新城」『老いて学べば——竹原孫恭遺稿集——』、一七〇頁、神無書房。

(5)　植松明石　一九七四「新城島の畑作」『八重山文化』二(本書第三部第二章)。植松明石　一九七七「沖縄、八重山の畑作とその儀礼」『跡見学園女子大学紀要』一〇。

(6)　玉置和夫　一九七九『沖縄の植物と民俗——玉置和夫遺稿集——』、二七〜二八頁、玉置和夫遺稿集刊行委員会。

(7)　悪性マラリアによる廃村は石垣島裏石垣、西表島に数多い。西表島では、二〇世紀になって南風見・崎山・上原・高那などの村々が廃村となった。

(8)　たとえば『おもろさうし』二一―七〇「ねうしか、とき、かみきや、とき、とら、うの、とき、かみきや、とき」とある(外間守善・波照間永吉編『定本おもろさうし』七一七頁、角川書店)。

(9)　植松明石　一九六五「八重山・黒島と新城島における祭祀と親族」(東京都立大学南西諸島研究委員会編『沖縄の社会と宗教』平凡社)にややくわしく述べてある。

(10)　野底宗吉編　一九八九『新城下地島の節祭ジラパ集』新城下地島を守る会刊。

(11)　下地では、スデ水について「昔、人間はスデて若返っていた。ところがセツカという鳥が、若水の入った容器をひっ繰り返し水をこぼしてしまった。そこで人間の若返りは停止した。セツカは罰として、小さな貧弱な鳥になってしまった」と語られる。

(12)　ニコライ・ネフスキー　一九二七『月と不死』、東洋文庫。折口信夫　一九二九「若水の話」『古代研究　民俗編一』(『折口信夫全集第二巻』中央公論社)。

(13)　南島の正月には節正月、新節正月、年浴正月などさまざまの展開がある。さらに旧暦の正月、新暦の正月があり、新城島では前者をドゥノショウガツ、後者をヤマトノショウガツという。小野重朗　一九八四「正月と盆」『日本民俗文化体系九　暦と祭事――日本人の季節感覚――』、一六四～一七三頁、小学館。

(14)　南島発行所編　一九七六(一九四〇)「八重山島諸記帳」『南島』第一輯、三〇頁。

(15)　比嘉政夫　一九七一「常世神と他界観」『古代の日本二　風土と生活』、二二四～二二五頁、角川書店。鈴木、前掲註(2)(鈴木　一九七九a)、四九頁。

(16)　姉妹が兄弟に対し霊的に優越し、守護するという信仰。沖縄全域にみられ、特に八重山の各地でこのウフイバチの共食に際し、初のナイフを入れる姉妹叔伯母の役割は注目された。馬淵東一　一九六八「オナリ神をめぐる類比と対比」金関丈夫古希記念委員会編『日本民族と南方文化』。植松明石　一九七一「女性の霊威をめぐる覚書」谷川健一編『叢書わが沖縄　村落共同体』木耳社。

(17)　この六月豊年祭に関しては、アカマタ・クロマタの秘儀があるため人々の口は堅い。したがって詳細は不明である。住谷一彦　一九六四「南西諸島の Geheimkult ――新城島のアカマタ・クロマタ覚書――」『石田英一郎教授還暦記念論文集』角川書店。植松、前掲註(9)。三隅治雄　一九七八「民俗芸能ととこよ信仰――神と人と劇の触れ合い――」『文学』四六。増田和彦　一九八七「新城島上地の来訪神」『日本民俗学』一六九。平敷令治　一九九〇「アカムタ・クロムタ――八重山・新城島の豊年祭――」『沖縄の祭祀と信仰』第一書房。

(18)　宮良賢貞　一九七九「新城島上地の穂利と赤マタ・黒マタ」『八重山芸能と民俗』、二九三頁、根元書房。本稿の豊年祭の記述は一九六三年の見聞をもとにした。現在も巡遊はおこなわれているが、見物人は特定の家で見物するようになっている。

(19)　村武精一　一九七五「南部琉球における象徴的二元論」『神・共同体・豊穣――沖縄民俗論――』未来社。

(20) 足踏みの意義を増田は地霊を威圧する反閇とみている。増田和彦　一九八七「神々の行動伝承——八重山郡古見・小浜・新城・宮良の豊年祭をめぐって——」『野洲国文学』四〇、八四～八七頁。
(21) 湧上、前掲註(2)、一九六頁。住谷・クライナー、前掲註(2)。
(22) 鈴木、前掲註(2)、五二頁。
(23) 伊藤幹治　一九六三『稲作儀礼の類型的研究』國學院大学日本文化研究所。
(24) 佐々木高明　一九七六「南島における畑作農耕技術の伝統」九学会連合沖縄調査委員会編『沖縄　自然・文化・社会』、三三五～三三六頁、弘文堂。

# 第二章　来訪神儀礼の成立をめぐる考察

## 一　はじめに

琉球列島の最西端に位置する八重山群島の諸地域には、旧暦六月(以下すべて旧暦)の豊年祭に際し、仮面草装の来訪神アカマタ・クロマタが出現し、来る年の豊穣をもたらすとされていることが古くから知られている。現在、この来訪神儀礼が実施されているのは、西表島古見、小浜島、石垣島宮良、そして新城島上地の四ヶ所である(図4-2)。かつては西表島野原(一九〇二年まで)、高那(一九〇六年まで)と、新城島下地(一九六二年まで)でもおこなわれていたが、いずれも廃村により出現は止んだ。

アカマタ・クロマタ祭儀の伝来系統や相互関係について種々研究があるが(宮良　一九七九a、二六六。喜舍場　一九七七)、古見に由来するという点ではいずれも一致している。

一八世紀に成立したとされる「八重山島諸記帳」(首里王府の求めに応じてつくられた一種の調査報告書)の「島中奇妙」の項の中に、当時すでに奇妙の一つとして古見の来訪神についての記事が書かれている(南島発行所編　一九七六、三七)。

…上代古見三離嶽に猛貌之御神身に草木の葉をまとい頭に稲穂を頂き出現立時は豊年にして出現なく時は凶年な

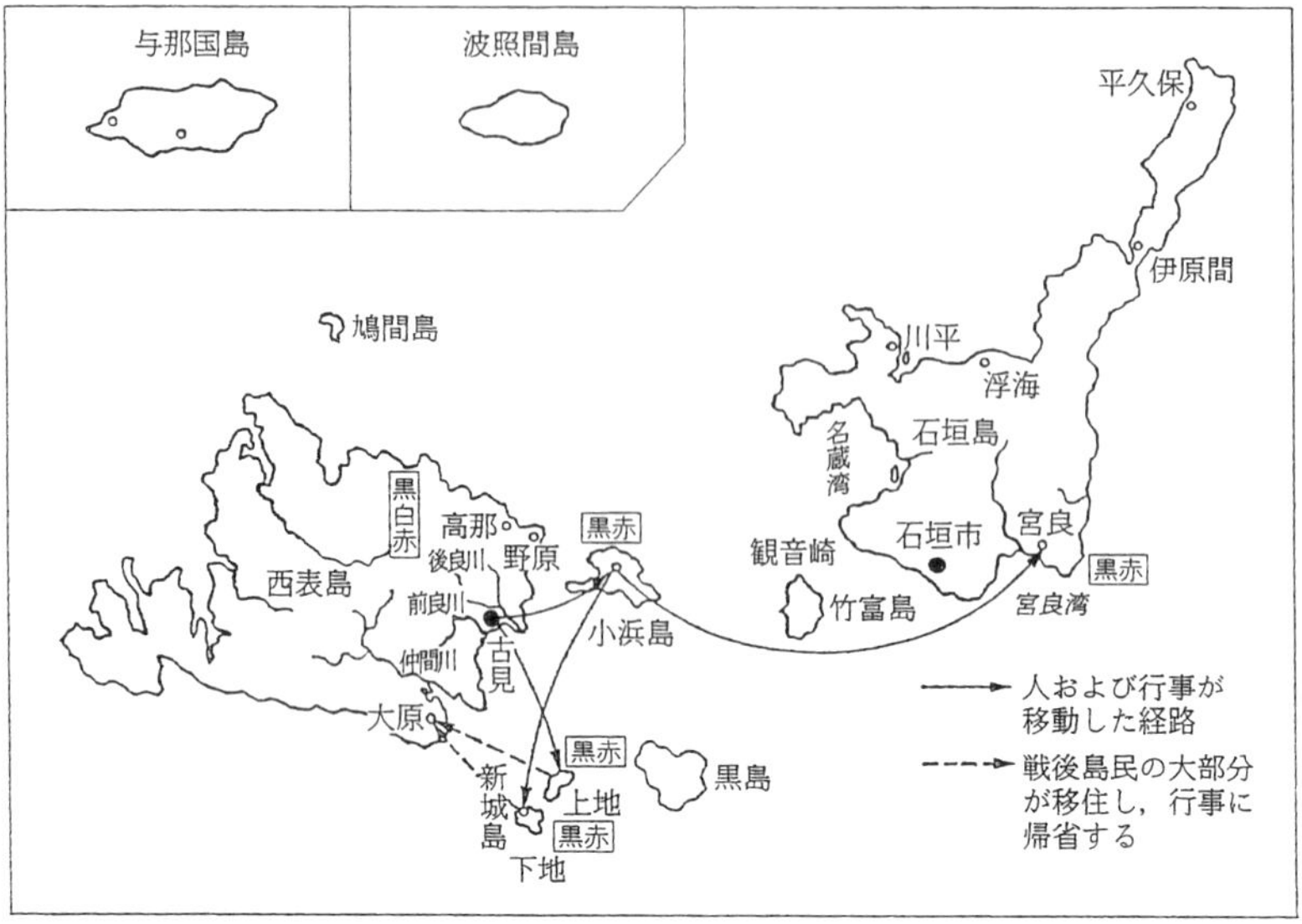


図 4-2　来訪神祭祀の分布と伝播(宮良高広　1972)

れは所中之人世持神と名付崇来候終に此御神曾て出現なくして凶年相続候得は豊年之願として人に彼形を似せ供物を備ひ古見三村より小舟壱艇つつ賑に仕出しあらそはせ祭之規式と勤候利生相見豊年なれは弥其瑞気をしたひて無懈怠祭来候今村々に世話役と申役名も是に準て祈申候　但此時由来伝嘶有之候也…

この二〇〇年以上も前にすでに奇妙の中に数えられていた稲穂をいただく草装の「猛貌之御神」の出現を、「彼形」に「似せ」て実施したとされるその祭りが今に引き続きおこなわれてきて、現実に四ヶ所の村に存在し、しかも人が演じていることが今も秘密にされ、口外もはばかれられている。仮面の色に由来するアカマタ・クロマタ（マタ＝ムタ。面を意味する。古見ではシロマタも出現する）とよばれる草装のこの来訪神を演ずるのは、この秘密を教示された村の秘儀集団の正統メンバーと認められた男性たちの誰かであり、人が演ずるということの事実は、女性や未成年者たちには秘密にされている。しかし実際にこの事実を知らない女性や未成年者は少なく、ほとんどは知っていると思われる。

このようにして仮面草装の来訪神を演じ、演じさせる男性と、その秘密を実は知っている女性、未成年者たちによって、毎年、演ずる者、観る者として神秘的な、そして人々の血がさわぐ、忘れられない、待ち望む祭りとして続けられてきた。

アカマタ・クロマタは、別にニイルピトゥとよばれるが、これはニイルの人の意である。ニイルは沖縄に広くみられる海上他界のN系の謂、ニルヤ・カナヤに関連するものであり、新城島ではニイルピトゥという言葉は口にすることも禁じられている。このニイルの人であるアカマタ・クロマタは、毎年の豊穣をもたらすありがたい神であると同時に、その怒りにふれれば死にいたるとも信じられてきた。

こうして展開される豊年祭は、昂奮と歓喜、神秘にみち溢れて、超越的世界が正しく現実性をもって存在し、そこには元来宗教的な文脈の中でおこなわれる行事をさす「儀礼」の特徴がよみとれる。

本章は、人が演ずる来訪神の象徴的な行為を、人々がいかに現実として認識するかについて考察するものである。資料は、一九六二年、一九六三年調査の新城島上地・下地の資料を中心に、他地域の資料も参考にした。かつての自給自足の生活は当時すでに一〇数年前に失われていたが、それにともなう儀礼上の変化は少ないように思われた。新城島は定期運搬船の通わない不便な島であった上に、来訪神儀礼のおこなわれる豊年祭に島外の人は参加をさせないようにしていたというふうに、閉じた島であったことにもよろう。現在は二、三戸、数名の住む淋しい島となった。しかし、豊年祭は島出身の島外移住者の帰島によりさかんに実施されており、島と関係のない見物人も多く、祭りの細部の変化はやむを得ない状況にある。

一九六二年当時、上地は二二戸、一二四人、下地は一戸一人(この年、無人島となる)であった。

## 二　来訪神儀礼の概要―上地―

まず上地を中心として豊年祭(プール)の概要を示す。新城島の豊年祭に関する記述はいくつか発表されている(住谷　一九六四。植松　一九六五、一九七七、一九九七。宮良　一九七九b、平敷　一九七五、増田　一九八七aなど)。すべて六月豊年祭のものであるが、上地の豊年祭は五月の粟の豊年祭と、稲その他の作物すべての収穫が終わった六月の大きい豊年祭の二部構成となる。

五月粟の豊年祭(アープール、プラーメ、グメプール)

初粟で握り飯・ハナ粟(粟の粒)・粟酒を作り、神に祈願する。女性神役ツカサの聖杜での祈願がある。アカマタ・クロマタ子神二神が出現し、各戸を巡遊する。若者が中心になっておこなう。一日で終了する。粟が実りはじめの頃で、良い日を選んでおこなう。

六月豊年祭(ウフプール、フウプール、マギプール)

六月の神日和(壬・子・寅・午)を選んで三日間の構成である。

一日目　願ほどき(ウバンパジ)。神迎え(カンダス)。聖杜で獅子舞がある。

二日目　アカマタ(男神)、クロマタ(女神)、親子四神誕生。この日アカマタ・クロマタ秘儀集団へ新加入儀礼がある。夕刻、聖杜広場に四神が出現し、村人全員と巻踊りをする。その後、各戸巡遊。

三日目　明け寅の刻に来訪神と別れの儀礼。村人の巻踊り。あとのお祝い。

一日目の願ほどきは、今日までの神への願いのすべてを感謝しそれをはずすことである。願いはそのままにすると災いがあるとされる。神迎えは、夕暮れ、聖杜に近い白砂の海岸でおこなわれる。松明・酒・米餅・乾魚・稲穂・線香などを供え、ツカサ、女性神役、男性神役、村役、ヤマシンカ(秘儀集団のメンバー)らが、西表島古見の方向に向かって一列に並び、神迎えの祈願をする。太鼓が打たれ豊年祭の歌、「大世持来る(ウプユームチワール)」「今日のフクラシャ」などをうたう。このあと二聖杜のツカサの家で祈願がある。夜、聖杜で雌雄の獅子舞があり、その戯れの様で豊凶を占う。この夜、神役やヤマシンカ全員が聖杜の中の聖域(ミラヤア)に集まり、徹夜で太鼓をたたき、歌をうたって神の来訪を願う。他のすべての者(女性、未成年者、他所者)は外出禁止となり、秘かに太鼓や歌声を聞きつつ閉ざされた屋内に籠もる。つまり島中の全員が籠もっているのである。

二日目　ミラヤアで徹夜の祈願の後、明け寅の刻にアカマタ・クロマタ親子四神がニイレイスクという深い深い土の底からスデルとされる。新しいヤマシンカ加入儀礼がある。夜、松明に照らされ、村人全員が待つ聖杜の広場に、歌声、太鼓の音とともに四神がミラヤアから出現する。四神、ヤマシンカ、村人全員が入りみだれて、太鼓の音、歌に合わせて巻踊りを踊る。

夜半、神々の各戸巡遊がある。各家の前庭で四神、シンカたち、女性たちが太鼓に合わせて合唱し、足を地に打ちつけ激しく踊る。

巡遊が終わり、明け方近くになって神々との別れの時が近づく。別れの十字路に人々が集まり、別れの歌をうたいかわす。明け寅の刻を告げる一番鶏の声を合図に、太鼓はやみ、四神は次第に遠のいて、やがてミラヤアに姿を消す。

三日目　神々との別れのあと校庭で全員で巻踊りをする。後祝いに人々は各戸を巡遊しあい、うたい、踊り、飲食して楽しむ。

# 三　特別な時間

儀礼は特別に予定された時間の中で、決められた方式で繰り返されるものであるが、新城島の豊年祭は、粟・稲、その他の作物の収穫時期と関係し実施されてきた。豊年祭はその語の通り、農耕儀礼の必要な一つ、最終的な目標と結びつく儀礼である。

## 1　粟と農耕儀礼

新城島の農業や農耕儀礼については他の機会にふれてきたが（植松　一九七四、一九七七、一九九七）、交通不便な閉じた隆起珊瑚礁の小島は、必然的に焼畑農業と原野・海浜・礁池・外海での採取・漁撈による自給自足の生活を余儀なくされ、自然に強く依拠するものであった。雨・風・旱魃・波・潮・気温・病気・虫・鼠、その他さまざまの不確実な災害がしばしばあり、その解決は神々に頼らざるを得ない。農耕儀礼はこのためにあるのであり、人々はこうした儀礼による秩序の外に出ることはむずかしく、したがって儀礼は代々一定の型でつづけられてきた。

新城島の農耕儀礼は、粟を主体として営まれた。儀礼の成就には良い日を選ぶことが重要で、その日取りには非常に苦心した。暦（太陰太陽暦・旧暦）をもちろん使用したが、干支・五行・星座などさまざまの知識が必要で、当然、毎年同じ日に同じ儀礼が来るとは限らない。一年の始まりも農耕暦と連動するから、始まりの儀礼、節（シツ）も毎年日取りで決まり、定日にはならない。このような決め方は、基本作物が稲か粟かのちがいはあるが、新城島のみではなく、沖縄全体で共通している。

新城島の年の始まりの儀礼、節は、粟の作り始めをもとにして九月、一〇月頃におこなわれる。粟の農作業は種々

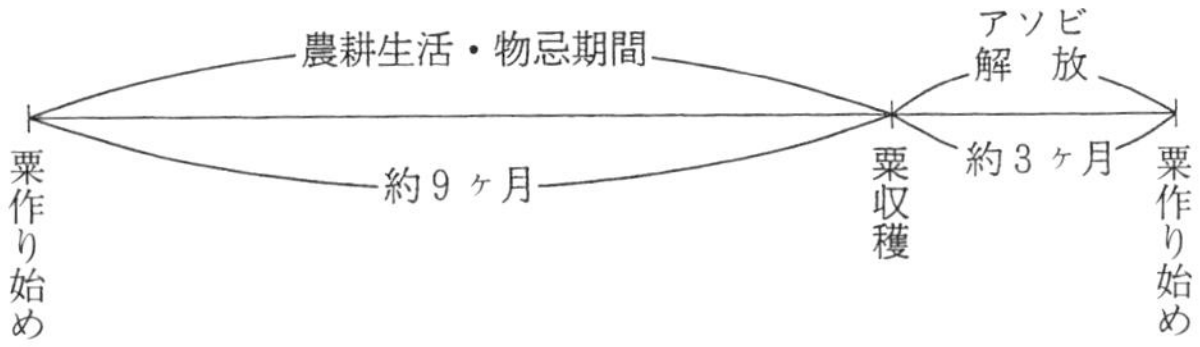


図4-3　1年の意味

あるが、儀礼をともなうのは播種・初穂・収穫が中心で、それに生育儀礼が随時実施される。

## 2　粟の播種儀礼と物忌

盆祭の後、粟の播種儀礼の前におこなわれる一年の始まりの節儀礼がすみ、新しい焼畑への最初の作物、粟の播種儀礼の後、実際の畑への粟の播種がおこなわれる。この粟の播種儀礼（タナドル）は村で決めた日取りで一斉におこなわれるものである（図4-3）。

その日朝早く、家々の男性によって畑の隅に儀礼的な播種が、秘かに、神が播種するがごとくにおこなわれる。粟穂、粟酒、豊穣のシンボルとしての大きなシラ状の粟の握り飯（イバチ）などの供物が用意され、姉妹叔伯母など女姉妹が招かれて、イバチの贈与など八重山地域に広くみられるオナリ神信仰にもとづくと考えられる慣行が、ここでも展開される。南下するサシバ（鷹）の群れが空に舞う季節の種子取祭は、粟のイバチの味とともに、新しい年の粟の豊穣を予祝する、忘れがたい、印象深い儀礼であった。

この粟の播種儀礼、タナドルが注目されるのは、この儀礼をもって物忌・精進がはじまるとされることである（ウクスムヌウ）。この日にはじまる物忌・精進は、翌年五月、粟の豊年祭をもって終了する（トメムヌン）。

粟の播種儀礼から粟の豊年祭に至る約九ヶ月間が、農耕期間であると同時に、作物の生育・収穫を不可視の神々と対峙して物忌・精進する期間でもある。そして、粟の豊年祭から年の始まり節（シツ）までの約三ヶ月間が、豊年祭その他解放された喜びの期間となる。このような異なる二つの期間の存在は、八重山ではかなり一般にみられる。

アウエハントは波照間島について次のような興味深い指摘をおこなっている（アウエハント　一九六七）。

波照間島（粟・麦が主作物、これに人頭税用水稲が加わる）では、九月播種から五月頃の収穫に至る九ヶ月間は「作り世」（ツクリユー）という期間で、農耕がおこなわれると同時に神行事のすべてがおこなわれる。このあとの「空いている」三ヶ月は仏事がおこなわれる月とされる。「作り世」の期間の終わる五月は「世の首尾」（ユーノシュビ）といわれ、結果として収穫祭である豊年祭がおこなわれる。この「作り世」の九ヶ月は、汗して労働がおこなわれると同時に、雨乞い、穏やかな天候、作物の成長を願う儀礼が繰り返しおこなわれ、その回数は神聖な時である収穫期のせまるにつれ次第に増えていき、嘆願の密度は高まるとされる。

また鈴木正崇は、八重山群島の時間認識について民俗語彙「ユー」を手がかりとし、「一つの期間としての世」と「豊饒としての世」の二つの時間をとり出し、前者は農耕期、世俗的時間、有限直線にあたる不可逆的時間とし、ほぼ一〇月頃から翌五月頃にわたり、一方後者は、五〜一〇月にかけて繰り返す円環としての可逆的時間として、神祭祀や年の変わり目のある期間とする。このような二つの期間の存在は、沖縄全域にみられることも指摘する（鈴木　一九七九ａ）。

### 3　農耕生活と物忌

粟の播種儀礼は、粟を儀礼的に播種し、同時に人々は家に籠もって静かにすごす物忌・精進の開始の日でもあった。このあと実際の粟の播種が一〇月頃からはじまり、やがて麦・高黍・小豆などと次々に他の雑穀の播種があり、さらに除草・移植・間引きと非常に多忙である。作物は早播き・晩播きと種々あり、焼畑の地味とかねて輪作の過程は複雑であったし、一方、甘藷の苗植え、西表島での稲作のための水田の準備など、農作業に追われる日々であった。

粟以外の雑穀類についての農耕儀礼はないが、九月九日のクニチ儀礼は、甘藷を供えることから甘藷の儀礼ともいわれる。

やがて水田の準備が西表島ですすみ、稲の播種、田植えの季節となる。稲の種子取儀礼は、新城島の女性神役ツカサとは関係なく、西表島の現地で各自がおこなう。ナース（苗代田）に実際に播種し、田の神とされるビジュル（霊石）に祈願し、人々は一時田の畦に眠ってサウズ（精進）し、小屋に帰ってイバチを食べタナドルの歌をうたいあい、豊作を願う。

旧正月頃が田植えの最中で、それまで男性たちがおこなっていた田仕事に女性たちも加わり、大多忙となる。

女性神役ツカサの月々の祈願はおこなわれているのだが、この頃から村人全体を含む物忌儀礼が次々におこなわれるようになる。作物の生育にとって特に恐れられたのは風であった。

海が荒れ、悪い風が吹く二月には、外部からの災害を防ごうと祈願するニンガツヌタカビ、やがて作物の花ざかりとなり、結実を迎える時期には、定期・不定期の儀礼が続くようになり、また人々の生活への規制もきびしくなる。

特に音は風を呼ぶといわれ、太鼓・蛇皮線・口笛・高笑い・大声などすべて禁止であった。インドメ（海に行くことの禁）、ヤマドメ（山に行くことの禁）は、いずれも山や海の神を怒らすことによって風が吹くのを避けるための願いであった。またサウズ（精進）、ムヌウ（物忌）といわれる、作物の出穂の際や、時折大量に発生する鼠や虫についての危機的状況に際しておこなわれる儀礼があり、一つのムヌウについて三回おこなわれるので、中のムヌウを抜かすこともあった。精進が特にきびしくおこなわれるフカサウズは、村中の人（女性も子どもも）が畑仕事は禁止され、聖杜で祈願してから浜辺に行き、一日中謹慎した。浜辺で、係りの者が全員に「サウズしよう」というと、皆一斉に砂浜に寝る。一定時間たって、係りの者が鶏の鳴き声をすると、それを合図にサウズが終了したことになり、一同起きあがる。それまで話をすることは許されなかった。

虫の害の時は、虫を集めて神に供え、また芭蕉で作った舟に虫をのせ、海に流して虫の害のなくなることを神々に祈願した。

三、四月の粟の穂が出はじめる頃、粟の初穂儀礼(プウスクマ)があり、ツカサが祈願し、まだヤマシンカに加入しない少年たちが各家々の畑から初穂をとってきて、各家の軒に下げて歩く。

### 4　粟の豊年祭(物忌・精進の終了)

山の口あけ(ヤマ行き解禁)儀礼を経て、五月粟の豊年祭となる。この頃は粟の実った穂が垂れはじめているが、まだ粟の収穫ははじまったばかりである。この粟の豊年祭はパッキザル(初行事)、パップール(初豊年祭)といわれることからも、この祭りが、いよいよ収穫の始まりを迎えることを印象づける儀礼となる。

粟の豊年祭には、いよいよ太鼓がたたかれ、歌がうたわれ、アカマタ・クロマタの子神二神が出現し、各家を巡遊する。粟の豊年祭は六月豊年祭にくらべその儀礼は簡単であるが、この豊年祭は粟収穫後の初行事として重要であると同時に、この時おこなわれる物忌・精進儀礼(トメムヌン、終わりのサウズ)が、前年秋の播種儀礼以来の長い長い物忌・精進の終了を意味し、またそれが沖縄の多くで儀礼上重要な稲作ではなく、粟作に関連することも注目されるところである。

九ヶ月間は、粟その他作物のために苦心する労働の期間であると同時に、作物が無事収穫を得るよう物忌・精進し、不可視の神に懇願する期間でもあった。この緊張が高まり、そしてついに粟の収穫期を迎え、初行事の豊年祭を迎えることができたのである。この粟の豊年祭の少し前から、それまで禁じられていた豊年祭の歌が自然と口にのぼるようになり、人々は近づいてきた豊年祭を想って活気づいてくる。

粟の豊年祭が終了して、粟の穂は一面に垂れ収穫のさかりを迎え、一方、西表島の稲も収穫の時となる。人々は、今度は皆舟に乗って西表島に稲刈りに行く。在来種稲の頃は、現地で脱穀せず、刈った稲束を舟に積んで島に持ち帰り、シラに積んで屋敷の庭にいくつも並べ保存した。粟も、同様穂刈りした束をシラに積んだ。六月豊年祭は、このような屋敷内に粟や稲のシラが並ぶ豊かな収穫の状況の中、可視の神アカマタ・クロマタと交歓する儀礼なのである。

労働の終了、不可視の神に祈願する物忌・精進の終了によって、人々には音の解放、特別な飲食、歌い踊る喜びの期間が九月の節儀礼までの約三ヶ月間あり、そのクライマックスが六月豊年祭（ウフプール）で、その後さらに、祖先を迎える盆、豊年祈願の完結を祝い芸能を楽しむ結願、満月を迎え豊作を祈願し予祝する十五夜儀礼や綱引きなど、次々に儀礼が続く。これらの儀礼はそれぞれ性格が異なり、その始まりの由来も異なると考えられる。しかし、この三ヶ月間には、これらの儀礼を実施する共通の性格があると考えられよう。

このように新城島の特別な時は現出し、はじめに粟の豊年祭、続いてあらゆる豊年を祝う六月豊年祭として、可視の神々を迎えることになる。

## 四　特別な空間

日常世界では経験できない超越的世界の不可視の神を、豊年祭においては仮面草装の可視の神として迎えることができるのだが、それには特別な空間が必要である。

## 1　村の聖杜

沖縄一般にみられる聖なる杜、ヤマ・オガン・ワンなどとよばれる御嶽は、上地ではアルオガン、ナハヤマ（美御嶽）、イリオガンの三社がある。この中で最も重要な御嶽はナハヤマで、豊年祭の時に中心的役割を占め、『琉球国由来記』にも上地で唯一記録されている御嶽である。ナハヤマは木や草が鬱蒼と茂る聖域で、この山の木の枝、草葉一本とってはならないことになっていて、それは誰も知っており、守られてもいる。戦争中、燃料として採取されることもまぬがれた。年間を通じ女性神役ツカサらの祈願は、この御嶽の南側の広場の拝殿や、イビとよばれる北側奥の至聖所でおこなわれる。大きな祭りの時は、村人全員が集まる御嶽であることから、村人だれもが敬い知っている構造である。

イビは、女性神役のみが出入りし、男性の立ち入り禁止の聖域で、石垣をめぐらし出入口には月と太陽をえがいた白いアーチ状の門がある。このイビ・拝殿・広場が豊年祭の儀礼をおこなうために重要であり、特に広場は、アカマタ・クロマタ親子四神が最初に人々の前に姿を現し、四神と人々がともに踊る場所である。

## 2　ミラヤア

ナハヤマ内の東側部分にミラヤアとよばれる秘密の空間がある。豊年祭の時のみ用いられる場所で、男性の秘儀集団の正式メンバー、ヤマシンカのみが出入りを許される女性禁止の場所である。石垣や木々で囲まれ、広場側と、東側道路に面して出入口がある。アカマタ・クロマタが最初出現するのは、このミラヤアの広場側門からである。人々が幼い時から、立ち入らないように教え込まれている秘密の場所である。

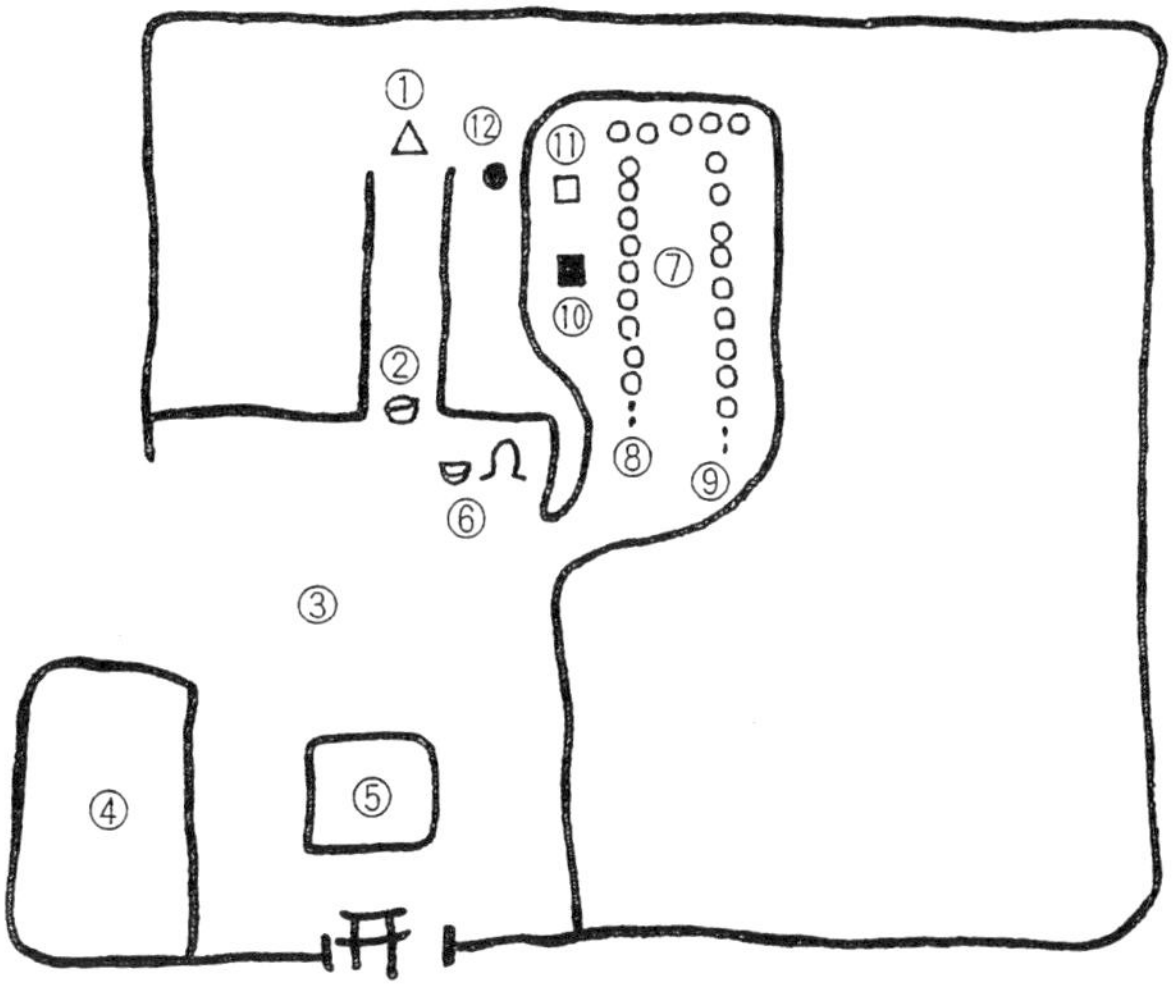


図4-4　美御嶽とミラヤア南面図(宮良賢貞　1979 b による)

この空間に関する資料を得ることはきわめて困難で、わずかに宮良賢貞の報告(宮良　一九七九b、二九三)(図4-4)と、私が得た断片的間接資料をもとにまとめてみると、次のようになる。

ミラヤア内の奥、ナハヤマのイビに近く、神(ニイルピトゥ)の海からの上陸地点として、三角錐形に浜の白砂が盛られてあるという。しかし海岸からは離れている。その前にアカマタの面、クロマタの面が並べて置かれ、それに向かって赤・黒のヤマシンカが居並ぶ(宮良、一九七九b、二九三)。アカマタ・クロマタの来訪神は、このミラヤアでスデルとされる。スデルとは蛇や蟹が脱皮・脱殻して生まれること、再生を意味する。現実には秘儀集団のメンバーから選ばれた男性が、仮面や草の衣を着脱し、変身することである。

ミラヤアは変身のために種々の準備がされる場所である。

仮面の準備として、特別に他所で保管されていた仮面が運び込まれ、スデ水で洗い、ニーラウクシの儀礼のあと新しく塗られ、所定の場所に置かれる。

神の衣装となる蔓(エビヅル)を大量に運び込む。その他、マーニ、白砂、供物、稲穂、粟穂、太鼓その他を用意する。

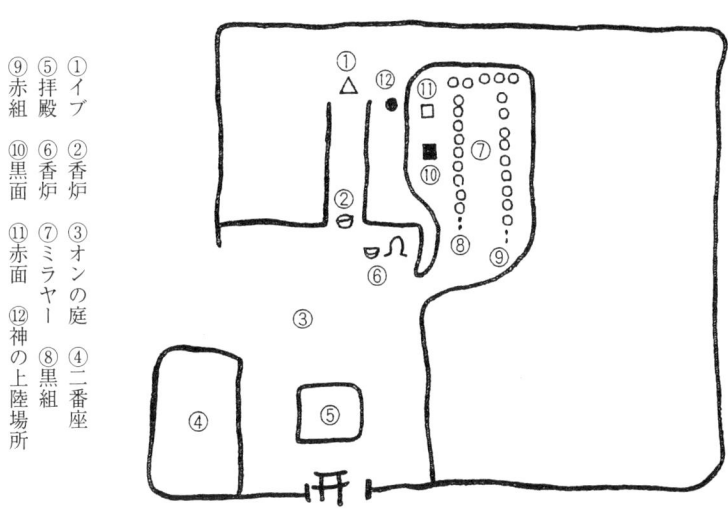

ミラヤアでは以下の儀礼がおこなわれる。

### アカマタ・クロマタの来訪を請う儀礼

アカマタ・クロマタはニイルピトゥともよばれ、深い深い土の中（ニイレイスク）から生まれるのだと、村の子どもらは教えられている。私もそう教えられた。儀礼では、神は海原からやってくるごとくである。

第二日目の明け寅の刻（午前四時頃）に、神の国からの道びらきの儀礼、ニーラウクシがおこなわれる。アカマタ・クロマタにそれぞれ属すヤマシンカ全員が、円錐形の白砂（神の上陸地点とされる）の前に並び、供物を供え、線香をたき、太鼓の音に合わせて「漂ってきて下さい」の意を一同唱え、神舟が島に近づく情景をうたった「ウラフニジラバ」、さらに「プーリイジラバ」「ウプユームチワール」がうたわれ、ミラヤアの白砂に上陸したことを暗示する掛声を唱えるという（宮良　一九七九b、二九三〜二九五）。このあと仮面は新しく塗られ完成する。

さらに朝のユークイ、昼のユークイ、夕方のユークイと豊饒を願う祈願があり、夜、「ウプユームチワール」の大合唱の中を、アカマタ・クロマタ親子四神が、ミラヤアの広場側の門から、太鼓の合図とともにその姿を現す。仮面草装のアカマタ・クロマタがおこなうであろうミラヤアにおける儀礼については不明である。

### 秘儀集団への加入儀礼

アカマタ・クロマタ秘儀集団の正式メンバーであるヤマシンカの加入儀礼の最後の段階は、このミラヤアでおこなわれる（植松　一九七八、一六〜一九）。最後の加入儀礼に至るまでには、親どり、親の推薦、一次、二次の審査等、精神的・肉体的苦痛をともなう儀礼があり、この豊年祭二日目の最後のミラヤアでの審査が、少年らにとって強烈な経験となる。この日、アカマタ・クロマタの秘密の伝授があり、口外しない誓約をし、仮面への礼拝がある。直ちに豊年祭の仕事の分担もはじまる。少年の秘儀集団への加入は、まさしく村のフルメンバーになったことであり、以後、ギラモノ・バハモノ（若者）として豊年祭のあらゆる事項に関与できることになる（表4－3）。

年齢を加えるにしたがって集団内の地位が上昇し、発言力を増し、最後はウヤという長老的な立場につく。ヤマシンカであることの意味はこの秘儀集団内でのみのことであるのだと村人はいうが、一年間の村人の生活の中に占める豊年祭の重要さを考えれば、ヤマシンカでない男性はまさしく他所者である。しかも、ヤマシンカになるためには、本人の資質のみの問題ではなく、その前に本人、その父母ともに新城島生まれ、そして新城島育ちで、これからも島に永住する見込みのあることが必要であり、つまり生得的に村の慣習社会の熟知者であり体得者になることを前提として、さらに審査がされるのである。

このように、ヤマシンカはアカマタ・クロマタの秘密を知り、それを口外しないことを誓った村の正式メンバーとして活躍する男性たちであり、秘密を知るばかりか、自己もアカマタ・クロマタに扮し、神として人々の前に出現する可能性がある。来訪神アカマタ・クロマタを拝んでいた者が、ある時は拝まれる神に変身することにもなるのである。

表4-3　アカマタ・クロマタ集団と村機構

| 年齢 | アカマタ・クロマタ集団内部 | 正人 | 役　職 | 集落常会 |
|---|---|---|---|---|
| 0〜10 | | | | |
| 10〜15 | サンブ | | | |
| 15〜20〜40 | ギラモノ<br>バハモノ | 下々<br>上 | | 旧<br>現 |
| 40〜45 | ナハイリ | 中 | | |
| 45〜50 | | 下 | 区長<br>集落会長<br>組合長 | |
| 50〜57 | | | | |
| 57〜60 | ウヤ | | | |

（正人…旧慣時代の税負担者）

### 出入りする人々

以上のことからわかるように、ミラヤアに出入りする者は秘儀集団のメンバーであるヤマシンカのみである。新城島では女性のヤマシンカ加入を許さないことから、ミラヤアは女性を排除した空間で、男性を排除する御嶽のイビと対比される空間である(しかし、新城島の場合、ユークイ儀礼の時のみ女性神役ツカサがミラヤアに入り、三十三拝の祈願をするともいわれ、儀礼上特別な女性の立入りを許す場合があるらしい)。

いずれにしてもこのミラヤアに出入りする人々は、新城島の秘密(人が扮する)を知っている者で、過去にその役を経験した者、したことのない者、今年その秘密を教示されたばかりの少年など、ミラヤアにおけるアカマタ・クロマタ来訪に関する虚構と現実に対して、さまざまの認識が錯綜することになる。

ミラヤアはナハヤマの一画にあるが、集落とは道を隔てて接し、遠く離れているわけではない。祭りの第一日の夜からアカマタ・クロマタが誕生する二日目の朝まで、ヤマシンカ以外の者はすべて雨戸を閉めて屋内に籠もっており、集落内の道を歩くこともできず、したがってミラヤア内を見ることも近づくこともできない。しかし、ヤマシンカ以外の人々(女性、子どもら)も、ミラヤアで神迎えがあることを知っていて、遠く近くひびく、繰り返しうたわれる秘密の歌や合同の太鼓の音によって、儀礼の進行の様子を想定することができ、近づく神の出現の時を待つのであり、これはまた毎年繰り返す体験のよみがえりである。

## 3　巡遊の空間

夜ふけてアカマタ・クロマタ親子四神は、松明や旗、ヤマシンカらに導かれて来訪を待つ家々を訪れる。

沖縄一般に伝統的とされる家・屋敷の空間構成は、家は南向き、座敷は南に開かれ、表座敷は東側(門からみれば右側）に位置し、この東座敷は一番座とよばれる。東座敷には床が設けられ、神霊または祖霊（香炉）が安置される。目上の者や客はこの部屋に座る。これに対し、西側の座敷は家族が食事をしたり、近親者や親しい知人が招かれる時使う。仏壇もここに設けられる。馬淵東一は、家・ヤシキに関する種々の事項から、東と南が男性原理を、北と西が女性原理を示し、さらに前者の優位と後者の劣位という対応の存在を指摘している（馬淵　一九七四）。またヤシキには、ヤシキ神の祠が多く東側に、火の神は西側台所に祀られていて、屋敷全体をみると、住居空間であると同時に「聖地としてのヤシキ」（村武　一九七五、一四八）とみることもできる。

新城島の場合もほぼ同様の家・ヤシキ構成であり、アカマタ・クロマタ親子四神は、門を入って右側、つまり東側にまわり、南向きの表座の前の庭に、表座に向かって並び立つことになる。その際、男神であるアカマタは東側に、女神であるクロマタは西側に立つ。先達は棒を持つブセイで、すべての行動はこのブセイに導かれる。家の者は表座に供物・線香を並べて待つ。家の軒下の左右に、女たちが太鼓に導かれ多勢群れ、合唱する。松明も照らす。親子四神は足を左右に踏み出し、身体をゆすり、地面を何度も強く踏み、両手に持つ棒を打ち合わせる。ブセイや旗持ち（パテーツク）、多くのヤマシンカたちは、いずれも激しく地面を突き、踏む動作を繰り返す。このように巡遊に際し、家々に聖なる空間が構成されるが、これは「聖地としてのヤシキ」の性格でもある。

## 4　別れの空間

神々の各戸巡遊が終わって別れの時が近づくと、人々はナハヤマに近い集落のはずれの別れの十字路に集まる。別れの場所である。日の出前の闇の中を、松明の光の中に四神はたたずむ。神々の旗を持つヤマシンカ、松明を儀礼に合わせて移動させるヤマシンカから、別れに集まった人々と別れの歌を合唱し、神、ムラ人との群れに別れて歌いかわす。四神は松明の光の中を次第に遠のき、やがて一番鶏の告げる明け寅の刻の鳴き声に合わせ、最後の太鼓の音とともに忽然とミラヤアに姿を消す。

別れの空間は松明で浮かびあがり、特別な意味をもってたたかれる太鼓、神旗、神と村人が交互にかわすかけ合いの合唱、明け寅の刻を告げる一番鶏の声、松明の移動につれ近づきつつ遠のくアカマタ・クロマタ四神の姿、豊年祭最後の空間はこのように展開する。神々が去って後、全員で最後のユー(豊穣)を巻きとる巻踊りが校庭で踊られ、来訪神儀礼は終了する。別れの十字路は静まり返り、やがて強烈な朝の太陽の光に照らし出され、日常の空間に戻る。

## 5　見せる空間、見せない空間

このように豊年祭における特別な空間は、⑴見せない、見えない空間と、⑵見せる、見える空間の、二種類となる。豊年祭が不可視の神を可視の神として見せるわけであるから、見せる空間は当然必要である。ナハヤマ、家々の庭、そして別れの十字路、これらの場所で、アカマタ・クロマタ四神は豊年の儀礼過程にそって行動し、人々と交歓する。そこには夜の闇を切りとる松明の光、太鼓、ドラの音、ヤマシンカ、女性ら村人のとりかわす合唱、先導者の棒や神旗による聖域の印づけ、こうした場でアカマタ・クロマタは演ずるのである。

一方、⑴見せない、見えない空間はミラヤアである。豊年祭以外の期間、ここには誰も出入りせず、この時のみの秘密の場所である。祭の期間中、出入りできるのはヤマシンカのみである(女性神役ツカサが祈願に入ることがある)。木々におおわれ石垣に囲まれ、出入口二ヶ所の、閉じた空間である。このように見せない、見えない秘密の場所であるが、出入りできない村人(女性、子ども他)も種々の事項がわかっている。

①秘密の場所だがヤマシンカは出入りできる、豊年祭のとき重要な場所だという秘密を知っている。

②ミラヤアの門からアカマタ・クロマタが出現するのを見ている。
③ミラヤアでニイレイスクからアカマタ・クロマタがスデルのを教えられている。
④ミラヤアにアカマタ・クロマタの衣になる蔓草が運び込まれる。夜籠もりの禁をやぶって外出し、この蔓草を運ぶヤマシンカに会うと命にかかわるとされるから、誰も外出しない。
⑤夜籠もりの時、ミラヤアから太鼓の音や歌声が聞こえてくる。これはアカマタ・クロマタがスデル過程と関連することを知っている。

一方、出入りできるヤマシンカは、
①ヤマシンカに加入できるとミラヤアに出入りし、豊年祭に関する仕事を分担し、覚えていく。祭りに必要な草木の採取（特にアカマタ・クロマタの衣に用いる蔓、エビヅルは大量に必要とされた）、聖域に敷く白砂、供物の材料（ヤシガニ・魚・長命草・パパイヤ・海藻その他）の採取、縄作り、小屋造り（木や草で用途に応じ造る）、祭費の徴収など多くの豊年祭に関する仕事を手伝い、学習する。
②ヤマシンカは、ミラヤアの諸儀礼参加の中で、この時のみの秘密の歌を次第に覚え（聞いて覚える）、その順序も知る。
③ミラヤアの中でおこなわれる秘密の儀礼行為を見聞きでき、アカマタ・クロマタが現実にどのように出現するか知っている。
④誰がその年のアカマタ・クロマタになっているか知っている。
⑤自分がアカマタ・クロマタに扮した時、不思議な意識を経験する。

## 五　来訪神儀礼はいかにおこなわれるか

今まで述べたように、来訪神は特別な時、特別な場に出現し、人々と交歓する。

### 1　来訪神アカマタ・クロマタの形

ニイルピトゥの語が示すように、人に似た形をした異形の神である。

仮面　大きな木の面。面の色は、アカマタは赤(紅がら)、クロマタは黒(墨)に彩色され、隈どり(アカマタは黒、クロマタは赤)があり、この模様は特定の家で秘密に保持され、豊年祭の日にスデ水で洗われ、新たに一定にいろどられる。歯は親神は金色、子神は白色、目は親神はきれ長、子神は丸い。闇の中で光っていることから、夜光貝のはめこみが想像される(石垣島伊原間の来訪神の仮面には、夜光貝がはめてある)。頭上にマーニの枝を立て、両手に親神は棒(ジッタイ)を、子神は右手に鞭、左手に棒を持つ。

衣装　全身がエビヅル(カニブル)の蔓でおおわれる。裾はスカート状に地上すれすれに垂れる。四肢のしくみは不明である。

姿　足ははだしで手に棒や鞭を持っているのが見える。
大きさは親神は二メートルくらい、子神はやや小さく人間大。
アカマタは男神、クロマタは女神とされる。

### 2　神に供奉する人々の形

アカマタ・クロマタがナハヤマの広場に初めて現れる時や巡遊の時、多くの供奉する人々がいる。任意に供奉する一般ヤマシンカの他、役目として必ず行動をともにする人々がいる。いずれもヤマシンカである。

ブセイ　二人。アカマタ・クロマタそれぞれのヤマシンカから出る。行動を取りしきる。縞の着物、はち巻、棒を持つ。

パテーツク（旗持ち）　二人。アカマタ・クロマタそれぞれの旗を持つ。縞の着物の上に女の浴衣を肩ぬぎにまとい、ミンサー織の帯をしめ、赤い脚絆をつける。足袋をはいている。布製の旗は、アカマタのものには太陽がかかれ、その竿の先には刀がつけられ、竿のまわりに五色の紙テープで作られた花を飾った竹ヒゴがつけられる。クロマタの旗には月がかかれ、竿の先には二股の槍、竹ヒゴの五色の花が飾られる。それらの旗の先には粟の穂、稲穂がつけられる。

ヤマシンカ　アカマタのヤマシンカは赤いはち巻、クロマタのヤマシンカは白いはち巻をしめている。

一般女性たちの特別な服装はない。

儀礼終了後、仮面は洗われ、特別な場所に保管される。蔓草の衣は焼かれる（下地では特定の場所にぬぎすてられた）。

### 3　儀礼行為

アカマタ・クロマタ親子四神が人々の前で行為するのは、第二日目のザビラキ、各戸巡遊、別れの場の三場面である。仮面草装した四神が、ミラヤア内でどのような儀礼行為をおこなうのかは不明である。

四神の身体的行為は概して単純で、見る者にはまず人にも似たその異形が印象的である。四神は言葉を発しない。ただ人々の前で足を左右に踏み出し、踊るように大きく身体をゆらし、足を何度も地面に踏みつける。この際、親神は両手に持つジッタイとよばれる棒を打ち合わせる。はじめ棒の下部どうしを打ち、次に上部を打ち合わせる。これは、川平その他八重山地域で見られる銭棒(ジンボウ)と同じ打ち方であるという(宮良　一九七九b、一九九九)。子神は鞭をさかんに動かし、これにふれると命にかかわるといわれ、人々はおそれる。

この時、先導するブセイ、パテーツクの各々二人ずつ四人は、持っている棒や旗柱を少し持ちあげて、地面をドンと突く動作をし、足を踏む。この棒や足踏みの勢いが弱まると、ブセイや先輩のヤマシンカからたちまち力強くやるよう叱咤される(1)。

ザビラキ、各戸巡遊、別れの場のいずれでも、それぞれの歌が合唱され、時に応じてうたいかわす。うたうのは村の女性たち、ヤマシンカ、子どもたちで、巡遊の家々では、女性、ヤマシンカがまじりあって二手に分かれ、道を歩く時は供奉する人々、別れの場では四神側と見送る人々というように、二手に分かれてうたいかわす。歌は種々あるが、いずれも豊年祭の時のみうたうことが許され、その歌詞は文字に記してはならず、うたって覚えるものとされる。もちろん、録音することは禁止である。

このように、豊年祭の時うたう歌は、三日間のみうたうことが許される秘密の歌、かつ印象深い歌ということになる。しかし、秘密の歌のいくつかの歌詞は、不正確ながらわかっている。また豊年祭の数日前から人々の心がうきたって、自然と歌を口ずさむようにもなる。しかし秘密の歌は、他所者に語ってはならず、もし強いられた時は嘘をいうともいわれている。

## 4　歌謡

儀礼を通じ、アカマタ・クロマタ親子四神や供奉する人々が儀礼に関し発語することなく、その過程にはすべて歌謡がともなう。参加者によって合唱される歌謡のほとんどは叙事的歌謡であるジラバであるが、概して短く、神々を賛美する内容で、簡単、繰り返しが多く、うたいやすいように思われるが、石垣島宮良では一九二二年当時、六〇種類の歌があったというから(喜舎場　一九七七、三一一)、もっと多くの歌があるのか、あるいはあったのかと思われるが不明である。

宮良賢貞による上地における豊年祭の歌は以下のようである(①～⑦)(宮良　一九七九b、二九四～三〇五)。

①　ウプユー・ムチワール
大世・持来る　(豊年を持って来い)
ウプユー・ムチワール
ウプユー・ムチワール
〔豊年を祈る歌。多くの場面で繰り返し繰り返しうたわれ、心に焼きついている歌である。〕

②　ザビラキの歌(カジヤディ風節)
今日《キュヌ》のほこらしゃや
なほにぎやなたてる
蕾《ツブ》て居《チ》る花の

露きや《チャ》たごと
赤また《アカマタ》の色《ヌイル》や　（赤またの衣装は）
色貴さ《イルダカサ》もので　（色が気高く）
黄金《クガニ》色やりば　（黄金色で美しい）
さてみごと　（さて見事な衣装よ）
恋い黒また《ウムイフルムタ》や　（思いの女神黒または）
またんおしかけて《ウシカキテ》　（追いかけて来て）
ま頭抱《クビダ》かな　（私（赤また）の頭を抱こうとする）
ま頭抱かな　（私（赤また）の頭を抱こうとする）
我《バン》　心《ククル》あらぬ　（私の本心ではない）
肝　心あらぬ　（私の本心ではない）
昔からぬ仕来《シキテ》　（昔からの仕来りで）
かんし歩《アキ》ぐ　（忙しく回っている）
六月《ルクンガチ》の今日や　（六月の今日は）
上下《カミシィ》ん揃《スル》て　（上下揃って）
拝ですでら《シイデラ》
拝ですでら
青年《エゲラ》よエゲラ　（青年よ）

二十歳までのエゲラ　（はたちまでが青年だ）
四、五十になりば　（四十、五十になると）
エゲラあらぬ　（青年でないぞ）
〔ナハヤマの広場に四神が出現したその時、一斉にうたわれる歌。村人全員が合唱する。また、各戸巡遊の際も、家々でうたわれる。〕

③ 浦舟ジラバ（ウラフニジラバ）
今年《クトウシイ》　佳年《ドウシイ》　（今日の佳き日）
新年《アラトウシイ》に　（新年バ）
旅浮《タビウケ》　（旅出った舟よ）
旅清《タビカイ》しゃ　（海上平穏）
舟路清《ミチイカイ》しゃ　（舟路平安で）
あらしょうり　（あってほしい）
〔ニイルの使者が神舟に乗って島に近づいてくる情景をうたう。ヤマシンカ合唱、太鼓。〕

④ プーリィジラバ
今日《キュ》が日ば元《ムト》ばし　（今日のよき神日和）
黄金日《クガニビ》は元ばし　（黄金日を選んだ）

新城島《パナリ》プーリィ　（新城島の穂利は）
今日が日　（今日の壬寅の日だ）
我《バ》が島プーリィ　（我が島の穂利は）
黄金日　（大安吉日の黄金日だ）
〔浦舟ジラバに続き同じ曲で合唱。〕

⑤　神舟漕ぎの掛声
ヤンキョーレ　（来夏の豊年よ来い）
ヤンキョーレ
ヤンキョーレ
〔この掛声でアカマタ・クロマタがミラヤアの白砂に上陸したことを暗示するという。巡遊の際、道を歩く時の囃子でもある。〕

⑥　マキブドゥリの歌
今日が日が元ばし
黄金日が元ばし
新城島プーリィ
今日が日

バシィマプーリィ
黄金日
赤ムタばっかいし
黒《クル》ムタばお供《ウトム》し
粟酒ば醸《マラ》しょうり
米酒ば醸しょうり
願いわーらばがけーら
あまいわーらゆすけーら
〔ナハヤマの庭にアカマタ・クロマタが出現し、ヤマシンカや女性ら村人全員で巻踊りする時の歌。〕

⑦　別れの歌

(1)いとまぐいしょらば　（〔神々よ〕暇乞を）
かねてぃからいとま　（かねてからしてくだされぱいいのに〔村人〕）
今出船《ナマドフニ》やりは　（〔神船が〕今すぐ神の国に帰るので）
物言いぬならぬ　（別れの挨拶もできない）
（二回繰り返す）
(2)別りぶしゃーねーぬ　（〔神から村人へ〕別れたくはないが）
ぬきぶしゃーねーぬ

公務《オディ》ぶーさやりばど　（公務が忙しくて）
メディブーサありばど　（家々に豊年を授ける役目だから）
なくなくと別《バカ》りぬ　（しかたなく泣き泣き別れるのだ）
来年の世ど願ようら　（〔村人が答えて〕来年は豊年をお願いします）
今夏世ど願ようら　（今年も豊年をお願いします）
来年の世ゆ持ちわりー　（来る年も豊年をもってきて下さい）
来夏世ゆ持ちわーり　（来る夏は豊作を恵んで下さい）
〔別れの十字路に集まった村人とアカマタ・クロマタの間でうたいかわす別れの歌。ヤマシンカが神の代わりにうたう。〕

また別に、以下の意味の別れの歌もうたわれる。状況にふさわしい歌詞である（植松）。

⑧
鶏が鳴いたらどうしようか
鳴く鶏をうらむ
明けゆく夜がねたましい
わかれたくはないが
はなれたくはないが
仕方なくわかれよう

泣きたい気持ちで別れよう
別れてもまた来て下さいアカマタ
またきて下さいクロマタ
来年の豊年を持って来て下さい
来る夏の豊年を持って来て下さい

すでに無人島となり、来訪神儀礼が廃絶した新城島下地における歌は、以下のものがわかっている(植松)。

⑨
(1)アカムタノコトバオモイ　クロモタのコトバオモイ
囃子　オーヤケ　ヨウノウユバナウレ
(アカマタのことを思っています。クロマタのことを思っています)
(2)ワレテワレ　アカムタヨー　コナチワレクロムタヨー
囃子　同
(行ってらっしゃいアカマタ　来年の夏いらっしゃいクロマタ)
(3)ヤニセワレアカムタヨー　コナチワレクロムタヨー
囃子　同
(来年いらっしゃいアカマタ　来年の夏いらっしゃいクロムタ)
(4)アカムタノコトバオモイ　ヤマヌバタンシクシクヤミドス

囃子　同

（アカマタのことを思うと　病気でもない腹もしくしく痛む）

(5)バガモノヌニガイヤヨー　ギラモノノニガイヤヨー

囃子　同

（若者のねがいです、若者のねがいです）

(6)ヤンネヨバ　モチワレヨー　コナチユバモチワレヨー

囃子　同

（来年の豊年をもってきて下さい　来年の夏の豊年をもってきて下さい）

(7)ナウレユバ　モチャワリーヨー　ミリクユバモチワリヨー

囃子　同

（豊年をもってきて下さい　ミロクの豊年をもってきて下さい）

(8)オノガフド　ニガイル　オノネサド　ニガイルヨ

囃子　同

（このように私は希望しています）

〔アカマタ・クロマタが巡遊する時、また休息している時うたう。〕

⑩

オーブヨー

オーブヨーモチェーローアローホォーン　（豊年をもっておいで下さい）

ヤンキョウレー、ヤンキョウレー　（来年の今日おいで下さい）
マチヨケタロー　キョノペ　（待ちに待った今日の日）
ニガヨターロー　コガネペー　（ねがっていた　黄金日）
バシマプレー　キョノヒ　（私の島の豊年祭は今日）
パナレプレー　コガネヒ　（新城島の豊年祭は黄金の日）
バガモノノ　ニガイヤー　（若者の願いです）
ゲラモノノ　ヨガイヤー　（若者の願いです）
アカモタバー　チカイシ　（アカマタを案内して）
クロモタバ　チカイシー　（クロマタを案内して）
ヤノメカジ　チカイセー　（家ごとに案内して）
ケボルカージ　チカイセー　（戸数ごとに案内して）
ニガヨノ　アケルケー　（今日の夜があけるまで）
ヨサレヨノ　ナメルケー　（一晩中きっちり終わるまで）
オノガフォド　ニガーホーロー　（このようにお祈りしています）
ウエニガヒユー　（この通りののぞみです）
〔アカマタ・クロマタの巡遊の際、お伴して歩く時の歌。〕

⑪
(1)キョノホーコラシャーヤァ　ナオニジャーロータテーロー

チエェーボデーオーロハーナ　チエェーボチヤエアターアアゴト

囃子　ホホヨ　ホホノー　ハリー　チエボデーオロハーナー

　チエェーボーチャーアターアアゴト

（今日のめでたさは何ものにもたとえようがない。つぼんでいる花が露をうけたようだ）

(2)バンココローホロアラヌヨー　チエモココローアラーノー

モーカシーカーラセー　チエケーヨーガーンセ　アーアラコー

囃子　ホホヨー　ホホノー　ハハリー　モーカシーカーラセー

　チエケーヨーガーンセ　アーアラコー

（私の自由意志ではありません。昔からのしきたりで、神様をお供しています）

(3)アカモターアハノイーロ　ホーホホヤー　コガニイロヤーレーバー

コーガーニイロヤーレーヘヘバーヨー　セテモメエーグト

囃子　ホホヨー　ホホノー　ハハリー　コガニイロヤーレーバー

　コーガニイロヤーレーヘヘバーヨー　サテモメエーグト

（アカマタの歯の色は黄金色でとてもみごとだ）

(4)クロモターハハノイローヤ　ハー　ナンチャイロヤーレーヘヘバー

ナンチャイロヤーレヘヘバヨー　サテモ　メゴト

囃子　ホホヨー　ホホノー　ハリー　ナンチャイロヤーレヘヘバヨー

　サテモメゴト

（クロマタの歯の色は宝石色でとてもみごとだ）

(5)イチヨマゴーホイ　ヤレバヨー　カーノテイカーラ　イーチヨウレー
ナマデーフオーニヤーレーヘヘバーヨー　モーヲノンヤアーロヌ
囃子　ホホヨー　ホホノー　ハハリー　ナマデーフオーニヤーレー
　　ヘヘバーヨー　モーヲノンヤァーロヌ
（別れるならば前から話しなさい。今出るという舟には言葉がいえない）

(6)モタベーキノナレヤ　オリチュラサアセガ　ナレチヨラサ
アンガード　ハナヤチエカド
囃子　ハリー　ナレチヨラサ　アンガード　ハナヤチエカド
（モタベの木の実のなり方は美しいけれど花は咲かないよ）

(7)メロビヤノジョナカ　アヤテサジオトセ　オーレトレーノナチキセ
メラビミーブ　シャーヨ
囃子　ホホ　ハハリーオーレ　トレーノナチキセ　メラビーブ
　　シャー　ヨホホ
（みやらびの門口にあやのある手拭をおとして、これをさがしているふりをしてみやらびを見たかった）

(8)ビラマヤーノジョナカ　タマノヲバキラセ　タマヒロイナチキセ
ビラマミーブジャー
囃子　ハハヨー　ホホノー

（思っている男の門口で　玉の緒をきらして　玉を拾うふりをして男を見たかった）
(9)スニニタツナミヤ　ヒラウテドモドル　ミチニタツミヤラビ　テトリモドル
囃子　ハハヨー　ホホノー
（リーフに立つ波は磯辺にもどる。道に立つみやらびは男に必ず手をとられる）
〔アカマタ・クロマタが舞う時、またはまわって歩く時の歌。順番でうたうわけではない。後半の歌詞は来訪神とは関係のないものだ。〕

## 六　若干の考察

来訪神儀礼アカマタ・クロマタ出現のあらましは表4-4に示したが、人々が神々の来訪を乞い、そして出現し、喜びの交歓、やがて悲しい別れと、上地ナハヤマを中心に、島の景観に沿って展開される表現は、整然として不思議な完成度をもつ。人々は、ヤマシンカが扮するアカマタ・クロマタ親子四神にしたがって、各戸を巡遊し、うたい、踊り、足を踏みしめ、最後に悲しみの歌をうたい別れる。アカマタサマと敬いしたがう人々は、道に落ちた神衣の蔓草の切れ端を拾って、踏まれないようにと心がけるというふうに、そこには尊い豊穣を与えるありがたい来訪神の存在があり、人が扮していることは問題ではなく、祭りに陶酔した時が経過していくかにみえる。このような新城島の来訪神儀礼はいかに成立しているか、以下にいくらかの考察を述べる。

(1)すでに述べてきたように、新城島の豊年祭の来訪神儀礼は、苦しい農耕生活と物忌・精進の九ヶ月間が終わり、収穫を迎えた喜びのあとの三ヶ月間の中の、クライマックスとなる祭りである。人々が楽器をならし、うたい、踊り、

**表 4-4　来訪神儀礼のあらまし**（上地。主に宮良賢貞の報告（1979 b）を参考に作成）

| | | 儀礼の主題 | 場　所 | 楽　器 | 歌・歌い手・行為・その他 | |
|---|---|---|---|---|---|---|
| 来訪 | 第一日 | ▲願はずし<br>▲神迎え　夕 | 海岸 | 太鼓 | 「ウプユームチワール」<br>「今日のほこらしや」<br>「　？　」 | ツカサ・神役・ヤマシンカ合唱 |
| | | ▲祈願 | ナハヤマ | 太鼓 | 「ウプユームチワール」<br>「今日のほこらしや」<br>「　？　」 | ツカサ・神役・ヤマシンカ合唱 |
| | | ▲祈願 | 司の家<br>神香炉 | 太鼓 | 「ウプユームチワール」 | ツカサ・神役・有志　合唱 |
| | | ▲祈願・予祝獅子舞 | ナハヤマ | 太鼓<br>ドラ・笛 | 囃子 | ツカサ・村人のはやし |
| | | 夜　籠もり　ヤマシンカ（ミラヤア） | | | ヤマシンカ以外（家屋内） | |
| | 第二日 | ▲明け寅の祈願 | アカ組のムトの家 | | 長老たち | |
| | | ▲ニーラウクシ<br>（ニーラからの道をひらく） | ミラヤア | 太鼓 | アカマタ・クロマタの親ムトの祈願、ヤマシンカ全員出席 | |
| | | ▲仮面をシデ水（若水）に浸す | ミラヤア | | | |
| | | ▲大海原から漂って来て下さい（「ユーリクー」「ホー」） | ミラヤア | | 唱え言の応答（アカマタ親ムトとヤマシンカ） | |
| | | ▲神舟が近づいて来た | ミラヤア | 太鼓<br>太鼓<br>太鼓 | 「浦舟ジラバ」<br>「プーリージラバ」<br>「ウプユームチワール」 | ヤマシンカ全員合唱 |
| | | ▲神舟漕ぎの掛声 | ミラヤア | 太鼓 | 「ヤンキョーレ」<br>「　？　」 | |
| | | ▲仮面の塗りかえ完成 | ミラヤア | | | |
| | | ▲朝のユークイ | ミラヤア | | | |
| | | ▲昼のユークイ | ミラヤア | | | |
| | | ▲夕のユークイ | ミラヤア | | | |
| 出現 | | ▲神出現 | ナハヤマの広場 | 太鼓<br>太鼓<br>太鼓<br>太鼓 | 「ウプユームチワール」出現前　女性ら合唱<br>「ウプユームチワール」出現　女性ら合唱<br>「ザビラキの歌」ヤマシンカ・女性ら全員合唱<br>「マキブドリの歌」ヤマシンカ・女性全員合唱<br>神々・ヤマシンカ・女性ら全員巻踊り | |
| 交歓 | | ▲各戸巡遊<br>各戸に移る時 | 各家々の庭<br>道 | 太鼓<br>太鼓 | 「ザビラキの歌」ヤマシンカ・女性ら全員が二手にわかれうたいかわす<br>「舟漕ぎヤンキョーレ」の囃子<br>「　？　」 | |
| 別れ | | ▲神と村人の別れ<br>（明け寅の刻） | 別れの十字路 | 太鼓<br>太鼓 | 「別れの歌」村人全員　合唱<br>「別れの歌」神々と村人のうたいかわし | |
| | 第三日 | あとのお祝い | | | | |

飲食でき、解放される、この来訪神儀礼をまさしくおこなう、その特別な時なのである。さらに、神々は篝火に照らし出される夜の空間に出現し、闇の終わる暁に去る。そして神々が生まれ、去るのは「おもろさうし」にもうたわれている神の時の一つ、「明け寅の刻」である。「新城の人は豊年祭のために生きている」といわれていることの成就と思われる時である。

（2）新城島の来訪神儀礼に現れる聖なる空間は、ナハヤマの広場、巡遊の際の道、家々の庭、別れの十字路、そして秘密の場ミラヤアであった。広場は日頃、誰でも知っている聖域であるが、他は日常の場であり、儀礼に際し松明、先導するヤマシンカの印づけ、太鼓が鳴らされ、そして聖なる喜びの歌がうたわれて、次々に特別な空間となる。これらはいずれも、仮面草装の来訪神アカマタ・クロマタが、主役として演ずる空間、秘儀を見せる空間である。これに対しミラヤアは、秘儀集団ヤマシンカのみが出入りでき、仮面や神衣の脱着がされる、ヤマシンカ以外は見ることも語ることもできない秘密の空間である。しかし、人々はミラヤアが秘密の場所であることの数々を知っていて、この空間から出現するアカマタ・クロマタ来訪神を確実に想定する。秘密であることを知っているからこそ、秘密はますます鮮明となる。

（3）儀礼は毎年、一定の形でおこなわれ、来訪神を演ずるヤマシンカと、来訪神を迎え見る人々が一体となって進行する。どちらが欠けても儀礼は成立しない。ヤマシンカへの加入儀礼は、肉体的精神的苦痛をともなうきびしい審査のあり方からして、死んで生まれかわる成人儀礼に比することのできるものであり、同時に、アカマタ・クロマタの秘儀の教示とその秘密を守る誓約をともなう秘儀集団の正式メンバーは、すなわち正式な村のメンバーということでもある。年齢階梯的組織をもったこの秘儀集団のメンバーは、村の慣習を熟知し、次第に長老としての地位につく。秘密を教示されない女性たち（ヤマシンカの妻、娘）やヤマシンカにまだなれない少年らも、いずれも村の慣習を生活の中で身につけ、あるいは身につけつつある人々である。このため、来訪神儀礼の過程で、時・場・音・歌・動作などを通じ、直ちに来訪神儀礼の何を意味するかを解釈できるのである。この両者が一体となって儀礼を推進する。行為の巧拙は問題にされない。

（4）来訪神儀礼で最も重要なのは仮面である。身体をおおう草の衣も体の一部として重要であるが、とりわけ顔が人の存在にとって中心的なものであるのと同じく、アカマタ・クロマタの仮面は、神を具体的に、象徴的に示すものとして重要である。新城島に生まれた子どもらは、年ごとにアカマタ・クロマタという豊穣をもたらす神を、仮面をつけた草装の神として認識している。儀礼の過程でうたわれる歌詞の中に、その面のみごとさについてうたわれているように、神はその面の様相をもって認識される。奇怪ではあるが人間に近い面である。

一方、仮面仮装するヤマシンカは、扮することによって神となる。言葉を発することなく、その扮装と動作でおのずと威厳に満ちた神を人々は見る。扮装したヤマシンカの意識変革の状況を聞くことはきわめて困難であり不明である。しかし、儀礼の過程で仮面に憑霊しているとされることは推測されるから、憑霊している仮面をつけることによって神となるとも考えられるが、他方、仮面をつけることによって憑霊するとも考えられる。しかし、彼らは扮することに対し訓練されるわけではなく、品行方正の者が選ばれる。沖縄一般に見られるように、新城島上地においても、日常生活の中で種々の霊性高い物体は多い。儀礼をおこなっている時の女性神役、神香炉、霊石（ビジュル）、墓、弥勒面、位牌、聖域の石、草、木、人魚の骨（海の神を祀るとされるアルオガンには人魚（ジュゴン）の骨が祀られている）等々である。状況は少し異なるが、面をつける能舞台における演者の意識変革などとともに考えるべき事柄であり、また劇場で演技する俳優や観客の意識に対する考察とも関連する（真島　一九九七。船曳　一九七九。坂部　一九七六）。

このように、仮面が霊性高い神を示していることを信ずる状況は、人々の生活の中にある。

（5）さらに、儀礼の進行に沿ってさまざまの歌謡がうたわれる。歌謡なくしてこの来訪神儀礼は成立しない。ヤマシンカのみで合唱する秘密のミラヤアでの場合もあるが、最も高揚した見せる空間である広場、家々の庭、路、別れの十字路などすべてで、神々、ヤマシンカ、女性、少年ら村人全員が参加して、合唱やうたいかわし、かけあいがなされる。日頃見知った多勢の村人が、来訪神儀礼という同じテーマに向かって、同時に調子を合わせて大声で発声し、しかもうたいかわすことの身体の共存感は実に力強いものがある。

さらに巻踊りでは、人々は手を握り合い円陣をまわりながらうたいつつ踊る。ふれあうことによって一体感が強まる。

歌詞は比較的単純で、神をたたえるものがほとんどで、曲も覚えやすく、繰り返しが多く、わかりやすい。それを繰り返し繰り返しうたう。しかし豊年祭の歌は、この時のみの歌で、この時以外はうたってはならないから、この単純と思われる歌も、人々にとって聞いた瞬間、儀礼が具体的によみがえる。

来訪神を迎え、拝み、合唱し、踊り、自他の声や動きに陶酔している人々を見ると、アカマタ・クロマタはたしかに聖なる神として崇敬されているかに見える。

（6）農耕儀礼は正しくおこなうことにより神の加護をうけると考えてきた人々にとって、これを改変することはむずかしい。災いの原因をその改変に求められるからである。実際そのようにして多くの儀礼が続行されてきたし、交通不便な閉じた島の状況がそれを支えた。

しかし、自給自足の生活が失われてすでに半世紀以上が経過し、パナリは無人に近い島となった。来訪神儀礼を支える諸要件は大きく変化した。

神々に祈願する農耕儀礼の目的は消失し、豊年祭をおこなう「特別な時」の意味はうすれた。儀礼をおこなう「特別な空間」は、今も住む数人によって継続されていて、電気・水道などの設備があることから、今後も人が住みつづける可能性がある。儀礼遂行上重要な、演者とこれを観る者の関係には大きな変化がある。島を離れた秘儀集団のメンバーの帰島により、儀礼はとどこおりなくおこなわれているかのごとくであるが、一方、新たに加入を許されるメンバーは、ムラの慣習を体得しない学校教育をうけた少年らであり、かつて演ずる者と一体となった観る者の中にも、他地域よりの婚入女性、ムラの生活を知らない子どもらの存在、そしてこれら旧島民の数倍におよぶ見物人の来島がある。儀礼を虚構と見、面白い、面白くないと評価する人々がいるのはたしかであり、かつてのありがたい豊年祭からのメッセージの解釈力は減少している。さらに他地域に住むことになった旧島民が、新地域住民としての自己をいかに認識するかという時、新城島の象徴として、この来訪神儀礼が意味をもつことになるかもしれない。来訪神儀礼の発祥地古見で、一九七〇年代、村人はこの儀礼の中止を決めたことがある。しかし、「故郷がなくなる」という村を離れた人々の声で、再び実施されることになったといわれる(遊行鬼　一九七三)。

これから起こると予想される儀礼の変化・変革・分化などに引き続き注目している。

### 註

(1)　足踏みは反閇と関連するという考察がある(増田　一九八七b、一〇二)。

## 参考文献


アウエハント　一九六七「波照間島の神行事について」『沖縄文化』二三
植松明石　一九六五「八重山・黒島と新城島における祭祀と親族」東京都立大学南西諸島研究委員会編『沖縄の社会と宗教』平凡社
植松明石　一九七四「新城島の畑作」『八重山文化』二
植松明石　一九七七「沖縄、八重山の畑作とその儀礼」『跡見学園女子大学紀要』一〇
植松明石　一九七八「沖縄の擬制的親子関係」『日本民俗学』一一四
植松明石　一九九七「新城島の祭儀生活」『宗教研究』三一二
坂部　恵　一九七六『仮面の解釈学』東京大学出版会
喜舎場永珣　一九七七『八重山民俗誌　上巻』沖縄タイムス社
高橋紳吾　一九九五『きつねつきの科学』講談社
菅原和孝・野村雅一　一九九六『コミュニケーションとしての身体』大修館書店
住谷一彦　一九六四「南西諸島の Geheimkult　新城島のアカマタ・クロマタ覚え書」『石田英一郎教授還暦記念論文集』角川書店
鈴木正崇　一九七九ａ「八重山諸島における時間認識の諸相」『南島史学』一三
鈴木正崇　一九七九ｂ「来訪神祭祀の世界観　赤マタ・白マタ・黒マタ再考」『社会人類学年報』五
南島発行所編　一九七六（一九四〇）「八重山島諸記帳」『南島』一
福島真人　一九九五『身体の構築学』ひつじ書房

船曳健夫　一九七九「「幕」と「場面」についての試論」青木保他編『儀礼とパフォーマンス（岩波講座文化人類学九）』岩波書店
平敷令治　一九七五「新城島のアカムタ・クロムタ祭祀」『沖縄国際大学文学部紀要　社会科学篇』三―一（平敷令治　一九九〇『沖縄の祭祀と信仰』（第一書房）に再録）
真島一郎　一九九七「憑依と楽屋――情報論による演劇モデル批判――」青木保他編『儀礼とパフォーマンス（岩波講座文化人類学九）』岩波書店
増田和彦　一九八七ａ「新城島上地の来訪神」『日本民俗学』一六九
増田和彦　一九八七ｂ「神々の行動伝承　八重山古見・小浜・新城・宮良の豊年祭をめぐって」『野洲国文学』四〇
馬淵東一　一九七四「琉球世界観の再構成を目指して」『馬淵東一著作集』第三巻、社会思想社
三隅治雄　一九七八「民俗芸能ととこよ信仰」『文学』四六
宮良賢貞　一九七九ａ「小浜島のニローー神」『八重山芸能と民俗』根元書房
宮良賢貞　一九七九ｂ「新城島上地の穂利と赤マタ・黒マタ」『八重山芸能と民俗』根元書房
宮良高弘　一九七二「八重山群島におけるいわゆる秘密結社について」谷川健一編『叢書わが沖縄』第五巻、木耳社
村武精一　一九七五『神・共同体・豊穣――沖縄民俗論――』未来社
遊　行　鬼　一九七三「赤マタの村　西表島古見拾遺記」『柳田国男研究』一
湧上元雄　一九七一「西表島古見むらのプール　黒マタ・白マタ・赤マタの祭祀」『まつり』一七

# 初出一覧

## 第一部　新城島（パナリ）　その光と影

第一章　パナリ　その光と影（一）

原題「新城島（パナリ）――その光と影1――」。掲載誌『フォクロア』一　一九七七（ジャパン・パブリッシャーズ）。

第二章　パナリ　その光と影（二）

原題「新城島（パナリ）――その光と影2――」。掲載誌『フォクロア』二、一九七八（ジャパン・パブリッシャーズ）。
および「新城島と西表島のつながり――人頭税・遠距離通耕・マラリア・西表島移住・沖縄戦・パナリに帰る・米民政府によるマラリア撲滅・再移住――」。掲載誌『民俗文化研究』一〇、二〇〇九（民俗文化研究所）。

第三章　パナリ　その光と影（三）

原題「新城島（パナリ）――その光と影3――」。掲載誌『フォクロア』三、一九七八（ジャパン・パブリッシャーズ）。

## 第二部　上地民俗誌

第一章　島の概観

未発表原稿。

第二章　島の稲作

未発表原稿。
および「新城島と西表島のつながり――人頭税・遠距離通耕・マラリア・西表島移住・沖縄戦・パナリに帰る・米民政

府によるマラリア撲滅・再移住——」。掲載誌『民俗文化研究』一〇、二〇〇九（民俗文化研究所）。

第三章　上地の生業

未発表原稿。

第四章　聖地と祭祀組織

未発表原稿。

第五章　豊年祭

未発表原稿。

**第三部　下地民俗誌**

第一章　島の概観

未発表原稿。

第二章　島の畑作

原題「新城島の畑作」。掲載誌『八重山文化』二、一九七四。

および未発表原稿。

第三章　聖地と祭祀組織

未発表原稿。

第四章　豊年祭

未発表原稿。

第五章　年中儀礼

未発表原稿。

第六章　人の一生

未発表原稿。

## 第四部　来訪神信仰とその儀礼

第一章　新城島の祭儀生活

原題　同。掲載誌『宗教研究』三一二、一九九七。

第二章　来訪神儀礼の成立をめぐる考察

原題「来訪神儀礼の成立をめぐる考察――沖縄・新城島の場合――」。掲載誌『民俗文化研究』一、二〇〇〇（民俗文化研究所）。

# 解題

加藤 正春

一九二三年生れの植松明石先生は、永年にわたって奄美沖縄諸島と台湾および日本本土でフィールドワークを続けられ、その成果を多くの業績に示してきた。私は、二〇一一年九月に開かれた先生の米寿記念祝賀会の折りに、先生にご著書の出版をお勧めしたこともあって、その後度々先生のもとに伺い、ご業績をまとめて出版することについての相談を重ねてきた。その過程で、先生より新城島の未発表原稿の編集を依頼され、新城島についての公刊されたいくつかの論文と合わせて、その民俗誌の作成にご協力することになった。以後、慶應義塾大学の鈴木正崇さんや、首都大学東京の何彬さん、岩田書院の岩田博さんのご助力を得ながら編集作業を行い、このたびようやく『新城島の民俗』として出版する運びとなった。

以下では、先生の沖縄研究の簡単な経緯と、本書の構成にかかわる説明を行いたい。

植松先生は、一九五九年の夏に一人で伊是名島の民俗調査を行い、これが先生の最初の沖縄調査となった。先生によれば、最初の調査地として伊是名島を選んだのは、当時知り合いの牧師が同島で布教活動を行っていたので、そのつてをたよったのかもしれないという。おそらくその調査を終えた同じ夏、先生は北部沖縄の安波、安田に向かっている。国頭村役場で、これから山越えして安波に行きたいと話したら、役場の人が心配して、女性職員二人を道案内に付けてくれたというエピソードがある。

その翌年、伊是名島の再調査の後、先生が先島の調査に歩を進めたことは本書第一部に詳しい。一九六一年には黒島でフィールドワークを行い、一九六二年には東京都立大学南西諸島研究委員会のメンバーとして、黒島と新城島の調査を担当した。先生が新城島と関係をもたれたのはこれが最初であった。翌一九六三年の夏には上地のウフプール（豊年祭）を参与観察され、アカマタ・クロマタ神と出会っている。なお、先生の手許には『新城　上地（1）　1963・7～』と表題を付けられたフィールドノート（コクヨ同判）と、『新城　上地　1965・8・8～』という表題のフィールドノート（コクヨB5判）がある。前者がこのときのものであろう。

その後、先生は新城島で、あるいは西表島や石垣島、沖縄本島その他の地で、島の人々への聞き取り調査を継続してこられた。この間、調査成果の公表にも力をそそがれたが、ある時期から先生は、新城島民俗誌の原稿を書きすすめていたらしい。本書第二部と第三部に「未発表原稿」としているものの多くは、この原稿からとったものか、この原稿をもとに作成された未発表原稿（断片を含む）である。

先生の書庫には、「下地」という付箋の貼られた、二〇〇字詰め原稿用紙二三三枚からなる手書き原稿がある。この原稿には表紙がなく、最初の一九枚と最後の一枚が欠落している。原稿には右肩に四五六～六八八という通し番号がナンバリングで振られており、内部は次の五部からなっている（各部ごとに、原稿左肩に個別の頁番号も手書きで記されている）。

一　（一枚目（表紙）～一九枚目は欠）　四五六（原稿左肩の頁番号で二〇）～四六七。
二　「生業」　四六八～五一四。
三　「信仰と儀礼」　五一五～五九三。
四　「一年の諸儀礼」　五九四～六六六。
五　「人の一生」　六六七～六八八（六八九欠）。

表紙をふくむ一九枚目までが欠落して題名のわからない「一」は（通し番号は四三七〜四六七となる）、おそらく下地の概観を記したものであろう。先生は、この手書き原稿をもとに推敲を加え、そのうちのいくつかを業績として公表してきたものと思われる。そうすると、通し番号一〜四三六までの原稿も別にあって、それが「上地」の同様の記述であったのではないかと考えられる。しかし、それは残っていない。先生の新城島に関する公刊業績には上地の記述が多いので、それらの公刊後に、もと原稿は不要として整理してしまったのかもしれない。

この手書き原稿の執筆時期は分からないが、原稿四五六頁の記述は、小舟で下地に竹を取りに行った際の様子を描いており、本書第一部第二章に掲載した「パナリ　その光と影(二)」の冒頭の記述と同一の文章である。したがって、この原稿は、「パナリ　その光と影」の初出時点(一九七七〜一九七八)よりも以前、おそらく一九七〇年代中頃くらいまでにまとめられていたものと推測される。本書では、この手書き原稿を最大限に活用することをはかった。

本書の第一部は、先生が一九七七年から翌年にかけて雑誌『フオクロア』に掲載した「新城島(パナリ)――その光と影(1〜3)――」を中心にしている。先生は二〇〇九年に『民俗文化研究』第一〇号に「新城島と西表島のつながり」と題する論文を掲載したが、この論文は、新城島の稲作に関する前半部と、西表島移住の顚末を記した後半部の二部からなっている。この後半部は、『フオクロア』に掲載した「新城島(パナリ)――その光と影2――」の内容に、いくつかの情報を付け加えたものである。本書第一部第二章では、『フオクロア』の記述に、この追加部分を付け加えて一つの章として再構成した。

第二部第一章の「島の概観」では、玉置和夫著『沖縄の植物と民俗』(一九七九年刊、玉置和夫遺稿集刊行会)から、上地の地図を引用している。地名表記も玉置のものをそのまま用いている。

第二部第二章「島の稲作」は、(1)二〇〇九年の「新城島と西表島のつながり」の前半部をとりだし、先生が別に用意していた(2)「新城島(上地、下地)の稲作」と題する未発表原稿、(3)「新城島→西表島」と題された未発表原稿、および(4)手書き原稿の「二　生業」の稲作の部分をあわせて一つの章に再構成したものである。

未発表原稿の(2)は、(1)の記述とほぼ共通する。(3)は新城島から西表島への移住史を記した論考であるが、冒頭に「気象」という項が置かれている。この項で先生は、先島の冬季の気候が、雨季ではないにしても継続的な降水に恵まれ、島の冬作体系を支えているという指摘を行っている。これは新城島の農耕生活に直接にかかわる指摘であり、この部分を「風と気象」と改題して本章の冒頭に置いた。また、(1)と(2)の稲の栽培に関する記述は、(4)の後半部に記された下地の稲作の記述に、若干の上地の資料を加えたものである。本章では、(4)の資料も参照して一章として構成した。したがって、本章には下地の稲作の内容も含まれている。

第三章「上地の生業」は四〇〇字詰め原稿用紙に書かれた原稿で、あるいは、失われたと推定している上地に関する手書き原稿の一部を改稿したものかもしれない。「水稲」の項に「田小屋の生活」を記した部分があり、これは、第二章「島の稲作」と重複するので割愛した。

第四章「聖地と祭祀組織」は「アカマタ・クロマタ祭祀集団」と題された四〇〇字詰め原稿にもとづく。第五章「豊年祭」は「上地の豊年祭」と題された四〇〇字詰め原稿である。

第三部第一章の「島の概観」の概念図は、島の地図に先生手書きの情報を加えたものである。

第二章「島の畑作」は、『八重山文化』一号に掲載した「新城島の畑作」という論文にもとづく。この論文は、先生の手書き原稿に手を加えて発表されたものである。手書き原稿の「二　生業」は、前半部が下地の畑作、後半部が下地の稲作の記述となっている。発表論文は、手書き原稿の畑作の部分に、新城島の畑作の概要を記した「一　畑作の島」、「二　粟と麦の重要性」を付け加え、さらに上地の情報も付加して成り立っている。本章では手書き原稿を参照して、発表論文では若干の省略のみられる個々の畑作物の生育・収穫過程の細かな情報を補っている。第三章「聖地と祭祀組織」は、手書き原稿の「三　信仰と儀礼」とそれを改稿した別原稿（未発表）を参照して構成した。第四章の「豊年祭」も同じ手書き原稿による。

第五章は、手書き原稿の「四　一年の諸儀礼」と、それを改稿した未発表別原稿から構成している。第六章は、オリジナルの手書き原稿の「五　人の一生」をそのまま掲載した。ただし、手書き原稿は最終頁（六八九頁）が欠落している。保管の過程で脱落したものと思われるが、その結果、墓制の記述が不十分となっている。

第二部には上地の年中儀礼の情報がない。それは一九七八年に公表された論文「八重山の年中儀礼――考察への予備的覚書（一）――」（『沖縄文化研究』第五号に掲載）に記されている。この論文は、八重山の年中儀礼の全体的俯瞰を試みたもので、話題が八重山全体に広がることもあって、本書には収録しなかった。また、上地の人生儀礼についての情報もないが、先生のこれまでの公表論文のなかにこれにかかわるものはない。

先生が保管している原稿のなかに、右肩に四五一、四五二という頁番号が打たれた二〇〇字詰め原稿用紙が二枚ある。その記述は次のようなものである。

「…でないものが羨ましがると困るからだという。この供物は粟飯というようなまずいものである。

一人前の葬式をするのは七歳からである。これ以下の子供はホトケといい、ミイナノカの中に三三年の分までやってしまう。

溺死人に対し特別な葬法はない。一度に二人が死んだ時は、鶏などで葬式のまねをし埋めることもある。

ツカサの家で死人が出た場合は、ツカサの代理としてフンバキがオガンに出る。

位牌のまつり方について次のような例があった。A家には普通の仏壇とは別のところに位牌が一つまつられていた。

これはA家の当主の前妻のもので、この前妻の子（長男）は他所にいるのでそれがまつるべき位牌であるという。」

内容からみて上地の葬法に関する記述のようにみえるが、断片であり、頁番号からみても、これは最初の手書き原稿ではないようである。この断片はいずれにせよ、失われたと思われる上地の手書き原稿のなかに、人生儀礼の項目があった可能性を示しているように思われる。

第四部は、新城島の信仰世界に焦点をあてた近年のモノグラフを二つ掲載した。この二編（第一・二章）は、植松先生の南島祭祀研究の一つの到達点を示すもののように思われる。

本書を通して、生業と祭祀に関する記述の充実が特色となっており、先生の沖縄研究の基本的な視角の一つをみる思いがする。

なお、本書では、初出論文に掲載した写真のすべてを載せることができなかった。その代わりの意味もあって、未発表写真のいくつかを掲載している。先生の用いたカメラはハーフサイズカメラで、フィルムはネオパンFである。

（ノートルダム清心女子大学名誉教授）

# 植松明石 著作目録

## 1　編著書

（編書）

・一九八九『相浜の民俗　千葉県館山市相浜』跡見学園女子大学民俗研究会
・一九九〇『加茂の民俗　千葉県阿波郡丸山町加茂』跡見学園女子大学民俗研究会
・一九九一『環中国海の民俗と文化2　神々の祭祀』凱風社
・一九九一『増間の民俗　千葉県安房郡三芳村増間』跡見学園女子大学民俗研究会
・一九九二『三ツ堀の民俗　千葉県野田市三ツ堀』跡見学園女子大学民俗研究会
・一九九三『東金野井の民俗　千葉県野田市東金野井』跡見学園女子大学民俗研究会
・一九九四『天津の民俗　千葉県安房郡天津小湊町天津』跡見学園女子大学民俗研究会

（共編書）

・瀬川清子・植松明石著　一九七九『日本民俗学のエッセンス――日本民俗学の成立と展開――』ぺりかん社
・渡辺欣雄・植松明石編　一九八〇『与那国の文化――沖縄最西端与那国島における伝統文化と外来文化：周辺文化との比較研究』与那国研究会
・瀬川清子・植松明石編　一九九四『日本民俗学のエッセンス――日本民俗学の成立と展開・増補改訂版――』ぺりかん社
・植松明石監修、民俗文化研究所奄美班編　二〇一六『奄美の人・くらし・文化―フィールドワークの実践と継続――』論創社

**2　論文・調査報告**（単著）

・一九五八「奥吉野の働く人々」『民話』三　民話の会
・一九六〇「十津川の谷」宮本常一編『僻地の旅』修道社
・一九六一「沖縄伊是名島勢理客の村構成について」『民俗』四四　相模民俗学会
・一九六一「沖縄伊是名島調査報告——祭祀組織をめぐって——」『日本民俗学会報』二一　三〇〜四一頁
・一九六一「奈良県吉野郡野迫川村北今西部落の「四日の行い」」『民俗』四五　相模民俗学会
・一九六二「沖縄伊是名島の年中祭祀」『沖縄文化』六　沖縄文化協会（大藤時彦・小川徹編　一九七一『沖縄文化論叢二　民俗編Ⅰ』に再録）
・一九六二「先島の御嶽をめぐって」『日本民俗学会報』二四　一六〜二五頁（馬淵東一・小川徹編一九七一『沖縄文化論叢三　民俗編Ⅱ』に再録）
・一九六二「先島列島の祭祀集団をめぐって」『東京都立大学社会人類学研究会報』一　一八〜一九頁
・一九六二「牧野の民俗（1）」『民俗』四七　相模民俗学会
・一九六二「牧野の民俗（2）」『民俗』四八　相模民俗学会
・一九六二「牧野の民俗（3）」『民俗』四九　相模民俗学会
・一九六四「辻堂の網仲間」『藤沢民俗文化』一　藤沢市教育文化研究所
・一九六五「奄美の祭祀組織について——加計呂麻島実久の印象——」『東京都立大学社会人類学研究会報』二
・一九六五「新城島の年令集団について」『東京都立大学社会人類学研究会報』二
・一九六五「辻堂聞書」『藤沢民俗文化』二　藤沢市教育文化研究所
・一九六五「八重山・黒島と新城島の祭祀と親族」東京都立大学南西諸島研究委員会編『沖縄の社会と宗教』二七三〜三〇八

平凡社

・一九六六「辻堂西町の講」『藤沢民俗文化』三　藤沢市教育文化研究所
・一九六六「藤沢市内小中学生の質問回答による正月行事、盆行事の調査報告」『藤沢民俗文化』三　藤沢市教育文化研究所
・一九六六「八重山の豊年祭」『東京都立大学社会人類学研究会報』三　二五～二七頁
・一九六七「沖縄」『あるく・みる・きく』第七号（田村善次郎、宮本千春編『宮本常一とあるいた昭和の日本　1　奄美沖縄』に再録）
・一九六八「青森と江ノ島と」『藤沢民俗文化』五　藤沢市教育文化研究所
・一九六八「ひるぎの一葉　解題・補注」『日本庶民生活史料集成』一　三九三～三九四、四四三～四四五頁　三一書房
・一九六九「八重山――珊瑚礁のかなたの原郷」『あるく・みる・きく』第二五号（田村善次郎・宮本千春編『宮本常一とあるいた昭和の日本　1　奄美沖縄』に再録）
・一九六九「養蚕の村おぼえ書」『羽村町史研究　1』　五三～五九頁　羽村町史編纂委員会
・一九七〇「神を待ちわびる人々――南海に漂う古き日本人の心」『太陽』八七　二四～三八頁　平凡社
・一九七一「女性の霊威をめぐる覚書」谷川健一編『叢書わが沖縄四　村落共同体』一八七～一八九頁　木耳社（二〇〇八年〈沖縄〉論集成第四巻として日本図書センターから再刊）
・一九七二「青梅市の信仰の諸相」青梅市教育委員会編『青梅市の民俗2』青梅市教育委員会
・一九七四「新城島の畑作」『八重山文化』二
・一九七四「兄弟姉妹関係――沖縄の事例を中心に――」青山道夫・竹田旦・有地亨・江守五夫・松原治郎編『講座家族二　家族の構造と機能』二七九～二九五頁　弘文堂
・一九七四「笹森儀助――日本のフォークロアの先駆者――」『伝統と現代』二五

・一九七五「消えたシマ」日本ナショナルトラスト編『自然と文化』二一　五〇～五三頁　観光資源保護財団

・一九七七「新城島(パナリ)——その光と影1——」『フオクロア』一　一一五～一二五頁　ジャパン・パブリッシャーズ

・一九七七「沖縄、八重山の畑作とその儀礼」『跡見学園女子大学紀要』一〇　四三～六五頁

・一九七七「解説」笹森儀助『千島探検』至言社

・一九七八「新城島(パナリ)——その光と影2——」『フオクロア』二　九三～一〇五頁　ジャパン・パブリッシャーズ

・一九七八「新城島(パナリ)——その光と影3——」『フオクロア』三　一〇四～一一七頁　ジャパン・パブリッシャーズ

・一九七八「沖縄の擬制的親子関係」『日本民俗学』一一四　一〇～二一頁

・一九七八「婚姻史の問題点」井之口章次編『講座日本の民俗三　人生儀礼』二九～四四頁　有精堂

・一九七八「八重山の年中行事——考察への予備的覚書(一)——」『沖縄文化研究』五　二四三～二九二頁

・一九七八「沖縄の宗教と女性」『フオクロア』四　七六～八二頁　ジャパン・パブリッシャーズ

・一九七九「ウタキ信仰」桜井徳太郎編『講座日本の民俗七　信仰』一九二～二一〇頁　有精堂

・一九七九「日本民俗学の胎動」瀬川清子・植松明石編『日本民俗学のエッセンス——日本民俗学の成立と展開——』二七～四三頁　ぺりかん社

・一九七九「日本民俗学の動向と展望(二)　宗教的分野を中心に」瀬川清子・植松明石編『日本民俗学のエッセンス——日本民俗学の成立と展開——』三八九～四〇四頁　ぺりかん社

・一九七九「明治以前の民俗研究」瀬川清子・植松明石編『日本民俗学のエッセンス——日本民俗学の成立と展開——』一五～二六頁　ぺりかん社

・一九八〇「台湾漢人(客家村)の中元節——祖霊祭祀に関する予備的報告——」『日本民俗学』一二九　六〇～八一頁

・一九八三「台湾調査から——寺廟の神々——」『フォーラム』一　三三～三七頁　跡見学園女子大学文化学会

・一九八四「台湾調査から――女性と寺――」『フォーラム』二　一二一～一二五・一六頁　跡見学園女子大学文化学会
・一九八五「文化研究と「たべる」――食べるモノとコトの民俗学――」『フォーラム』三　一二三～一二六頁　跡見学園女子大学文化学会
・一九八六「一層の発展を願って」『北海道を探る』一二　北海道みんぞく文化研究会
・一九八六「神観念の問題」『国立民族学博物館研究報告別冊』三　七五～九八頁
・一九八六「葬儀と女性――台湾漢人社会の香儀簿から――」『民俗』一二四・一二五合併号　相模民俗学会
・一九八七「新城島」谷川健一編『日本の神々――神社と聖地一三　南西諸島――』五八一～五八八頁　白水社
・一九八七「来間島」谷川健一編『日本の神々――神社と聖地一三　南西諸島――』五一九～五二三頁　白水社
・一九八七「与那国島」谷川健一編『日本の神々――神社と聖地一三　南西諸島――』五八九～五九八頁　白水社
・一九八八「香儀簿をめぐる諸関係」『私学研修』一〇九　一〇～三一頁　私学研修福祉会
・一九八八「死者・先祖――沖縄、台湾（漢人社会）の事例から――」『沖縄文化研究』一四　一三五～一七九頁
・一九八八「種子取祭り（沖縄）」『国文学　解釈と鑑賞』五三（五）　一五二～一五四頁
・一九八九「女性の宗教的役割」石川栄吉、峰岸純夫、三木妙子編『家と女性　役割』五九～六七頁　三省堂
・一九八九「台湾における死者の霊魂と骨」渡辺欣雄編『環中国海の民俗と文化三　祖先祭祀』四四八～四七五　凱風社
・一九九一「あとがき」植松明石編『環中国海の民俗と文化二　神々の祭祀』五二一～五二二頁　凱風社
・一九九一「沖縄・台湾年中行事表」植松明石編『環中国海の民俗と文化二　神々の祭祀』五一四～五二〇頁　凱風社
・一九九一「神々の祭祀」植松明石編『環中国海の民俗と文化二　神々の祭祀』一一～二三頁　凱風社
・一九九一「台湾の村と祭り――北部客家村の場合――」植松明石編『環中国海の民俗と文化二　神々の祭祀』一六三～一八四頁　凱風社

・一九九二「多良間島の葬墓制について」『沖縄文化研究』一九　二四一〜二七三頁
・一九九五「義民節と豚肉の分与——台湾北部客家村の場合——」堀田吉雄先生カジマヤー記念論文集編集委員会編『民俗学の視座』五三五〜五五二頁　伊勢民俗学会
・一九九六「沖縄における屋敷地の特定性」長谷川善計・江守五夫・肥前栄一編『家・屋敷地と霊・呪術』一四五〜一七五頁　早稲田大学出版部
・一九九六「台湾北部客家村の死者儀礼」『国立歴史民俗博物館研究報告』六八　一六一〜一八五頁
・一九九七「新城島の祭儀生活」『宗教研究』三一二　一二七〜一五三頁
・二〇〇〇「来訪神儀礼の成立をめぐる考察——沖縄・新城島の場合——」『民俗文化研究』一　一〇三〜一三四頁
・二〇〇一「骨の霊力——台湾の事例から——」『民俗文化研究』二　二三〜五四頁
・二〇〇二「台湾農村の漢族家族」『フォーラム』二〇　一〜一〇頁　跡見学園女子大学文化学会
・二〇〇二「養取りと女性——台湾北部客家村の事例から——」『民俗文化研究』三　一一五〜一四四頁
・二〇〇三「葬儀における贈与と返礼——台湾北部客家村の場合——」『民俗文化研究』四　四八〜七八頁
・二〇〇四「祈願のかたち——台湾の事例から——」『民俗文化研究』五　一三三〜一六〇頁
・二〇〇五「台湾北部客家村の巨大合葬墓と宗族」『民俗文化研究』六　二〇九〜二三七頁
・二〇〇六「族譜の記述——北部台湾Z姓族譜の場合——」『民俗文化研究』七　一九七〜二二三頁
・二〇〇七「台湾漢族の墓——祀られる者と祀る者——」『比較民俗研究』二二　一二七〜一四〇頁　筑波大学比較民俗研究会
・二〇〇七「四五年前（一九六二年三月）の奄美・加計呂麻島実久の様子(1)」『民俗文化研究』八　二七五〜二八五頁
・二〇〇八「四五年前（一九六二年三月）の奄美・加計呂麻島実久の様子(2)」『民俗文化研究』九　一八九〜二一一頁

・二〇〇九「新城島と西表島のつながり――人頭税・遠距離通耕・マラリア・西表島移住・沖縄戦・パナリに帰る・米民政府によるマラリア撲滅・再移住――」『民俗文化研究』一〇　二七〇～二九二頁
・二〇一一「骨の行方――台湾北部客家村の死者儀礼より――」『民俗文化研究』一一　一～一四頁

## 2　論文（共著）

・植松明石・増田夫佐・並木文江　一九七四「女のくらし」羽村町史編さん委員会編『羽村町史』八二四～八六四頁　羽村町（東京都）
・植松明石・渡辺欣雄　一九八〇「沖縄最西端与那国島における伝統文化と外来文化――覚書として――」『跡見学園女子大学紀要』一三　八三～九九頁
・植松明石・藤崎康彦　一九八二「フィールド・ワーク体験記――現代大学生の協同調査を組織して――」『国文学　解釈と鑑賞』四七（九）　一九六～二〇〇頁

## 3　その他

〇座談会

・植松明石・野口武徳・谷川健一・伊藤幹治・後藤総一郎・宮田登　一九七四「柳田国男と沖縄」『季刊柳田国男研究』七　三～四一頁
・植松明石・村武精一・山下欣一・喜舎場一隆・生田滋・窪徳忠・大胡欽一・加藤正春・横山学　一九八一「奄美研究の現状と展望」『南島史学』一七・一八合併号　一五六～一八七頁

○書評

・一九六七「書評　宮城栄昌『のろ資料調査　第三輯』」『東京都立大学社会人類学研究会報』四

・一九七一「書評　喜舎場永旬『八重山古謡』」『民俗学評論』六

・一九七三「書評　野口武徳『沖縄池間島民俗誌』、宮良高広『波照間島民俗誌』」『季刊柳田国男研究』一　一一六～一一七頁

・一九七四「書評　宮良高弘『八重山の社会と文化』」『八重山文化』一

・一九七八「書評　住谷一彦、クライナー・ヨーゼフ著『南西諸島の神観念』」『南島史学』一二

・一九八三「書評　綾部恒雄編『女の文化人類学』」『民族学研究』四八（一）　一〇六～一〇八頁

○事典

・沖縄大百科事典刊行事務局編『沖縄大百科事典』（沖縄タイムス社　一九八三年）に「オナリ」「オナリ神」の項目を執筆。

・下中弘編『世界大百科事典』（平凡社　一九八八年）に「婚姻」「婚礼」「見合い」等の項目を執筆。

○その他

・一九七二「渋沢　信仰、年中行事。柚木　信仰、年中行事」横浜市教育委員会『港北ニュータウン地域内文化財調査報告　昭和四六年』七三～七八、九五～一〇二頁　同委員会刊

・一九七五「特集沖縄　さい果ての島々」『ジョイフル　一九七五夏の号』四～二一頁

・一九七五「神の国久高島」『ジョイフル　一九七五夏の号』二六頁　近畿日本ツーリスト（株）サンフラワークラブ

・一九七五「秘境西表島の歳月」『ジョイフル　一九七五夏の号』三三頁　近畿日本ツーリスト（株）サンフラワークラブ

・一九七五「婚姻をめぐる女のくらし」『ジョイフル　一九七五夏の号』六四～六五頁　近畿日本ツーリスト（株）サンフラワークラブ

・一九八六「祭神配置図（図七〇〜図七四）」窪徳忠『道教の神々』二九〇〜二九三頁　平河出版社（講談社学術文庫で再刊）

○『民俗文化研究』

民俗文化研究所を主宰し、雑誌『民俗文化研究』一号〜一一号を刊行。

（この目録は、二〇一一年九月の植松先生米寿記念会で配布された資料をもとに、解題者が作成したものである。）

# あとがき

加藤　正春

私が植松先生に著作の出版をお勧めしたのは、二〇一一年九月に跡見学園女子大学文京キャンパスで行われた先生の米寿記念祝賀会の折りでした。その後、機会をみて植松先生のもとに伺い、岩田書院の岩田博氏や首都大学東京の何彬氏、慶應義塾大学の鈴木正崇氏の協力を得て、具体的な計画を進めてきました。その過程で、先生に新城島に関する未発表の原稿を託されて、驚いた次第です。

本書は、その未発表原稿を中心に、新城島の上地と下地の民俗誌を編み、それに先生の既発表の論考をあわせて一つにまとめたものです。上地と下地の民俗誌を別々に編むことは、二つのシマは新城島として一つになっているが、それぞれが独自の歴史と個性をもっているという、先生のお考えによります。本書はこのような先生のお考えをもとに、何彬・鈴木正崇両氏の協力を得て構成し、主として加藤が編集・校正作業を行ったものです。なお、先生には他に、新城島上地の資料をもとにした論考（「八重山・黒島と新城島の祭祀と親族」一九六五年、「沖縄、八重山の畑作とその儀礼」一九七七年、「沖縄の擬制的親子関係」一九七八年、「八重山の年中行事——考察への予備的覚書（一）——」一九七八年、などがあります。

本書は、先生のフィールドワークの成果をまとめた民俗誌ですが、その記述には先生のみずみずしい感性があらわれ、シマの生活のリアリティを伝えているように思います。新城島に関しては、近年、竹富町史編集委員会から『竹

富町史 第五巻 新城島』が上梓されました（二〇一三年）。こちらは島の歴史と現在を中心に編まれていますが、併せ読まれることをおすすめします。

（ノートルダム清心女子大学名誉教授）

何　彬

植松先生のお名前をそれ以前から存じあげながら、最初にお会いしたのは、私が東京都立大学に就職した後、先生のご自宅で開催された、民俗文化研究所の研究会に参加させていただいたときのことです。拙宅から先生のご自宅までは車で三〇分弱の距離でしたので、それ以来、ご自宅によくお邪魔することになりました。研究会に参加するほかに、先生ご自身が費用を負担し刊行された研究誌『民俗文化研究』の事務も少しお手伝いしました。ご自身の著作や論文集を出すことについて、そのお考えはあるものの、なかなか実行には至っておられなかったのです。新しい住居に移ってからも、書斎の整理のために数回お手伝いに参りましたが、論文や本の原稿を書くときに探しやすいよう、本や資料を地域別に並べるようにと先生が要望されたときに、先生のご執筆への意欲を窺い知りました。そのとき、先生はすでに八八歳を過ぎたところでした。今回、加藤先生の細心の整理により、先生の玉稿が一冊の活字になりましたこと、なりより嬉しく思っております。

（首都大学東京都市教養学部教授）

鈴木　正崇

私と植松明石先生との出会いは、一九七八年の沖縄・久高島のイザイホーでした。四日間、民宿で濃密な時を過ごしました。男女の隔てない混泊でした。その時に植松先生が語られた数多い体験談の中でも、新城島の人々との親密な付き合いのお話は深く印象に残りました。その二年前の一九七六年に、私は新城島にわたり、アカマタ・クロマタ祭祀を見て大きな衝撃を受けていたのです。この時は、西表島大原のあずま旅館のご主人に連れていってもらいました。アカマタ・クロマタが、一晩中、各家を巡り、御嶽の森に帰っていく薄暗い朝まだきの時、島人が御嶽への道の前に集まり、森の中に消えていくアカマタ・クロマタと、「来年もきておくれ」といって別れの歌を何度も繰返し歌って涙を流す様相に深く感動しました。その後、この時の状景を超える感動体験はしたことがありません。

植松先生は当時、ジャパン・パブリッシャーズから出版されていた雑誌『フオクロア』の一号から四号(一九七七〜一九七八年)に「新城島(パナリ)—その光と影—」を連載しており、短文ながらも私は毎回楽しみに読んでいました。『新城島民俗誌』は近刊予告にあがっていました。それから四〇年の歳月を経て、ようやく刊行されることになったのは感無量です。

無味乾燥になりがちな民俗誌を超えて人間の息遣いが聞こえるような文章をかける民俗学者は、女性ならば、植松先生と瀬川清子先生が双璧だと思っています。かつての民俗誌には感動を与えるような文章がちりばめられていました。有賀喜左衛門先生の石神のモノグラフの冒頭の一節、大間知篤三氏の「神津の花正月」、早川孝太郎氏の「地狂言雑記」など。民俗誌は他者理解の複雑な表現形態だと思います。膨大な時間を費やしたバラバラな聞き書きの数々が、徐々に収斂し、向こうから一筋の道がついてくる。そんな至福の時が訪れることを夢見て歩き続けるには先達が必要です。

一度、植松先生に「明石」のお名前の由来を伺ったことがあります。お父様が文学に造詣が深く、『源氏物語』の須磨・明石の巻を特に気に入っておられたので、その主人公に託してとのことでした。光源氏が夢とうつつの中で女性遍歴を繰り広げる幻想的な須磨・明石。明石という名前の呪力によって強い表現力が先生の身体に刻印されたのでしょうか。たおやかさと質実剛健さと緻密さを併せ持っていらっしゃる植松先生の記述の数々が、多くの人々に読み継がれることを切に願っています。

（慶應義塾大学名誉教授）

# 索　引

著者紹介

植松 明石（うえまつ あかし）

1923年静岡県生まれ。慶應義塾大学文学部史学科卒。元跡見学園女子大学教授。

1999年に民俗文化研究所を設立し、代表となる。教え子をはじめ広く内外の研究者を集めて、研究会活動とともに機関紙『民俗文化研究』(1～11号)を発行。

2001年秋の叙勲で勲四等宝冠章。日本民俗学会名誉会員。

沖縄 新城島《あらぐすくじま》 民俗誌 「パナリ」その光と影

2017年(平成29年)7月 第1刷 300部発行　定価[本体6900円＋税]

著 者 植松 明石

発行所 有限会社岩田書院 代表：岩田 博　http://www.iwata-shoin.co.jp
〒157-0062 東京都世田谷区南烏山4-25-6-103 電話03-3326-3757 FAX03-3326-6788

組版・印刷・製本：三陽社

ISBN978-4-86602-997-9 C3037 ¥6900E

| | | | 本体価 | 刊行年月 |
|---|---|---|---|---|
| 970 | 時枝　　務 | 山岳宗教遺跡の研究 | 6400 | 2016.07 |
| 971 | 橋本　　章 | 戦国武将英雄譚の誕生 | 2800 | 2016.07 |
| 972 | 高岡　　徹 | 戦国期越中の攻防＜中世史30＞ | 8000 | 2016.08 |
| 973 | 市村・ほか | 中世港町論の射程＜港町の原像・下＞ | 5600 | 2016.08 |
| 974 | 小川　　雄 | 徳川権力と海上軍事＜戦国史15＞ | 8000 | 2016.09 |
| 975 | 福原・植木 | 山・鉾・屋台行事 | 3000 | 2016.09 |
| 976 | 小田　悦代 | 呪縛・護法・阿尾奢法＜宗教民俗９＞ | 6000 | 2016.10 |
| 977 | 清水　邦彦 | 中世曹洞宗における地蔵信仰の受容 | 7400 | 2016.10 |
| 979 | 関口　功一 | 東国の古代地域史 | 6400 | 2016.10 |
| 980 | 柴　　裕之 | 織田氏一門＜国衆20＞ | 5000 | 2016.11 |
| 981 | 松崎　憲三 | 民俗信仰の位相 | 6200 | 2016.11 |
| 982 | 久下　正史 | 寺社縁起の形成と展開＜御影民俗22＞ | 8000 | 2016.12 |
| 983 | 佐藤　博信 | 中世東国の政治と経済＜中世東国論６＞ | 7400 | 2016.12 |
| 984 | 佐藤　博信 | 中世東国の社会と文化＜中世東国論７＞ | 7400 | 2016.12 |
| 985 | 大島　幸雄 | 平安後期散逸日記の研究＜古代史12＞ | 6800 | 2016.12 |
| 986 | 渡辺　尚志 | 藩地域の村社会と藩政＜松代藩５＞ | 8400 | 2017.11 |
| 987 | 小豆畑　毅 | 陸奥国の中世石川氏＜地域の中世18＞ | 3200 | 2017.02 |
| 988 | 高久　　舞 | 芸能伝承論 | 8000 | 2017.02 |
| 989 | 斉藤　　司 | 横浜吉田新田と吉田勘兵衛 | 3200 | 2017.02 |
| 990 | 吉岡　　孝 | 八王子千人同心における身分越境＜近世史45＞ | 7200 | 2017.03 |
| 991 | 鈴木　哲雄 | 社会科歴史教育論 | 8900 | 2017.04 |
| 992 | 丹治　健蔵 | 近世関東の水運と商品取引 続々 | 3000 | 2017.04 |
| 993 | 西海　賢二 | 旅する民間宗教者 | 2600 | 2017.04 |
| 994 | 同編集委員会 | 近代日本製鉄･電信の起源 | 7400 | 2017.04 |
| 996 | 那須　義定 | 中世の下野那須氏＜地域の中世19＞ | 3200 | 2017.05 |
| 997 | 織豊期研究会 | 織豊期研究の現在 | 6900 | 2017.05 |
| 000 | 史料研究会 | 日本史のまめまめしい知識２＜ぶい＆ぶい新書＞ | 1000 | 2017.05 |
| 998 | 千野原靖方 | 出典明記 中世房総史年表 | 5900 | 2017.05 |
| 999 | 植木・樋口 | 民俗文化の伝播と変容 | 14800 | 2017.06 |
| 000 | 小林　清治 | 戦国大名伊達氏の領国支配＜著作集１＞ | 8800 | 2017.06 |
| 001 | 河野　昭昌 | 南北朝期法隆寺雑記＜史料選書５＞ | 3200 | 2017.07 |
| 002 | 野本　寛一 | 民俗誌・海山の間＜著作集５＞ | 19800 | 2017.07 |
| 319 | 松原　武実 | 奄美 加計呂麻島のノロ祭祀 | 9900 | 2004.04 |
| 338 | 蔡　　文高 | 洗骨改葬の民俗学的研究 | 12800 | 2004.10 |
| 894 | 新城　敏男 | 首里王府と八重山 | 14800 | 2015.01 |
| 945 | 板谷　　徹 | 近世琉球の王府芸能と唐・大和 | 9900 | 2016.01 |